山西工程技术学院优秀学术著作出版支持计划项目

应用型本科高校实践育人研究

李淑静◎著

吉林大学出版社

·长春·

图书在版编目（CIP）数据

应用型本科高校实践育人研究 / 李淑静著. -- 长春:
吉林大学出版社, 2021.2
　ISBN 978-7-5692-8243-6

　Ⅰ.①应… Ⅱ.①李… Ⅲ.①高等学校—人才培养—
研究—中国 Ⅳ.①G649.2

中国版本图书馆CIP数据核字(2021)第074073号

书　　名：应用型本科高校实践育人研究
YINGYONGXING BENKE GAOXIAO SHIJIAN YUREN YANJIU

作　　者：李淑静　著
策划编辑：董贵山
责任编辑：董贵山
责任校对：周　鑫
装帧设计：雅硕图文
出版发行：吉林大学出版社
社　　址：长春市人民大街4059号
邮政编码：130021
发行电话：0431-89580028/29/21
网　　址：http://www.jlup.com.cn
电子邮箱：jdcbs@jlu.edu.cn
印　　刷：长春市中海彩印厂
开　　本：787mm×1092mm　　1/16
印　　张：12.75
字　　数：240千字
版　　次：2021年2月　第1版
印　　次：2021年2月　第1次
书　　号：ISBN 978-7-5692-8243-6
定　　价：68.00元

前　言

　　面对国际和国内的严峻形势，站在中华民族伟大复兴的战略全局和世界百年未有之大变局的历史交汇期，我国亟须审时度势，在变局中寻转机，在危机中育新机，统筹全局，长远规划，为实现中华民族伟大复兴积蓄磅礴力量。一方面，我国要高度重视疫情期间暴露出的短板、漏洞和弱项，充分利用现有的战略资源转化为化解危机的战略能力，补短板、堵漏洞、强弱项，重新建构对外相互依存的平衡关系，提高在国际上的战略地位。另一方面，要立足改革开放进程持续深入和长远发展，多措并举全面化解疫情对复工复产造成的不利影响，提高自身多元化的造血功能，加快自我发展和均衡发展，为开启全面建设社会主义现代化国家新征程走好第一步。当今，新时代的中国正大踏步向现代化强国的目标迈进，这一宏伟目标的实现需要强大的人才和智力支撑做保障。

　　作为世界上最大规模的高等教育体系，我国高等教育承担了分类型分层次为国家培养研究创新型和应用技术型人才的时代重任。单从2019年高等教育毛入学率51.6%这个指标来看，高等教育普及化已然来临。应用型本科高校的数量和规模已经占全部高校的半数以上，成为高等教育的重要组成部分。随着高等教育改革向纵深发展，我国应用型教育质量也有了突飞猛进的发展，但是，由于缺乏先进的经验，应用型本科高校的发展成效与国家、地方及社会的需求还存在较大的差距，暴露出办学理念和定位不准、顶层设计缺乏、物质基础薄弱、经验不足、特色不突出、与地方结合不紧密等问题。那么，转变办学理念、尽快融入地方经济社会发展、与行业企业建立合作发展平台、办出学校自己的特色品牌等，培养出能够服务地方经济发展新需求的应用型人才，破解其人才培养质量与社会需求不吻合、与发展不适应等结构性矛盾的瓶颈问题，成为这类型高校谋求生存之道的根本。实践育人作为一种既重视理论教育又突显实践属性的有效途径，不但有利于培养学生的实践能力、创新能力和社会责任感等，而且对学生的价值引领、品质塑造、人格培养等的养成也具有积极的促进作用。因此，实践育人成为应用型本科高校破解转型发展难题、激发转型发展内生动力的重要抓手。

本书以《关于引导部分地方普通本科高校向应用型转变的指导意见》和《国家职业教育改革实施方案》等党中央关于应用型本科高校转型的文件精神的具体要求为依据，在马克思主义认识论、人的全面发展理论和高等教育基本理论和规律等指导下，遵循中共中央、国务院《教育部等八部门关于加快构建高校思想政治工作体系的意见》《高校思想政治工作质量提升工程实施纲要》《关于加强和改进新形势下高校思想政治工作的意见》《关于进一步加强高校实践育人工作的意见》等相关政策精神，立足于应用型人才培养实际和经济结构调整现状，在理论研究部分，多视角研究应用型本科高校开展实践育人的必要性和重要意义，立足于应用型本科高校内涵式转型发展，通过对实践育人基本内涵、功能价值、学理依据、育人模式、共同体建设、协同体制机制等问题的深入探讨和分析，从专业教育和思想政治教育两个维度来探索不同的实践育人模式，通过构建"设计员、材料员、质检员、调度员和施工员五员共同体"探索实践育人协同机制构建策略，从根本上寻求解决育人效果不显著的问题，揭示实践育人在应用型本科高校实践中的操作性和规律性，通过应用型实践育人模式、共同体平台建设和协同机制的创新，旨在打通一体化育人最后一公里，实现服务地方经济发展的应用型人才培养目标。在实践展示部分，搜集整理了部分学生的实践素材，这些学生立足专业学习，积极投身社会实践，以不同的视角展示了实践育人在新时代大学生中的崭新风貌，教师点评作为点睛之笔，既是对学生积极投身社会实践的高度肯定，又是对其所取得收获的激励，更是由点及面发挥育人功效的有效措施，期望为同类型的高校及师生提供重要参考，为进一步推动我国应用型本科高校实践育人工作理论与实践方面的研究奠定基础。

由于作者水平有限，书中有不当之处请见谅，恳请各位专家、教师、辅导员同行及读者朋友们批评指正。

本专著是山西省高等学校哲学社会科学研究项目（辅导员专项）（项目名称：新时代大学生思想政治教育实践育人创新研究，项目编号：2019zsszsx088）的研究成果。

作 者

2020.12

目　录

第一部分　理论分析

第二部分　实践风采

第一部分　理论分析

导 论

一、问题的缘由

改革开放四十多年来，中国所取得的成绩令全世界为之一颤。自2010年超过日本成为世界第二大经济体以来，中华民族的复兴势不可挡。新时代的中国正大踏步向现代化强国的目标迈进，这一宏伟目标的实现需要强大的人才和智力支撑做保障。

近年来，我国高等教育的规模迅速扩张，已由精英教育转向大众教育，并迈进普及化教育，为经济社会的快速发展和现代化建设做出了基础性贡献。但是随着我国经济进入新常态，增长速度的放缓给经济发展带来了一定的压力。面对经济结构的调整，新常态不是终点而是起点，需要主动发现和培育新的增长点，打造新的驱动力量来引领新常态。受经济结构变化新常态带来的影响，高等教育生存性和结构性矛盾激增，应用型、创新型人才培养缺口增大，同质化倾向严重，陷入毕业生应聘难与企业招聘难"双难"的尴尬境地。高等教育改革势在必行，应用型本科高校应运而生。当前，应用型本科高校的数量和规模已经占全部高校的半数以上，成为高等教育的重要组成部分。但是，由于缺乏先进的经验，应用型本科高校的发展成效与国家、地方及社会的需求还存在较大的差距，暴露出办学理念和定位不准、顶层设计缺乏、物质基础薄弱、经验不足、特色不突出、与地方结合不紧密等问题。如何转变办学理念、尽快融入地方经济社会发展、与行业企业建立合作发展平台、办出学校自己的特色品牌等，培养出能够服务地方经济发展新需求的应用型人才，成为这类学校面临的首要问题。另外，近年来，虽然我国应用型教育有了突飞猛进的发展，但是培养的人才质量与社会需求不吻合、与未来发展不适应等结构性矛盾依然是困扰其发展的瓶颈问题。实践育人作为一种既重视理论教育又突显实践属性的有效途径，不但能够提高学生的实践能力、创新能力和社会责任感等，同时，对学生的价值引领、品质塑造、人格培养等也具有积极的促进作用。因此，实践育人成为应用型本科高校破解转型发展难题、激发转型发展内生动力的重要抓手。本书立足应用型本科高校内涵式转型发展，通过对实践育人基本内涵、功能价值、学理依据、育人模式、共同体建设、协同体制机制等问题的深入探讨和剖析，为同类型的高校及师生提供重要参考。

二、研究内容与方法

以《关于引导部分地方普通本科高校向应用型转变的指导意见》和《国家职业教育改革实施方案》等党中央关于应用型本科高校转型的文件精神的具体要求为依据，在马克思主义认识论、人的全面发展理论和高等教育基本理论和规律等指导下，遵循中共中央、国务院《教育部等八部门关于加快构建高校思想政治工作体系的意见》《高校思想政治工作质量提升工程实施纲要》《关于加强和改进新形势下高校思想政治工作的意见》《关于进一步加强高校实践育人工作的意见》等相关政策精神，立足应用型人才培养实际和经济结构调整现状，多视角研究应用型本科高校开展实践育人的必要性和重要意义，从专业教育和思想教育两个维度来探索不同的实践育人模式，通过构建"设计员、材料员、质检员、调度员和施工员五员共同体"探索实践育人协同机制构建策略，从根本上寻求解决育人效果不显著的问题，揭示实践育人在应用型本科高校实践中的操作性和规律性，通过应用型实践育人模式、共同体平台建设和协同机制的创新，旨在打通一体化育人最后一公里，实现服务地方经济发展的应用型人才培养目标，为进一步推动我国应用型本科高校实践育人工作理论与实践方面的研究奠定基础。

本书运用的研究方法主要有文献分析法、比较研究法、系统分析法和深度访谈法等。

1. 文献分析法。通过搜集查阅相关书籍、硕博论文等现有文献资料，广泛运用马克思主义基本理论、思想政治教育学、哲学、教育学、心理学、管理学等学科知识，了解应用型本科高校转型的政策规划和具体要求，分析当前应用型本科高校在转型发展中的难题，总结归纳实践育人的现状及不足，剖析高校实践育人的功能价值，分析应用型本科高校走实践育人的人才培养模式的可行性和实现路径，从而为本研究深入开展做好基础性工作。

2. 比较研究法。通过比较研究国外高校在实践育人理念、方法和实效等方面的先进经验和典型做法，分析我国高校实践育人存在的短板和改进的策略等。

3. 系统分析法。通过研究高校实践育人在专业教育和思想教育方面的功能价值与应用型人才培养特点进行对比分析，确定加强和改进实践育人是应用型本科高校走内涵式发展道路的有效途径。

4. 深度访谈法。本研究将在文献分析和理论研究的基础上，对参加实践的学生采用深度访谈方式，了解应用型本科高校大学生对所参与的实践活动内容、方法、过程、制度、考核、成效等方面存在的问题和需要改进的地方，为提出应对措施，创新构建实践育人共同体、协同机制提供相对客观的现实依据。

5. 案例总结法。本研究方法是在理论研究的基础上，将学生的实践经历以案例总结的形式展现出来，着重挖掘学生在亲身实践过程中思想、意识、观念和行为等方面所取得的收获以及对未来发展的影响和促进作用，通过教师点评，激励学生向身边的榜样学习，实现隐性育人的目标。

三、国内外研究现状

（一）国内研究现状

作为高等教育深化改革的重要抓手，实践育人是高校加强和改进思想政治工作、提高人才培养质量的有效途径。近年来，许多专家和学者们对高校实践育人开展了相关研究，形成了一些理论成果。

国内研究方面，根据现有的文献资料搜索关键词"实践育人"，共检索到11325篇文献，而输入"应用型本科高校实践育人"，仅仅检索到23篇文献。这充分说明，实践育人工作受到多数高校的重视，但是应用型本科高校开展实践育人工作的力度和深度明显不足。归纳总结现有研究成果发现基本集中在以下几个方面：第一，关于高校实践育人内涵和外延的研究。主要有几种代表观点：一是理念说。与传统的重理论轻实践的教育理念有别，认为实践育人是一种践行马克思主义实践观、遵循认识的基本规律、真正回归育人本质的科学教育理念。较有代表性的陶伟华[1]认为，"实践育人是创新大学生思想政治教育及引导我国教育改革的核心和方向的教育理念"。申纪云[2]从高校人才培养的角度指出当前的几种认识偏差，"实践育人不只是一种教育途径、也不单是理论延伸和补充、更不仅仅只有提高实践能力一个目标，与理论教学不是对立关系而是相互依存、互相促进的关系，认为实践育人是具有广泛意义的现代教育理念、教育模式、教育实践的统一"。二是活动说。认为实践育人是一项教育活动，其价值在于促进人的

---

[1] 陶伟华等."三层七类"思想政治教育实践育人模式的构建与实践[J].思想教育研究,2014(07)：33-35.

[2] 申纪云.高校实践育人的深度思考[J].中国高等教育,2012(Z2)：11-14.

自由全面发展。华中师范大学郭元祥等[1]认为，"实践育人是综合性实践活动的根本功能，其根本价值在于立德树人"。西南大学的黄蓉生[2]认为，"高校实践育人是以马克思主义实践观为根本依据，遵循大学生成长成才规律和教育活动规律，以学生在课堂教学中获取的理论知识和间接经验为基础，以开展与学生专业发展和成才成长密切相关的各种实践活动为途径，以引导大学生坚定跟党走中国特色社会主义道路的理想信念和不断增强服务国家、服务人民的社会责任感、勇于探索的创新精神、善于解决问题的实践能力为基本目标的一种教育实践活动"。三是方法说。清华大学胡和平[3]教授提出，"实践育人是加强和改进大学生思想政治教育工作，培养又红又专、全面发展的拔尖创新人才的重要途径。强调教育要与社会实践相结合，在实践体悟中提升对理论知识的理解和运用程度，培养学生的能力与素质"。综上，学界对高校实践育人内涵的界定各有侧重，科学、合理、全面地阐释其内涵和外延，为下一步开展实践育人研究做了准备。

第二，关于高校实践育人的功能价值研究概括为以下几个方面：学生角度：全面发展论。骆郁廷[4]认为，"实践是人的思想道德进步和全面发展的基础，教育与生产劳动相结合才能造就全面发展的人"。学校角度：立德树人论。认为实践育人是高校人才培养工作的重要环节，有助于增强思想政治教育实效和提高高校人才培养质量。如田传信[5]指出，"思想政治教育只有融入个体的思想意识、情感意志和实际行动过程，并转化为指导个体行动的实践精神和内在素质，才是活生生的有生命力的东西，认为高校实践育人'以人为本'教育理念的践行，有助于正确定位高校思想政治教育，实现思想政治教育认识的三回归——回归生活实践、回归价值理性和回归社会现实"。胡和平[6]教授认为，"加强实践教育有助于开发学生的潜能、培养学生的创新能力，深化实践育人更有利于培养全面发展的拔尖创新人才"。骆郁廷[7]教授等提出，"坚持马克思主义实践育人的德育思想，对于加强和改进我国学校德育建设，增强青年学生的社会责任

---

[1] 郭元祥等.论综合实践活动的育人功能及条件[J].教育发展研究，2019，38（10）：25-29.

[2] 黄蓉生.构建实践育人长效机制的思考[J].中国高等教育，2012（Z1）：36-38.

[3] 胡和平.深化实践育人培养全面发展拔尖创新人才[J].中国高等教育，2010（Z2）：13-15.

[4] 骆郁廷.论马克思主义实践育人的德育思想及其现实价值[J].马克思主义研究，2013（10）：136-145.

[5] 田传信.大思政视野下高校思政教育实践育人模式及其价值[J].浙江树人大学学报，2013，13（02）：106-110.

[6] 胡和平.深化实践育人 培养全面发展拔尖创新人才[J].中国高等教育，2010（Z2）：13-15.

[7] 骆郁廷等.大学生思想认识活动的特殊性及其引导[J].思想理论教育导刊，2015（7）：115-120.

感，引导青年知识分子走与实践、与工农相结合的正确成长道路，提高青年学生的实践能力等具有重要的现实价值"。社会角度：需求产出论。大学生通过实践活动在改造客观世界的同时，改造自身的主观世界，了解社会的需求，进一步提高专业技能。张钟元[1]认为，"高校通过引导学生参与社会实践，能够让学生尽早接触社会、了解市场，有利于教育供给与企业需求进行良好对接，有利于提高育人实效，真正培养社会所需要的人才"。总之，实践育人的价值受到学生、教师和高校的一致认可，但是对实践育人价值的研究还不够深入，导致在实际工作中的作用发挥不理想。

第三，关于高校实践育人模式构建和机制研究，各有侧重。如张思军[2]从应遵循主体性原则、全面性原则、目标性原则和可操作性原则四原则的角度，提出构建思想政治教育"三位一体"自主实践教育模式。左海青[3]从"思政课程"到"课程思政"转变的角度，从育人机制、课程体系、平台搭建、专业与思政的融合等多个层面，探索大学生思想政治教育的新路径，提出了"一核心、二融合、三平台、四结合"的思政育人新模式。滕利荣等[4]通过高校与社会共建产学研于一体的实践教学平台，构建教学与科研、生产相衔接的实践教学体系，建立双师型队伍建设的长效机制，从而建立起高校与科研院所、行业、企业联合实践育人的新模式。董雅致[5]提出坚持"三个定位、四个原则、五个结合"实践育人模式构建思路，总结归纳"5+5"实践育人模式，创新发展实践育人模式。在机制构建方面，学者们纷纷从动力机制、运行机制、保障机制、评价机制等系统性机制构建视角出发对高校实践育人机制建设的设想及现存问题提出了诸多观点。如西南大学黄蓉生[6]教授等认为，"高校实践育人长效机制是指高校实践育人运行过程中各构成要素之间不断相互联系、相互作用、相互影响，形成和达到结构合理、功能完整、关系和谐、程序严密、运行持久的运动状态，不断促进和调节高

[1] 张钟元.供给侧改革视阈下的高校实践育人研究[J].西部素质教育,2017(16):37.
[2] 张思军.大学生思想政治教育实践教育模式的 构建与实施 [J].西华师范大学学报(哲学社会科学版),2007(6):92-95.
[3] 左海青等."一核心、二融合、三平台、四结合" 思政育人实践与探索[J].中国冶金教育,2019(04):1-3.
[4] 滕利荣等.构建高校与社会协同实践育人新模式[J].中国大学教学,2012(07):74-75.
[5] 董雅致等.新时期高等农业院校实践育人模式探析——以吉林农业大学为例[J].职业技术教育,2020,41(05):72-75.
[6] 黄蓉生.构建高校实践育人长效机制的思考[J].中国高等教育,2012(Z1):36-38.

校实践育人工作健康稳定发展的运行方式。应遵循高校实践育人的发展规律，紧贴新形势下高校实践育人的实际，从组织领导、宣传引导、运行保障、考核评估、创新完善等五个方面构建长效机制体系"。吴刚[1]从整体性的角度指出，高校实践育人是一项牵一发而动全身的教育教学活动，应突破现有的思维模式与框架，采取整体把握的思维方式，全过程、全方位、全覆盖地推进实践育人，在构建现代大学制度中建立实践育人耦合、评价和反馈机制。王忠[2]认为，"大学生思想政治教育实践育人机制主要是指保证大学生思想政治教育实践育人长期、稳定、有效运行的系统性体系"，指出了机制的整体性、系统性特点，强调了实践育人各要素之间的关系与作用。申纪云[3]提出"高等学校应当构建'能力本位、贯穿全程、结合专业、分类实施'科学的实践育人体系"，要从目标、内容、时间、过程和评估等方面进行科学设计，要从观念转变、法规制定、经费投入、制度完善和条件建设等方面不断完善。综上，目前实践育人在机制体制方面的研究受到高校的充分重视，但仍存在一些问题，如缺乏协同协作机制、考核评价机制等更深入系统的研究。

（二）国外研究现状

西方发达国家非常重视实践教育在人才培养和教育中的作用。关于实践育人的理论和实践研究较多，成果也相对丰富。理论研究方面，美国、英国、德国、日本等国在实用主义高等教育的哲学理念、能力教育、双元制学生培养模式、体验式就业体系等方面做了大量探索，从不同的观念角度论证了对实践教育重要性的认识。在实践方面，美国、英国等国家在生产劳动、实践教学、社会服务、勤工助学等方面开辟了多条育人途径，对实践教育的体制也进行了一些探索，但研究中多数关注的是实践对职业素质的培养作用，主要强调培养大学生的职业道德、职业精神、社会责任感等。国外的实践教育主要是将教育元素融入教学过程和具体实践活动中，强调学生专业技能与综合能力的培养。如德国的"双元制"为核心的职业技术教育模式、美国的实用主义教育理念、日本的体验式就业观念、英国的能力教育观等。总之，国外高校对实践育人的教育理念、教学方法、教学途径的探索，逐渐转变强知弱行的传统教育观，强调关注社会需求与社会发展，重视学生的学习感受，提倡理论学习与技能训练、实际工作有机结合。

---

[1] 吴刚. 高校实践育人的整体把握[J]. 教育评论, 2013（02）：15-17.

[2] 王忠. 当代大学生思想政治教育实践育人运行机制研究[J]. 思想教育研究, 2015（01）：66-69.

[3] 申纪云. 高校实践育人的深度思考[J]. 中国高等教育, 2012（Z2）：11-14.

国外的实践教育理念和模式对我国的实践育人有一定的借鉴参考价值，但是国情的不同、制度的区别、文化的差异，意味着人才培养模式的多样性和特殊性，我们不能全盘否定，也绝不可生搬硬套、照搬照抄，要在借鉴中探索适合我国高等教育发展的实践育人模式和机制。

总体而言，国内外学者对高校实践育人理念、价值及模式机制的研究均已取得了一些成果，但仍有不足之处，从文献检索结果总体来看，呈现"五多五少"的趋势。具体来看，研究者以高校思想政治工作一线工作者居多，专注理论方面的专家偏少；研究视角以经验总结居多，规律探究偏少；研究对象以全部高校居多，分层次针对性研究偏少；研究内容以内涵概念界定居多，可供借鉴参考的模式偏少；研究相关组织保障机制居多，协同体制机制偏少。暴露出学科理论支撑不足、规律性和系统性问题思考研究不到位，尤其是对不同层次和不同类型的高校，因培养目标的不尽相同，缺乏有针对性的系统阐述和深入考究。研究视角过于单一、理论研究和实践研究结合不紧密、缺乏分类比较和针对性研究、借鉴国际先进经验严重不足、缺乏对不同类型高校实践育人模式、体制机制等运行规律的探究等。另外，研究成果评价也较匮乏。实践育人不能仅仅停留在理论研究上，也不能止步于实际工作当中，而是要用经典的理论和已有的先进经验指导实际工作，在实际工作中积累新经验、发展新理论并再次指导实际工作，才能进一步提升我国高校实践育人科学化水平。

四、研究意义

当前，高等教育正在经历全面深化改革，双一流建设、构建现代职业教育体系等重大教育战略逐步实施。高校由原来的外延式发展转向内涵式发展，随着教育理念的更新，教育理论不断创新，实践育人因符合知行合一、学以致用的教育理念且凸显教育中的实践属性备受青睐。因此，探索应用型本科高校实践育人在应用型人才培养中的价值、模式和体制研究意义深远。

（一）实践育人是传承和发扬马克思主义实践观时代意蕴的必然选择

马克思主义实践观认为，实践是人能动地改造客观世界并改造自身的活动。实践对认识的发生起着决定性作用，实践是认识的来源和动力，同时也是认识发展的目的和归宿，即人的认识的发生发展以及检验和归宿都必须在实践的基础上完成。教育本身作为一项实践活动，通过教育主体、教育客体和中介三个要素相互作用，从而使受教育者得到改造。教育的三个基本要素与马克思主义认识论中实践的主体、客体和手段具有高度耦合性，教育的发展规律与认识的形成规律具有一致性。实践育人是一个动态发展的独立系统，所蕴含的教育与生产劳动、社会实践相结合既是马克思主义认识论的基本原理之一，也是教育规律的具体体现，更是现代教育的未来发展趋势。从理论上将马克思主义实践观与教育规律有机结合起来，从实践角度探索高校实践育人的内在基本规律，探究保障实践育人有效运行的系统机理和考核评价体系，践行教育与生产劳动、与社会实践相结合的教育思想是马克思主义实践观的内涵真谛。高校实践育人将实践主体和客观事物联系起来，大学生通过实践活动提升个人的知识、观念和能力，又在实践中对人类知识进行再完善、对人类思想再丰富，进一步对人类社会做出贡献。因此，应用型本科高校实践育人研究，不仅仅是深入研究育人规律的需要，也是进一步传承和发扬马克思主义实践观在新时代昭示的时代价值的需要。

（二）实践育人是应用型本科高校立德树人的必由之路

实践在教育中的地位日益凸显。2013年，习近平总书记在同各界优秀青年代表座谈时的讲话中强调，"学习是成长的阶梯，实践是提高本领的途径[1]。"党的十八届三中全会通过的《中共中央关于全面深化改革若干重大问题的决定》，明确要求"全面贯彻党的教育方针，坚持立德树人，加强社会主义核心价值体系教育，增强学生社会责任感、创新精神、实践能力"。《国家中长期教育改革和发展规划纲要（2010—2020）》将"提高学生服务国家服务人民的社会责任感、用于探索的创新精神和善于解决问题的实践能力作为我国高等教育发展战略重点之一"。[2]2018年，习近平在北京大学师生座谈会上的讲话中指出，青年学生"学到的东西，不能停留在书本上，不能只装在脑袋里，而应该落实到行动上，做到知行合一、以知促行、以行求知，正所谓'知者行之始，行者知之成'。做人做事，最怕的就是只说不做，眼高手低。不论学习还是工作，都要面向实际、深入实践，实践出真知"。[3]受高等教育大众化、普及化和社会经济结构变化等多重影响，我国高校人才培养出现供需不平衡不对称结构性矛盾，毕业就失业和企业招聘人才困难之间的矛盾越来越严重。培养与国家和社会经济发展相适应的应用型和创新型人才已成为高等教育改革的重中之重。实践育人自然成为破解应用型人才培养难题的利器。2016年12月，在全国高校思想政治工作会议

---

[1] 习近平.在同各界优秀青年代表座谈时的讲话［N］.人民日报,2013-05-05（2）.

[2] 《国家中长期教育改革和发展规划纲要（2010-2020）》［M］.中国法制出版社,2010:7.

[3] 习近平.在北京大学师生座谈会上的讲话［N］.人民日报,2018-05-03（2）.

上，习近平总书记强调，高校思想政治工作要紧密围绕培养什么样的人、如何培养人以及为谁培养人这个根本问题，始终坚持把立德树人作为中心环节，牢牢抓住全面提高人才培养质量这个根本，通过构建七育人体系开创全员育人、全过程、全方位育人的新格局。《高校思想政治工作质量提升工程实施纲要》指出，要进一步深化立德树人根本任务，全面提高人才培养能力，构建一体化高校思想政治工作质量体系。2020年4月《教育部等八部门关于加快高校思想政治工作体系的意见》正式出台，明确了高效思想政治工作的目标任务，即要建立健全立德树人机制，把立德树人融入思想道德、文化知识、社会实践教育的各个环节，详细规划了7个子体系，其中在日常教育体系中提出要深化实践教育[1]。这些有关实践教育的新论述和新要求，充分表明了党和国家对高校实践育人工作的战略思考，夯实了实践在高校人才培养过程中的地位与作用。对应用型本科高校来说，实践环节尤为重要，学以致用、知行统一是应用型人才培养的关键。因此，应用型本科高校要始终围绕立德树人的根本任务，真正践行理论与实践有机结合的理念，实现应用型人才培养"理论"与"实践"教育的双轮驱动，通过实践育人唤醒主体的内在成长需要，形成主体自我教育、自我完善的良性发展，推动应用型人才培养质量的有效提升。

（三）实践育人是实现大学生自由而全面发展的必备条件

实践育人作为高校教育理念创新与发展的必然产物，有助于促进实践主体自由而全面地发展。实践育人是基于马克思主义认识论和主体性理论形成的教育理念，是理论教育彰显实践属性的具体表现，是回归育人宗旨的价值旨归，其价值追求旨在有效引导大学生坚定理想信念，培育和践行社会主义核心价值观，培养创新精神和实践能力，促进实践主体的自由而全面发展，最终成为能担当中华民族伟大复兴大任的社会主义合格建设者和可靠接班人。在全国高校思想政治教育工作会议上，中共中央把实践育人纳入整个育人体系，由原来的"三育人"体系到"七育人"体系再到"十育人"体系，使学生成为真正的育人主体。实践育人理念的真正确立和践行，有助于推动实践育人工作落到实处、细处，实现全员全过程全方位育人。作为应用型本科高校，培养应用型人才，走内涵式转型发展道路是落实立德树人根本任务的应有之义，有效教育和引导大学生积极参与实践活动，在实践教育中将课程理论与生活实际、社会实践相联系，补短板强弱项，

---

[1] 《教育部等八部门关于加快高校思想政治工作体系的意见》，教思政〔2020〕1号文件.

巩固和运用所学的理论知识，受教育、长才干、做贡献，增强同人民群众的感情，充分吸收人民群众的智慧和经验，自身树立正确的世界观、人生观、价值观，真正做到知识与品行、思想与行为、课内与课外相统一，不断认识自我、提升自我、完善自我，最终实现知行统一、自由而全面发展。

第一章　高校实践育人的内涵及主旨变迁

实践育人作为十大育人体系之一，是高校育人的新途径，与课程育人、科研育人、资助育人等既相互联系又有区别。实践育人是一项综合性、系统性和复杂性的工程。研究高校实践育人，首要的是要厘清高校实践育人的基本内涵及主旨变迁。掌握实践、育人、实践育人、实践教学和社会实践等核心概念的科学要义，对分析高校实践育人的主要特征、类型、功能价值、主旨变迁和趋势展望有十分重要的基础意义，是高校实践育人的逻辑起点，对一体化育人的构建与实现具有推动意义。

一、实践育人的科学内涵

（一）实践

实践作为一个词语，有三个方面的含义：（1）改造社会和自然的有意识的活动。（2）实际去做；履行。（3）在核辐射防护中，实践指增加辐射照射剂量的活动。马史思主义哲学认为，实践是人类自觉自为的一切行为。内在意识本体与生命本体的矛盾是推动人类自我解放的根本矛盾，其外化为人类个体及组织、阶级通过生产关系联系的整体对于自然及个体间或者集体关系、阶级关系形成的解放活动。实践只有在自觉的意识下才是人性的、人格的，正所谓：实践出真知。

"实践"一词虽然是与我们息息相关，从哲学的角度理解实践的概念却不容易被人们所理解，有关对实践的观点认识也不尽相同。实践最早作为一个独立的概念是在古希腊罗马时期的哲学中，是一个泛理想化的美学概念，较有代表的是苏格拉底的"只要一息尚存，我永远不停止哲学的实践"。亚里士多德的"实践就是幸福、仁义和执礼的人之所以能够实现善德，主要就在于他们的行为"，他指出，"实践涉及人生的意义与价值，生产只关心人的欲望与要求的满足，实践的对象是人，生产的对象是物体"。亚里士多德最早把实践内容进行了二元论划分，区别了实践和创制，认为实践区别于技术活动，把实践的基本含义理解为

"正确的行为，一个完全圆满地完成自身构成目的的活动"，此实践表现出浓厚的追求人生价值和意义的色彩，在一定程度上上升为一个哲学名词。德国古典哲学创始人康德最早把实践作为一种社会现象引入哲学范畴，提出了客观唯心主义的实践准则和实践法则两个概念，认为人作为有限理性的存在体，在实践理性的支配下追求趋向完美性的实践终极目的。但是，康德的实践理性自身的活动仍限于在抽象的同一性中，无法从先验主义的困境中摆脱出来，他提出了理论理性和实践理性的概念，对后世的哲学思想和人们对于自然关系的认识都产生了重要的影响。德国旧唯物主义哲学家费尔巴哈在他的哲学著作中多次提到实践，将实践与生活联系到一起，提出理论所不能解决的问题，实践将为你解决，但他将人同自然界的关系单纯地理解为人存在并去适应自然界，将人类认识自然的过程呈现为一种消极的直观，忽视了上升到社会实践的高度，不理解革命性的、实践批判的活动意义。德国古典哲学的集大成者黑格尔把实践引入了认识论，把实践看成是认识的必然环节，克服了康德哲学的局限，并在一定程度上猜测到了实践是检验真理的标准。但是，基于资产阶级立场和唯心主义思想的限制，其实践观具有浓厚的神秘主义和唯心主义的特点，从根本上限制了实践观的科学性。综上所述，哲学家们关于实践的概念有了比较充分的认知和讨论，这些哲学思想中的合理因素对正确理解实践的概念意义重大，但是这些观点都存在不同程度的片面性和局限性，没有形成科学、系统和完善的实践观，因而对实践概念没有科学的、完整的和透彻的理解。

直到马克思主义哲学吸取了哲学史上一切关于实践概念的优秀成果，正确阐明了实践的本质以及实践在认识世界和改造世界中的作用，才创立了辩证唯物主义的科学实践观。马克思在被恩格斯称为"包含着新世界观的天才萌芽的第一个文件"《关于费尔巴哈的提纲》中，系统地阐述了有关实践的系列观点，指出了旧唯物主义的主要缺点，即"对事物、现实、感性，只是从客体的或者直观的形式去理解，而不是把它们当作人的感性活动、当作实践去理解，不是从主观方面去理解"，没有把人的活动本身理解为客观的活动。马克思强调了实践的重要意义，强调了实践在检验认识真理性中的决定作用，以及实践对环境和教育的改造作用、对宗教世界的世俗基础的改造作用。马克思主义的实践观主要包含两个因素：一是指实践主体改造实践客体的活动，即人们通过实践活动改造客观世界，获得人类社会发展的各种物质和精神产品为人类服务；二是指实践主体在实践过程中实现自我改造和发展的活动，即通过实践活动人们可以更好地认识和锻炼自我，改造人们的主观世界，实现实践主体自身的创造和发展。根据实践对象不同，实践分为三种基本形式：第一，生产实践。人类处理人与自然关系的活动，人类通过改造自然，使自然满足人们的物质生产、生活需要的活动，包括生产、消费、流通、分配和服务等活动，这是人类最基本的实践活动，是人类能够获得生存和开展其他一切实践活动的基本前提。第二，社会关系实践。它是处理人与人的关系、人与社会关系的实践活动，包括人类的社会交往以及组织、管理、变革社会关系的活动。在阶级社会，社会关系的实践主要表现为阶级斗争，当前我国正在进行的改革开放事业就是社会关系实践的重要内容。第三，精神文化实践。这是从生产实践中分化出来的实践活动，包括以更好地认知世界为目的的探索性科学实验、科学研究和以精神文化产品生产为直接目的的艺术、教育活动等。基于此，甘霖[1]将实践定义为人类在一定社会组织中，有目的地认识和改造世界的活动，是人们改造客观世界的一切活动。一方面，实践是人类改造客观世界的物质性活动，具有物质性和直接现实性等特点。另一方面，实践是人类的主观能动性活动，实践把人类的要求、目的等通过实践活动表现为客观现实，体现人类的意志和特点。王正明[2]等在《对实践教育内涵的认识与思考》中从广义和狭义的角度来界定实践，他指出，广义上的实践是人类认识和改造主观世界与客观世界的所有活动。按照这种定义，实践就是生活，生活就是实践。狭义上的实践是指人类改造主观和客观世界的活动，与认识相对应，认识属于"想"的范畴，而实践属于"做"的范畴。还有另一种狭义理解，认为实践是人类改造"物质"世界的活动，或改造世界的"物质"活动，这种意义上的实践活动等同于物质生产。依据此定义，实践育人中的"实践"应该归属于哪个范畴，王正明否定了前后两种，取中间一种定义，原因在于第一种定义将实践泛化为所有的教学活动，"实践育人"失去了目标和重点。第三种定义将实践育人窄化为物质活动，缺少了更为普遍的精神活动。因此，本书为了清楚界定相关概念，取实践的第二种解释作为实践育人中实践的内涵，即指改造主观和客观世界的活动。张楚廷[3]教授也基于此认识定义"实践"，他指出，实践是人在一定意识作用下的一定行为，一定实践是相对于作用在其上的一定意识而言的。

综上所述，归纳学者们的观点，大致包含以下几类：首先，实践是人类能

[1] 甘霖. 高校实践育人研究 [M]. 北京：人民出版社，2015：30-35.

[2] 王正明等. 对实践教育内涵的认识与思考 [J]. 中国大学教学，2014（02）：68-71.

[3] 张楚廷. 关于实践观的种种问题 [J]. 湖南文理学院学报（社科学版），2009，34（01）：11-16.

动地改造和探索现实世界一切客观物质的社会性活动，是人类赖以生活和发展的基础，是人类社会存在和发展的前提。其次，实践决定认识的高度、广度和深度。因为实践是认识的源泉，只有躬身体验实践活动，才能将已有的认识与客观事实对比，使原有的认识不断发展和更新，从而形成新的认识和经验。最后，实践是认识的最终归宿，也是检验认识的唯一途径。实践是主观见之于客观的活动，只有通过实践活动才能检验人类的主观认识与客观事实的吻合程度，从而进一步修正自己的主观认识。当然，在实践中升华再次形成的新认识不是最终目的，而是更好地指导实践，更好地改造客观世界，发展和提高生产力，为人类的生存和发展提供物质基础。

（二）育人[1]

从词组本身的意义来看育人，《现代汉语词典》中有三种解释：第一，生育之意，如生儿育女；第二，养活之意，养育、富裕等；第三，教育之意，指按照一定的目的长期地教导和训练，如德育、体育等。在百度百科中，育人为第三种含义，即教育、培养；对受教育者进行德育、智育、体育、美育等多方面的教育，育人的目的是使教育对象能全方位地发展，使人成长为社会需要的身心健康的人才。综上，从教育的角度来看，育人目的是促进人的成长，体现了促进人的全面发展的教育思想。在我国传统文化中，以孔子为代表的儒家思想的发展和演化，完善了仁义礼智信教育思想与《大学》中的格物、正心、修身等做人和育人的准则，形成了传统的育人理念，对中国古代的传统文化传承和教育产生了深刻的影响。我国著名教育家陶行知曾说："先生不应该专教书，他的责任是教人做人；学生不应该专读书，他的责任是学习人生之道""教育就是教人做人，教人做好人，做好国民的意思。"革命家、教育家徐特立指出"教书不仅是传授知识，更重要的是教人，教育后一代成长为具有共产主义思想品质的人"，还指出"教师要有两种人格，一种是经师，是教学问的；一种是人师，是教行为的"。美国实用主义哲学的创始人哲学家、教育家杜威曾说："教育即生活、生长和经验改造"，他从心理学、教育学和实用主义哲学的不同角度，论述了教育的本质，认为教育能传递人类积累的经验，丰富人类经验的内容，增强经验指导生活和适应社会的能力，从而把社会生活维系和发展起来。他指出"生活"是教育的过程，"生长"是教育的目标，教育寓于生活，教育为了生长，生长源于经验，

---

[1]　甘霖.高校实践育人研究[M].北京：人民出版社，2015：35-38.

经验、生长和生活是三位一体的关系。广义地讲，个人在社会生活中与人接触、相互影响、逐步扩大和改进经验，养成道德品质和习得知识技能，就是教育。英国著名的哲学家、社会学家和教育家斯宾塞也讲过："教育为未来生活之准备。"指出教育就是生活本身，教育的任务已由简单的知识和技能的传授转向教会学生学会学习，使得教育为人的未来做准备。

前两位教育家的教育思想中明确指出教师的主要责任不是简单地传授知识，而是注重教授学生做人的道理，所谓的教人做人正是育人的理念和方向，强调应该把育人工作放在教育的第一位，而不是仅仅停留在简单的知识传播和教授的阶段。后两位教育家指出教育是围绕人的生活开展的经常性活动，生活就是各种各样经历的集合体，这里的"经历"就是亲身实践。这种经历不在学科那里，不在家长和教师那里，而是在其自身的生活化问题解决的行为和活动之中。

新中国成立以来，我国始终坚持把育人工作放在教育的首位，党和国家提出的"教育之本在于育人""育人为本，德育为先"等一系列教育理念，促进了我国教育事业的发展和进步，为国家培养了一批又一批的社会主义建设者和接班人。《国家中长期教育改革和发展规划纲要（2010—2020年）》指出教育改革和发展的基本方针，即优先发展、育人为本、改革创新、促进公平、提高质量。强调把育人为本作为教育工作的根本任务，明确以学生为主体，以教师为主导，尊重学生的主体性，充分发挥学生的主动性，把学生成长成才作为学校一切工作的前提。育人是教育的生命和灵魂，是教育的本质要求和价值诉求。世界各国的教育理念普遍认为，育人是教育的首要目标，德育是育人的根本内容。与之相悖的是，受到经济全球化和多元文化的影响，教育脱离了初衷，一味地追求和满足市场的需求，重视专业教育和技术教育，忽视了道德教育和人文教育的投入，在激烈的应试教育下，就出现了名校学子弑母、弑师等有悖于育人理念的极端行为，虽然这只是少数和个例，但反映出当前教育存在的问题，知识量的增加并不等同于学生综合素质的提高，完全追逐市场化的教育理念严重违背以人为本的教育宗旨，不利于教育长远的发展，也无法满足人的全面发展以及和谐社会发展的内在需求。

综上所述，育人是教育活动本身的应有之义，育人是教育的理念，更是教育的价值指向。育人作为教育的本质属性使得教育的出发点和落脚点始终围绕人来开展。因此，育人使教育真正站在人的立场上，以人的完善和发展作为基本出发点，以人的发展作为衡量育人工作的基本标准和判断价值，并以此来理解、开展、运作教育行为。育人是教育作为自成目的性和价值性活动的内在要求，是教育自产生之时就具有的内在特质。

（三）实践育人

实践育人是培养适应新时代社会需要人才的新途径，是我国高等教育理念的重要组成部分，随着社会的发展和人们认知水平的提高，实践育人的地位和价值越来越受到重视。关于实践育人方面的研究，不同的专家学者研究视角不同，研究内容各有侧重，实践育人内涵不断地丰富和演变。通过梳理文献发现，实践育人研究范畴主要包括三种：思想政治教育领域、专业教育领域、专业教育与思想政治教育相结合。其中以思想政治教育领域研究居多，梅元媛[1]在《高校思想政治教育实践育人的途径探索》中直接阐释思想政治教育角度高校实践育人的目标指向，即理论指导实践、实践提升理论，其目标具体来说包含三项内容，即品质目标、知识目标和能力目标，三类目标中居于核心地位的就是品质目标。这里的品质目标就是德育的内容，直指思想政治教育的根本目标。罗亮[2]在《改革开放以来高校实践育人的发展历程与基本经验探析》中认为，实践育人是新形势下高校思想政治工作的重要内容，系统分析了改革开放以来高校实践育人发展历程的几个重要阶段：重要的奠基阶段：概念尚不明确，但实践育人已成为高校思想政治工作的共识。全面深化阶段：首次提出"实践育人"概念，指出开展大学生思想政治教育要遵循理论教育和实践环节相结合的原则。该阶段实践育人的形式和载体越来越丰富，如志愿服务、创新创业教育等。质量提升阶段：该阶段实践育人成为新形势下高校思想政治工作的重要内容，成为培育和践行社会主义核心价值观的有效途径，开始摸索建立实践育人共同体，逐步构建完善体制机制，进一步强化实践育人质量，通过整合各类资源，搭建各类实践平台，寻求构建实践育人协同体系。在取得的主要成就方面，实践育人已由原来的只依托社会生产劳动到与实践教学、社会实践、志愿服务、创新创业教育等有机融合转变。王忠[3]在《当代大学生思想政治教育实践育人运行机制研究》一文中阐释了构建大学生思想政治教育实践育人机制应把握的五个创新性原则：模块化原则、项目化原则、全员化原则、全程化原则和社会化原则，他指出，高校应该建立全方位、立体化、动态调整的大学生思想政治教育实践育人四大机制，即引领型实践育人机

---

[1] 梅元媛. 高校思想政治教育实践育人的途径探索 [J]. 学校党建与思想教育，2013（08）：74-75.

[2] 罗亮. 改革开放依赖高校实践育人的发展历程与基本经验探析 [J]. 思想理论教育，2019（05）：106-111.

[3] 王忠. 当代大学生思想政治教育实践育人运行机制研究 [J]. 思想教育研究，2015（01）：66-69.

制、教学型实践育人机制、服务型实践育人机制和自治型实践育人机制，每一个机制由包含若干主题性活动的若干模块组成。在专业教育领域研究，其中较有代表性的是陆妙燕[1]等在《高校专业实践育人体系构建研究》中指出，高校实践育人的核心是专业实践育人，构建全方位的专业实践育人体系是高校人才培养的核心内容之一。杨秋波[2]等《在工程管理专业实践育人体系的探索与实践》一文中，以天津大学工程管理专业为例，基于成果导向教育的思想，构建了以学生为中心，课内与课外相结合，实习现场与理论课堂相结合，团队合作与自主完成相结合，现场操作与模拟仿真相结合，涵盖过程体系、目标体系和保障体系的工程管理专业实践育人体系。当前，将专业教育与思想政治教育相融合，探索实践育人方面的研究越来越受到专家学者的青睐，徐迎寿[3]等在《高校二级学院构建协同推进专业育人与思想育人长效机制的实践探索》中探讨了高校二级学院在将专业育人与思想育人有机融合中，从学院、教师、学生三个维度，通过创新实践，构建协同推进专业育人与思想育人长效机制。骆郁廷[4]等在《论马克思主义实践育人的德育思想及其实现价值》中认为实践育人不仅可以育智也可以育德，指出马克思主义的实践育人思想包含丰富的德育内容，理解实践育人蕴涵的思想不应该拘泥于育智，更应该关注其育德的功能，在此基础上，他深刻剖析了马克思主义实践育人德育思想四个方面的重要现实价值：即改进青年学生思想政治教育、增强青年学生的社会责任感、引导青年学生走正确成长道路以及提高青年学生的实践能力。

在实践育人的内涵界定方面，张建[5]指出，实践育人是以学生课堂上获得的理论知识和间接经验为基础，以激发学生课外自我教育和相互教育的热情与兴趣为手段，以开展与学生全面发展密切相关的各种导向性、应用性、综合性的教学活动和实践活动为途径，旨在提高学生综合素质，引导大学生坚定跟党走中国特色社会主义道路的理想信念，不断增强服务国家服务人民的社会责任感、勇于

[1]　陆妙燕等. 高校专业实践育人体系构建研究 [J]. 齐齐哈尔大学学报（哲学社会科学版），2015（11）：160-163.

[2]　杨秋波等. 工程管理专业实践育人体系的探索与实践 [J]. 天津大学学报（社会科学版），2013, 15（06）：556-561.

[3]　徐迎寿等. 高校二级学院构建协同推进专业育人与思想育人长效机制的实践探索 [J]. 北京教育（高教版），2019（05）：91-92.

[4]　骆郁廷等. 论马克思主义实践育人的德育思想及其实现价值 [J]. 马克思主义研究，2013（10）：136-144.

[5]　张建. 高校思想政治教育工作中实践育人机制构建研究 [M]. 沈阳：沈阳出版社，2018：53.

探索的创新精神、善于解决问题的实践能力，自觉成为中国特色社会主义的合格建设者和可靠接班人。甘霖[1]结合相关文献研究将高校实践育人定义为：遵循教育规律和人才成长规律，开展与大学生专业知识学习和综合素质提高等成长成才相关的各种教育实践活动，不断强化大学生的理想信念，提升大学生的社会责任感，塑造大学生的良好品德和身心素质，培养大学生勇于探索的创新精神和解决实际问题的实践能力等各种综合素质，使之成为社会主义建设者和接班人的实践教学活动和过程。黄蓉生[2]主张实践育人是高校人才培养的重要环节，是课堂教育的延伸和升华，也是加强和改进大学生思想政治教育的重要途径，认为高校实践育人是以马克思主义实践观为根本依据，遵循大学生成长成才规律和教育活动规律，以学生在课堂教学中获取的理论知识和间接经验为基础，以开展与学生专业发展和成长成才密切相关的各种实践活动为途径，以引导大学生坚定跟党走中国特色社会主义道路的理想信念和不断增强服务国家服务人民的社会责任感、勇于探索的创新精神、善于解决问题的实践能力为基本目标的一种教育实践活动。

梳理学者的成果发现，实践育人或显性地或隐性地蕴涵着思想政治教育和专业教育。高校实践育人就是基于马克思主义实践观和中国优秀传统文化经典的知行合一观，以育人为根本出发点，以立德树人为根本任务，遵循大学生成长成才规律和教育活动规律，坚持理论教育与实践相结合，基于实践并最终指向实践，根据社会需要培养全面发展人才的一种新型育人方式。实践育人不能仅仅狭隘地被理解为课堂教学的延伸或者补充，也不单纯是一堂实践教学课，更不是一次实践活动，实践育人并不从属于课堂教育。实践育人是引导学生主动参与经过合理规划和科学设置的不同类型的教育实践活动，学生在亲身参与和体验中获得成长，学校通过这种激发学生主体性的教育方式实现育人的目标。当然，实践育人的实效并不能和理论教育严格分开来讨论，知与行的分离导致脱离了理论的实践就像是盲人摸象、毫无方向感，这也侧面反映出实践育人的一个非常重要的方面就是隐性教育。

追溯我们党的光荣历史，思想政治工作始终被摆在高校发展的最前沿，经过长期的发展，探索形成了一系列方针、政策和根本遵循。作为一项教育实践活动，我国高校思想政治教育从诞生起经过几十年的曲折发展，取得了可喜的成绩，社会的发展和时代的变迁，不同时期赋予了思想政治教育的目标不尽相同。

[1] 甘霖. 高校实践育人研究 [M]. 北京: 人民出版社, 2015: 41.
[2] 黄蓉生等. 构建高校实践育人长效机制的思考 [J]. 中国高等教育, 2012, (Z1) 3/4: 36-38.

总结归纳起来有五个阶段：（1）革命战争年代（中国共产党成立—1949年），思想政治教育主要是服务于艰难的革命战争，身份以宣传员居多，思想政治教育的目标是着力培养能够灵活应对革命战争形势，能够经受严峻的政治和战斗考验，对党领导下的革命事业充满信心，随时可以上战场投身革命斗争的坚定的革命战士，实现革命的最终胜利。（2）新中国成立之初（1949年—1977年），这个时期的思想政治教育主要是进行思想改造，大学生思想政治教育的目标主要是培养具有马克思列宁主义思想理论素养，忠于社会主义建设事业并能够积极投身于社会主义建设事业，德、智、体全面发展的"又红又专"的人才。（3）改革开放以来（1978年—2004年），在"解放思想、实事求是"等先进思想的指导下，我国思想政治教育在坚持中摸索前行，大学生思想政治教育的主要目标是培养层次分明的本专科生和研究生等思想政治专门人才。（4）2004年到党的十九大前（2004年—2017年），受到外部环境和自身发展制约的影响，思想政治教育在机遇和挑战中砥砺奋进。2016年12月召开的全国高校思想政治工作会议，将思想政治教育工作推向了一个高潮，尤其是2017年9月的全国教育大会召开以来，高校思想政治工作是关系高校培养什么样的人、如何培养人以及为谁陪养人的根本问题。会议精神要求高校把立德树人作为学校的生命线，一切工作的开展都要围绕立德树人这个根本任务，把思想政治工作贯穿教育教学全过程，实现全程育人、全方位育人。这时思想政治教育的目标是主要培养德、智、体、美等综合素质全面发展的人才。（5）党的十九大召开以来（2017年至今），在立德树人和"三全育人"综合改革的指引下，大学生思想政治教育的目标主要是为党和国家培养德智体美劳全面发展的社会主义建设者和可靠接班人。

为了本书研究的严谨性和一致性，基于有关文献研究，对高校实践育人进行如下定义：以马克思主义实践观和中国传统优秀文化的知行合一观为根本指导，遵循教育的基本规律、思想政治教育规律和学生成长规律，以学生在课堂教学中获取的理论知识和间接经验为基础，开展与通识教育和专业教育密切相关的各种实践活动，旨在强化大学生的理想信念教育，提升大学生的社会责任感，塑造大学生的良好品德和身心素质，培养大学生勇于探索的创新精神和解决实际问题的实践能力等各种综合素质，使之成长为新时代所需的中国特色社会主义合格建设者和可靠接班人，最终实现大学生自身全面发展的教育实践活动的统称。包括思想政治教育实践育人和专业教育实践育人，本书暂且统称为"大"实践育人。

随着我国高等教育改革进程的深入推进，实践育人成为越来越多的思想政治教育领域专家和学者的"香饽饽"，实践育人的价值和地位发生了显著变化。在顶层设计方面，国家层面出台了一系列的文件和政策，不断推动实践育人工作的深入开展。实践育人与思想政治教育契合的一个重要节点就是在2012年1月10日，教育部联合其他等七部门共同颁布了《教育部等部门关于进一步加强高校实践育人工作的若干意见》，将实践育人提到了与理论教育同等重要的地位，两者共同作为思想政治教育的重要手段[1]，实践育人在高校思想政治教育方面的地位达到了一个新的历史高度。党的十八大以来，以习近平同志为核心的党中央把高校思想政治工作摆在突出位置，站在为党和人民事业培养建设者和接班人的高度，做出一系列重大决策部署，多次强调实践育人的重要作用。2017年2月，中共中央、国务院印发的《关于加强和改进新形势下高校思想政治工作的意见》（以下简称《意见》）中指出，要坚持遵循教育规律、思想政治工作规律、学生成长规律和全员全过程全方位育人的基本原则，把握师生思想特点和发展需求，注重理论教育和实践活动相结合、普遍要求和分类指导相结合，加强和改进高校思想政治工作。通过实践把一个"全"字串联起来，把育人的时空也拓展开来，即：一要把思想价值引领贯穿教育教学全过程和各环节；二要调动全部力量参与到育人过程中来，三要充分利用教书、科研、实践、管理、服务、文化、组织等育人全部环节和要素实现时时处处人人育人的目标，提高育人工作的科学化和精细化水平。2017年12月，教育部颁布实施的《高校思想政治工作质量提升工程实施纲要》（以下简称《实施纲要》）再次强调，要坚持以习近平新时代中国特色社会主义思想为指导，紧紧围绕统筹推进"五位一体"总体布局和协调推进"四个全面"战略布局，坚持和加强党的全面领导，充分发挥中国特色社会主义教育的育人优势，以立德树人为根本，以理想信念教育为核心，以社会主义核心价值观为引领，以全面提高人才培养能力为关键，强化基础、突出重点、建立规范、落实责任，一体化构建内容完善、标准健全、运行科学、保障有力、成效显著的高校思想政治工作质量体系，形成全员全过程全方位育人格局，切实提高工作亲和力和针对性，着力培养德智体美全面发展的社会主义建设者和接班人，着力培养担当民族复兴大任的时代新人，不断开创新时代高校思想政治工作新局面。《实施纲要》既是质量提升工程的顶层设计，也是高校思想政治工作创新发展的

---

[1] 李敏. 思想政治教育理论探索与实践育人体系建设研究 [M]. 北京: 中国水利水电出版社, 2016: 145.

施工蓝图，进一步明确实践育人的地位。《实施纲要》的总体思路是聚焦实践这个短板弱项，坚持把破解高校思想政治工作不平衡不充分问题作为目标指向，着力构建一体化育人体系，打通育人最后一公里。进一步明确了基本任务，即充分发挥课程、科研、实践等十个方面工作的育人功能，挖掘育人要素，完善育人机制，优化评价激励，强化实施保障，切实构建"十大"育人体系。

《意见》和《实施纲要》的颁布和出台为推动新时代高校实践育人深入发展指明了方向，实践育人虽然在三全育人长效机制和十大育人体系中位列第三位，但是实践育人却是实现其他育人途径和要求的基本形式。没有实践教育，育人从本质上来说就会异化成纸上谈兵，更不用谈育人实效，但是当下高校实践育人的现状堪忧，模式和做法参差不齐，甚至有的高校干脆不重视实践育人的工作，觉得可有可无，一味地引导教育学生注重理论知识，轻视实践能力和创新能力的培养，这种做法势必违背教育的基本规律，导致学生躬身实践能力弱化，知行分离，久而久之脱离了社会的需求，这样不仅背离了教育的初衷，也违背了教育的根本任务，培养社会主义合格的建设者和可靠接班人的重任如何得以实现？因此，实践育人不是附属品，也不是可有可无，而是新时代高校实现立德树人的一种新型育人方式。当然，实践育人目的是育人，但这不等同于只要实践就能育人，因此，实践育人水平的高低不仅是关乎能否实现一体化育人的关键环节，更是能否提高人才培养质量和实效的重要突破口。

（四）实践育人与实践教学、社会实践的区别和联系

1.实践育人与实践教学的区别和联系

为了深刻理解实践育人的内涵，还要阐释清楚何为实践教学以及两者的区别与联系。实践教学也称为实践性教学，顾明远主编的教育大辞典把实践性教学定义为"相对于理论教学的各种教学活动的总称，包括实验、实习、设计、工程测绘、社会调查等。旨在使学生获得感性知识，掌握技能技巧，养成理论联系实际的作风和独立工作能力"。[1]从这个角度来看，实践教学属于教学范畴，是与理论教学相对应的一类教学方式，随着历史的发展而发展，主要目的是通过实施与理论教学不同的教学形式让学生将体验到的感性知识与已有的理论知识融合，进一步加深对知识的理解并形成新的知识。实践育人的基本内涵在前面已详细界定，简单来说，实践育人是以学生为主体、教师为主导，让学生在参与实践活动

---

[1]　教育大辞典编纂委员会编.教育大辞典第3卷［M］.上海：上海教育出版社，1991：255.

中学习、运用、发展知识，培养综合素质，提升社会责任感，实现自身全面发展的教育实践活动的统称。实践育人属于育人层面，与教书育人、科研育人、管理育人、文化育人等共同组成完整的育人体系，主要形式包括实践教学、军事训练、社会实践等。由此可见，实践教学的范畴远小于实践育人，实践教学是实践育人的一种基本形式。理解两者的区别与联系必须要注意以下几个误区：第一，实践育人与实践教学内涵不同，实践育人不是简单的课堂教学活动在实践环节的延伸和补充，是独立于课堂教学以外的新型育人模式。实践教学是教育教学的一种教学方式，是实践育人理念在高校人才培养教学过程中所采用的具体形式，实践育人与实践教学更像是方法与手段的关系。从从属关系上来看，实践教学是实践育人的一种外化形式，但不是唯一外化形式。第二，实践育人与实践教学的目标不同，实践育人的目标从宏观上讲是培养社会主义建设者和接班人，同时回答了怎样培养人和培养什么样的人两个问题，从微观上来讲就是提升大学生的综合素质。实践教学有两层含义，从广义角度来看，实践教学是实践育人的一个基本形式；从狭义上来看，实践教学是与理论教学相对应的另一种教学方式，广义的实践教学与实践育人的目标一致，而狭义的实践教学的目标仅仅是完成特定的教育目的和培养目标。当前国内高校都在围绕理论教学和实践教学的关系不断深入探索，推动高校人才培养模式的改革。

2. 实践育人与社会实践的区别和联系[1]

与实践教学类似，社会实践也是实践育人的另外一种基本形式，实践育人工作中的实践活动与社会实践既有联系也有区别。实践育人中的实践活动既有一般实践活动的普遍性，又有育人活动的特殊性。一方面，实践育人活动作为人类社会生活中的一部分，也是人类社会实践活动的基本内容和重要组成部分，因而，它具有人类社会实践活动的一些共性特征：第一，实践的客观现实性，实践的主体、对象、手段、过程以及取得的成果都是客观的。第二，实践的主观能动性，实践是人类开展的有目的、有意识地作用于实践客体的活动，与动物简单地为了生存目的而进行的一系列低级的、本能的活动不同。实践育人主要以提升大学生的综合素质为目标，具有明显的目的性和能动性。第三，实践的社会历史性。实践主体的实践活动是在一定的社会关系中进行的，个人的实践离不开一定的社会环境和社会成员的支持；同时，一定时期的实践活动还会受到历史条件的

---

[1]　甘霖. 高校实践育人研究［M］. 北京：人民出版社，2015：39-40.

制约，具有历史性实践育人的开展，不仅受到经济社会发展条件制约，还与不同社会时期的社会背景、教育发展情况、教育政策等密切相关，具有很强的历史性和现实性。另一方面，实践育人作为一类比较特殊的实践活动，具有一定的特殊性。第一，实践育人主体的特殊性。实践育人的主体是大学生，大学生是一个处于关键成长期的特殊社会群体，他们的实践活动以学习知识、掌握技能和提升综合素质为主要任务，这就决定了他们与一般实践活动的实践主体有本质不同。第二，实践育人开展目的的特殊性。实践育人一般都在高校的组织下开展，具有明确的导向性。实践的主要目的是大学生在实践活动中学习，获得新的理论知识和实践技能，同时把先前的理论知识加以检验，努力实现自身理论学习和社会实践相结合，丰富自身的知识体系和能力结构，进而促进自身全面可持续发展。第三，实践育人作用的特殊性。大学生正处于世界观、人生观、价值观形成的关键时期，高校开展的实践活动对于大学生的教育和锻炼意义非常重大。实践育人是培养大学生实践能力和创新能力的重要途径，也是培养大学生健康个性和健全人格的重要手段，对于大学生的全面发展具有重要的促进作用。第四，实践育人形式和内容的特殊性。实践育人是以大学生为主体的实践活动，大学生作为在校生，其主要任务是学习，主要活动场所是学校。大学生的这些特点就决定了实践育人的相关内容必须与大学生这一特殊群体的基本特征相对应，在整体教学计划和安排内，通过实践教学、军事训练、主题教育、志愿服务、社会调查、创新创业、勤工助学等形式开展。

二、高校实践育人的主要特征

了解了实践育人的内涵，我们发现实践育人是诸多思想政治教育途径中的一种，这种育人途径是高校经过长期探索发现并一直践行的。高校实践育人工作以大学生为参与主体，以主观见之于客观的实践活动为主要载体，形式多样、内容丰富。实践育人在高校思想政治教育工作和专业教育中发挥了不可替代的作用，与其他育人途径相互配合、相互补充、相互促进，构成完整的育人体系。当然作为一种新型的育人途径，实践育人有其他育人手段都不具备的特征，主要包含以下几点：

（一）导向性[1]

导向性是指能够使事物朝某个方向发展的特性。实践育人的导向性，是指实践育人工作有着明确的目标和方向，工作内容和安排都是以提升大学生的思想政治素质、培养大学生的实践创新能力和促进大学生的全面发展等为导向，设计实践育人工作的各个环节和内容，以实践活动为载体，不断实现并强化育人目标。实践育人作为育人途径的一种，是目的性和针对性很强的教育实践活动。实践育人的根本目的在于通过各种实践活动，提升大学生的综合素质，促进大学生的全面发展，努力使大学生成长为社会主义的合格建设者和可靠接班人。实践育人的目标性和针对性，也就决定了实践育人活动必然具有导向性的特征。

（二）参与性

实践育人作为思想政治工作的重要内容，其出发点和落脚点都是育人。实践育人与其他形式育人最大的区别就是学生的主体参与性，在现有的文献中将其称为主体性或者主动性，不管是参与性还是主体性、主动性都是围绕学生主客体关系的转变来论述的，因此本质上并无区别。在以往的育人体系中，学生始终都是客体而非主体，忽视了学生作为学习者的主体性，不利于学生的发展。在实践育人模式中，学生们成为实践活动的参与主体，他们可以自主设计策划、自行解决困难，在自助中参与完成实践活动，这极大地发挥了大学生的积极性和能动性，培养了探索求知的兴趣和欲望，增强了他们的自信心，这是其他育人形式所不能媲美的。

（三）体验性

谈论实践育人的体验性不可避免地就会谈到经历，所谓的体验就是在经历中有所体会和顿悟，即在实践中感性地认识事物。具体来讲，根据体验的生成机制和规律，体验是生理和心理、感性和理性、情感和思想、社会和历史等方面复合交织的整体矛盾运动。实践育人的体验性是指围绕一定的育人工作目标，根据大学生的实际情况和特点，在大学生参与实践活动的过程中，为其提供、创造和还原各种实践机会或者现实情景，促进大学生在参与实践的过程中对知识的理解和掌握，获得丰富的情感体验和感悟，获得综合素质的提升，最终实现育人工作的目标和效果。与课堂教学对比来看，大学生课堂理论知识的学习因形式单调，内容枯燥，缺乏参与性、活动性和互动性，使得其在培养大

---

[1] 甘霖. 高校实践育人研究 [M]. 北京：人民出版社，2015：44-45.

学生思想道德素质、意志品质、专业素养等方面的作用弱化。因为"人永远是自己也只能是自己才能体验所发生的事情以及产生危机的那些生活环境和变化，谁也不能代替他这样做，就像最有经验的教师也不可能代替自己学生去理解所讲的内容一样[1]"。实践育人的体验性特征，决定了实践育人能够达到其他育人所不能达到或实现的效果。

（四）渗透性

实践育人的渗透性是针对育人内容的广泛性和交叉性以及育人目标的一致性来阐释的。一方面，实践育人的内容涵盖了其他育人工作的基本内容，其他各种形式的育人活动在开展过程中无形地渗透和践行了实践育人的理念。另一方面，实践育人能促使其他育人目标实现，与其他育人形式相互配合共同实现育人目的。因为实践是认识的源泉，也是检验认识的手段，更是再认识的基础。实践育人是实现德育、智育、美育、体育和劳育的基本载体，能力的提高需要实践锻炼来检验和强化，素质的提升则需要长久的实践内化形成，并以能力的形式外化出来，一个人综合素质的提升需要不断地实践历练和升华。因此，实践育人渗透在培养大学生综合素质过程中的各个环节，与其他育人相互交织、相互融合、相互补充、相互促进，共同实现育人目标。

（五）综合性

实践育人内容的广泛性、丰富性，以及开展形式的多样性，决定了实践育人是一项复杂的系统工程，实践育人目标的实现依赖于多个方面，同时，实践育人的效果也具有全面性和深刻性。一方面，实践育人开展涉及多个方面，如政府教育主管部门、企事业单位等，亟须构建实践育人的协同机制。另一方面，实践育人的效果和目标呈现出一定程度的综合性，实践育人不仅能够提升大学生自身的综合素质，也能够进一步增强大学生的使命感和担当，促使大学生将个人梦想自觉融入中华民族伟大复兴中国梦中，成长为社会主义合格的建设者和可靠接班人。

（六）开放性

育人体系由原先的三育人体系到如今的十大育人体系，体现了育人内容和育人形式的开放。实践育人使得教育由原来的学校小课堂搬到社会大课堂中，这种打破时空局限的教育形式彰显了教育本质要求多元开放的属性，因为思想的碰

---

[1]　苏明,等译. ［苏］瓦西留克.体验心理学［M］.北京:中国人民大学出版社,1989: 9.

撞、兴趣的激发、能力的提高、灵感的迸发需要更加开放的外部环境，开放式的教育体系更能够提高学生自主创新创业和解决实际问题的能力，从而更好地被社会所接受。

三、高校实践育人的主要类型

根据高校实践育人开展的形式和所要实现的特定目标，可以分为引领型实践、认知型实践、教学型实践、服务型实践、创新型实践、职业型实践和自治型实践。

（一）引领型实践

引领型实践是以理想信念教育为目标，在高校实践育人过程中开展的培养大学生树立正确的信仰、强化思想道德修养、增强责任感和使命感的实践活动。引领型实践育人活动主要包括理想信念和社会主义核心价值观类主题教育活动、思想政治素质拓展活动、大学生入党积极分子培育教育及党员党性实践锻炼活动、重大节日和国内国际热点专题教育活动，等等。如：大学生暑期社会实践、中国大学生在线的主题教育实践活动、复旦大学本科生"笃志"计划、上海交通大学"国家大学生文化素质教育基地"、吉林大学邓小平理论研究会、华东理工大学的三级党校及学生党员党性锻炼机制、改革开放四十周年成果展教育和2018年开始愈演愈烈的中美经贸摩擦问题专题讨论教育，等等。

引领型实践育人活动是高校准确把握新时代大学生的特点、勇担立德树人使命的具体举措，通过把理想信念教育的目的、内容和社会对大学生个人发展的要求和期望结合起来，帮助大学生把握正确的思想方向，把个人置身于祖国建设的征程中，促使大学生把个人理想同新时代中国特色社会主义的共同理想融为一体；把个人奋斗目标与建设富强、民主、文明、和谐和美丽的社会主义现代化强国的大奋斗目标融为一体；把个人的"成才梦""青春梦"同"中国梦"融为一体，为实现中华民族伟大复兴而奋斗终生。

（二）认知型实践

在高校实践育人过程中，认知型实践是以社会调查和文化艺术类实践为主，这类实践旨在提高大学生的认知能力和文化涵养，培养大学生高尚的道德情操和家国情怀。主要包括各类社会调查调研、文化艺术类实践活动等。如：结合基层的实际需求开展文化科技卫生"三下乡"大学生暑期志愿服务活动、上海高雅艺术进校园、"我爱读经典"——上海学生人文经典读书工程，等等。近年来，大学生通过学校集体组织或个人自发组织参与社会考察调研，涌现出一批特色项目和品牌活动，大学生自身加深了对社会的认识，增长了见识，高校实践育人的实效不断凸显。这类型的实践丰富了大学生的校园文化生活，调动了大学生参与实践的积极性，受到多数大学生的追捧。

（三）教学型实践

教学型实践是指在课堂教学过程中或者教学完成后，为提升大学生专业技能，促进专业知识进一步吸收和转化而开展的实践活动，这类实践活动主要包括：课堂讨论、主题论坛、技能型竞赛、模拟活动、专业认知实习和实训、学术报告和论坛等。教学型实践作为理论教学的补充与延伸，具有很强的直观性和可操作性，易于被学生所接受，调动和发挥了学生的自主性，这种开放的、动态的、形式多变的教学场景和状态是传统的理论灌输型教学不可能达到的效果。大学生作为独立的个体，自主参与，利用已经掌握的知识、经验和能力去解决生产生活中的实际问题，在参与的过程中接受信息、经受考验、自觉锻炼，使自己的认知水平、情感、态度、意志、个性等受到积极影响，触动自己的意识，进而不断做出改善和努力。

（四）服务型实践

服务型实践是指校内外各种志愿服务实践活动，意在增加大学生接触社会和参与社会生活的学习机会，通过志愿服务增加对社会的了解和认知，在服务社会中培养大学生的奉献精神，丰富大学生的业余生活，提升大学生的精神境界，彰显自身的社会价值，促进大学生全面发展。这类实践活动主要包括：各类活动志愿服务、社区志愿服务、特殊群体志愿服务、公益服务活动等。如：2008年中国北京奥运会志愿者、2010年上海世博会志愿者、上海科技馆志愿者、二青会等大型活动志愿者服务活动等。

（五）创新型实践

创新型实践是指各类创新创业竞赛类实践活动，旨在以赛促学、以赛促长，提高大学生创新精神和创新能力，拓宽大学生的学习途径，磨炼大学生意志品质。这类实践活动主要包括：各类科技创新活动、大学生创业活动等。如挑战杯大学生创业大赛、创青春大学生创业大赛、互联网+大学生创新创业大赛等。当前，在国家双创背景下，我国大学生参与科技创新活动的规模逐步扩大，国家越来越重视大学生的科技创新活动，搭建了多种学术科技竞赛平台，以赛促学、以赛促长的育人氛围也越来越浓厚。自2015年起，由教育部会同有关部门和地方政府联合举办互联网+大学生创新创业大赛五届大赛，累计参赛学生490余万人，参赛项目116.6万项。互联网+大学生创新创业大赛在2015年举办之初参赛学生的人数是20多万，到2019年则达到了527万多。大学生双创已呈星火燎原之势，展现出青年+创新创业的无穷力量。

（六）职业型实践

职业型实践主要是职场体验类实践活动为主，旨在训练大学生和即将走出高校校门的准毕业生的工作能力，积累工作经验，提高解决问题的能力，有力推动大学生的社会化进程。这类实践活动主要包括：顶岗实习、勤工助学活动、见习和假期的挂职锻炼，等等。

（七）自治型实践

自治型实践是指以各类学生自治组织、学生社团、网络社区等为平台，大学生自我组织和开展的各类实践活动，该类实践通过大学生亲身参与学校的管理和服务来获得锻炼，从而提升大学生的综合素质，提高自我管理和服务能力、增强自我意识，促进大学生个体的良性发展。这类实践活动的平台主要包括：高校的各类学团组织、社团、网络媒介等。如：各类校系学生会、学生社团、自媒体工作平台、学生代表大会等。高校学生组织是由学生组成的，主要用于学生的自我服务、自我完善和自我管理并辅助教育教学，在学生和学校之间起桥梁纽带作用，既服务于广大学生，保障学生的合法权益，又维护学校的利益。

四、高校实践育人的功能价值

高校实践育人的功能价值是预期目标与现实效果的具体表现，由于实践育人是一项复杂的系统工程，涉及多方参与，大学生是实践育人的参与主体，高校是实践育人的实施主体，社会是实践育人受益集合体。因此，探讨实践育人的功能价值理论应从大学生、高校和社会三个层次来展开。

（一）对大学生而言，实践育人有效促进了大学生成长成才和全面发展

1.有利于加强大学生的思想品德教育

参与实践的过程是学生思想品德形成的关键时期。苏联教育家马卡连柯认为劳动是教育的根本因素之一，法国的思想家迪尔凯姆认为道德教育其实质就是社会教育[1]。对于终将回到社会的大学生，利用在校的宝贵时光，亲身参与实

[1] 杨贤金.高校实践育人的探索与创新［M］.北京：中国书籍出版社，2015：61.

践，有利于加深对社会的认识，提高自己的认知能力，增进对国情的了解，从而树立正确的世界观、人生观和价值观。

实践育人有利于强化大学生及早投身社会建设，服务国家和人民的责任感和使命感。马克思主义认为，人是实践的人，实践是人类投身社会生产的基本形式，人只有在实践中才能不断地形成新认识，按照人类的意愿持续地改造客观世界，推动客观世界的不断发展，并在实践过程中改造自己的主观世界，实现人类自身的进步与发展。大学生作为特殊的群体，是自然和社会的产物，大学生能够全面发展首先得益于主观世界的改造，大学生参与实践活动不以直接创造生产生活资料为目标，而注重自身的主观感受和精神体验。大学生走出课堂、走出校园去参加实践，利用自身的文化知识和聪明才智，走向社会、走向人民群众的生产生活实际，为广大人民群众提供帮助和指导，满足社会的需求，同时大学生自身获得社会的认同，体现了自身的社会价值。另外，大学生在取得物质或文化的实践成果后获得丰富的精神体验，坚定了同人民群众保持血肉联系、与国家同呼吸共命运的决心，不断增强社会责任意识，有利于强化大学生及早投身社会建设，服务国家和人民的责任感和使命感。

实践育人有利于磨炼大学生的意志品质。高校实践育人作为人类实践活动的一种，尽管在实践活动的目的性、参与群体的特殊性，以及实践过程的导向性、参与性、体验性、渗透性、综合性和开放性具有其特殊性，但同时也具有实践的本质属性——主观能动性。实践的主观能动性又称自觉能动性，是人类区别于动物的本质属性，在实践活动中人类能够对外界或内部的刺激或影响做出积极的反应或回答，主动地改变环境，通过主动实践和行动，按照大脑中的构想与规划，把理想转化成现实。因此，实践的主观能动性就是解决实践主体的"想""做"、"意志、决心、干劲"问题。江泽民同志指出，"理论知识、历史知识可以通过书本学习来获得，品格意志的锻炼主要靠在艰苦的实践中去解决。"[1]因此，当大学生在实际参与实践活动的过程中遇到困难和波折的时候，作为参与主体的大学生能够充分发挥主观能动性，直面问题，积极寻求解决问题的方法和技巧，勇敢地战胜困难，从而磨炼了大学生的意志品质，而且"社会实践的目标越高，遇到的干扰和困难越大，社会实践的条件与环境越艰苦，对人的意志锻炼磨练就越大，创造出的人的意志力量就越坚强，越强化。"[2]另外，大

---

[1]　江泽民. 论"三个代表" [M]. 北京: 中央文献出版社, 2001: 39.

[2]　骆郁廷. 精神动力论 [M]. 武汉: 武汉大学出版社, 2003: 275.

学生在实践中获得的坚强意志和良好品质，又能继续巩固和增强大学生的实践能力，成为推动大学生成长的精神力量，激发大学生的创新能力，不断巩固大学生的所学专业知识和专业技能，锻炼和提升大学生解决实际问题的能力等。

实践育人有利于帮助大学生塑造健康的身心和健全的人格。我国高等教育的现阶段目标是为党和国家培养能够担当民族复兴大任的时代新人，这个时代新人必须是德智体美劳全面发展的中国特色社会主义合格建设者和可靠接班人。实践育人作为一种新的教育理念、教育手段、教育模式和教育方法，其本质属性是在实践中实现人的全面发展。大学生作为国家的后备力量，其全面发展不仅需要有健康的体魄、高尚的道德情操、扎实的科学文化知识，还要有健康的身心和健全的人格。大学生正处于身心发展和人格形成、发展及完善的关键时期，通过亲身参与实践活动，获得丰富的精神体验，增进了同人民的血肉联系，塑造了高尚的品德、顽强的拼搏精神、积极向上的心态、宽广包容的胸怀，并在不同的实践活动中得以涵养和升华。

2.有利于提高大学生的综合素质能力

习近平总书记曾经勉励青少年："学习是成长进步的阶梯，实践是提高本领的途径""要坚持学以致用，深入基层、深入群众，在改革开放和社会主义现代化建设大熔炉中，在社会的大学校里，掌握真才实学，增益其所不能。"[1]实践为大学生提供了学以致用、学有所用、学用结合的途径。实践育人对于全面提高大学生的综合素质有着非常积极的促进作用，大学生在参与实践的过程中，不但能够培养沟通能力、应变能力、团队合作能力，还能够培养分析问题和解决问题的能力以及抵抗挫折的能力。另外，通过参与实践，大学生还能够提高自身的心理素质。

高校实践育人为大学生提供了学以致用和学有所用的途径。实践是将知识转化为能力的桥梁，是大学生改造主观世界的根本途径。学以致用和学有所用核心在"用"字上，为实际应用而学，有目标、有目的地学。学以致用提倡的是以用为学，用是最终目的，也是检验学习效果的最佳方法，这里的"用"与实践育人的目标不谋而合，大学生学习的目的就是为了将自己所学到的知识应用在社会主义现代建设中，更好地实现自己的人生价值。通过将理论知识运用到实践，并从实践中检验知识、开阔视野、丰富阅历、汲取营养，在思考、体验、感悟中更

---

[1] 习近平在同各界优秀青年代表座谈时的讲话[N].人民日报，2013-05-05（2）.

新，筑牢知识体系和专业技能。

高校实践育人够培养大学生合作、沟通、应变、抵抗挫折等多方面的能力，使大学生的综合素质获得全面发展。实践是人类社会获得进步和发展的基本途径和方式，也是人获得全面发展的有效途径。"人作为主体是通过自身的实践活动来参与和接受客观的影响，从而获得主体自身的发展[1]。"大学生通过参与实践育人的相关活动，不断发现新知、运用真知，在解决实际问题中锻炼实际动手能力，培养与团队的合作能力、沟通能力、应变能力，还能够培养大学生分析问题和解决问题的能力以及抵抗挫折的能力等，提高自身的情感认知水平和身心健康素质，从而提升大学生的综合素质。

3.有利于推动大学生的社会化进程

人具有自然属性和社会属性的双重属性，其中社会性是人的根本属性，由自然人向社会人的过渡与转化是其社会化的过程。在这个过程中，每一个个体的人都承担着各种各样的社会角色。大学生作为人类社会的重要组成部分也不例外，大学生只有投身到社会实践中，才能加深对社会角色的认知和了解，才能在社会中找准自己的角色定位，促进大学生毕业后顺利走向社会并承担相应的社会角色，缩短自身适应社会化的进程。

实践育人是顺应高等教育的目标要求和社会发展需求建构起来的一种新型育人途径。教育要解决的就是作为个体的人的个性发展与社会发展的要求之间的矛盾问题。一方面，实践育人工作能够帮助大学生正确认识和处理个人与社会的关系，实现个人与社会的和谐发展。马克思主义认为，人类社会发展的最高境界就是每个社会成员的自由发展与社会整体的发展相互促进、相互协调，达到相互伴生的境地。实践育人的过程就是帮助大学生进一步接触社会，自觉接受和掌握一定的价值理念、规范准则、道德习俗和社会文化等必要的知识、技能，不断走向成熟，获得社会承认的过程。另一方面，实践育人有利于大学生向社会角色转变。大学生通过参加实践活动，可以了解、体验劳动的艰辛和意义，增强社会责任感，不断培养由学生向社会角色转变的意识，做好担当新的社会角色的心理准备和思想准备，尽早做好职业生涯规划，为顺利步入并适应社会奠定基础。

实践育人为大学生培养步入社会所必须的终身学习能力提供现实路径。新时代是知识经济全球化的时代，是自媒体网络普及化的时代，也是全员学习、终身

---

[1]　黄济. 教育哲学通论［M］. 太原：山西教育出版社，1998：385.

学习的时代。习近平在勉励领导干部时曾说："到了知识经济时代，只有经常不断地抓紧学习、坚持不懈地终身学习，才能够使用一辈子。"[1]终身学习是社会发展和进步的需要，"活到老，学到老"是理念更是能力，在新时代仍然具有强大的精神震撼。新时代知识的更新日新月异，一个人如果仅仅依靠在学校学习的知识，是很难在社会上长期立足、发挥价值的。因此，只有不断学习新知识、巩固旧知识才能跟上社会发展的需要，才能不被时代发展的大潮拍在沙滩上。马克思曾说过，"任何时候我也不会满足，越是读书，就越是深刻地感到不满足，越是感到自己的知识贫乏。"一方面，大学生通过参与实践对所学的知识进行运用和思考，了解以往知识结构存在的缺陷和漏洞并及时查漏补缺。在解决实际问题中逐渐认同学无止境、学海无涯的真知，愈发增加了求知的渴望，进而树立终身学习的意识。另一方面，大学生在参与实践中获得的成就会进一步激发其学习兴趣，增加大学生向未知学海的探索欲和求知欲，不断培养其终身学习的能力。

（二）对高校而言，实践育人有效促进高校实现立德树人根本任务

1.有助于高校培养合格的建设者和可靠接班人

在2018年9月召开的全国教育大会上，习近平总书记强调，要在党的领导下，全面贯彻党的教育方针，坚持马克思主义在意识形态领域的指导地位，坚持中国特色社会主义教育发展道路，培养德智体美劳全面发展的社会主义建设者和接班人。能否培养担当起民族复兴大任的建设者和接班人是高等教育必须认真对待、深入思考和切实解决的核心问题。吴旭在《促进大学生德智体美劳全面发展的内涵与路径——基于马克思人学的视角》一文中指出，培养社会主义建设者和接班人要遵循德智体美劳全面发展的"五位一体"培养路径，德智体美劳全面发展的"五位一体"培养路径是对"人的全面发展"思想的继承和深化，其中"德"定方向、"智"长才干、"体"健身躯、"美"塑心灵、"劳"筑梦想。[2]

马克思指出："人的类特性恰恰是自由的自觉的活动"[3]，提出了人和动物本质的区别是实践或劳动，这是人的生命活动特有的方式。人能够"通过实践创

[1] 习近平同志2008年5月13日在中央党校2008年春季学期第二批进修班暨师资班开学典礼上的讲话[N].学习时报，2008-05-26.

[2] 吴旭.促进大学生德智体美劳全面发展的内涵与路径——基于马克思人学的视角[J].高校辅导员，2018（06）：24-27.

[3] 马克思恩格斯.《马克思恩格斯全集》（第46卷）[M].北京：人民出版社，1979：96.

造对象世界，即改造无机界，证明了人是有意识的类存在物……正是在改造对象世界中，人才是真正地证明自己是类存在物"[1]。"一种价值要真正发挥作用，必须融入社会生活，让人们在实践中感知它、领悟它。要注意把我们所提倡的与人们的日常生活紧密联系起来，在落细、落小、落实上下功夫。"[2]我国是中国共产党领导下的社会主义国家，培养中国特色社会主义建设者和接班人是实践活动和社会制度的普遍要求，实践育人是我们党立足新时代中国特色社会主义，从德智体美劳全面发展的高度培养建设者和接班人的明智之举。有意识地将育人目标融入大学生成长实际与生活中，通过亲身参与实践活动，让大学生在听到、看到、经历中与社会发展紧密联系，感知、理解认同社会主义核心价值观，将其内化为自我追求，外化为自觉行动。

2.有助于高校提升教学水平和效果

高校是知识创新和传承的主阵地，是培育具有创新能力和创新精神人才的摇篮。经济全球化势不可挡和人才竞争日趋激烈的今天，社会对人才的素质要求与日俱增，对高校的人才培养提出了更高的要求和挑战。实践育人作为人才培养的基本手段，遵循高等教育基本规律和学生成长规律，以学生喜闻乐见的教育形式，将丰富的教育内容融入实践活动中，大学生获得了丰富的实践体验和精神体验，发挥了社会价值，提升了综合素质，实现个人与社会的和谐统一。高校在实施教育的过程中，不断优化实践育人的设计原则、目标、方法和内容，进一步探索实施和运行过程中的好经验、好做法，形成一定的科学成果，将成果显著的实践项目课程化，形成新的实践教学内容和形式，这样使得高校原有的教学内容得到丰富，教学形式得到拓展，实践育人通过实践活动促进教学，反过来又作用于教学、促进教学方法改变、教学内容改善，重新调整、完备知识体系，不断提升教学水平和效果，实现学校教育与社会需求的统一。

3.有助于提升人才培养质量，推动高校人才培养模式创新

作为培养时代新人重任的高校，想要提升自身人才培养的质量，必须在充分遵循教育发展的同时分析研究人才成长规律，设计出符合本地区、本校人才培养规律的教育培养模式，才能保证人才培养质量。一方面，实践育人作为人才培养的新模式，具有其他教育形式所不可替代的作用和优势，成为高校提升人才培养的首选手段。实践育人最大限度地促进学校教育、社会教育和自我教育的有效

[1]　马克思恩格斯. 马克思恩格斯选集（第2卷）[M]. 北京: 人民出版社, 1995: 87.

[2]　习近平谈治国理政[M]. 北京: 外文出版社, 2014: 165.

融合，帮助大学生在参与实践中改造主观和客观世界，将高校的要求内化为自身追求，自觉矫正自己的思想和行为，实现自我教育，达到高校实践育人的目的。另一方面，实践育人激发了高校人才培养潜力和活力，在育人过程中克服实践的薄弱之处，形成与之相对应的"教学—评价—反馈—指导"教学评价管理体系，新教学评价管理体系反过来重新作用于人才培养环节上，在实践中不断发现问题并解决问题，总结经验和不足，形成新的做法，促进高校的人才培养模式的不断变革。

（三）对国家和社会而言，实践育人有效促进社会繁荣昌盛和强国梦的实现

1.满足社会对人才的新需求

当今世界范围内国家的竞争主要集中在经济实力和综合实力的竞争，说到底就是科学技术的竞争，也就是人才的竞争。人是生产力诸要素中最活跃、最革命的因素，因而被视为最主要的因素。生产力水平高低的决定性因素不是物的因素，而在于掌握知识、运用知识、创新知识的人的因素，即具有创新能力的高素质人才。"高等教育是国家创新体系的主体和核心，是知识经济的起搏器和动力源。"[1]高校能够培养为经济发展所需要的各类人才，社会按照生产的进程和经济繁荣的要求从高校获取一切可能的资源。作为一种大学生自主参与、自我教育、自我发展的活动，实践育人是高校为社会培养具有创造精神和实践能力的全面发展的人才的有效载体，也是大学生了解社会、服务社会的有效途径。一方面，大学生以科学的专业知识、优秀的团队保障投身社会实践，提前将专业技能学以致用，有效地弥补社会对高层次人才的短缺，创造良好的经济效益、人才效益和社会效益。另一方面，高校将社会对人才的需求融入人才培养整个过程中，进一步将教书育人和实践育人工作有机结合，培养大学生的动手能力、管理能力、适应能力、沟通能力和创新能力等综合能力，增强其就业能力，为社会培养一批批符合需求的人才。

2.促进社会文化的新发展

文化传承作为现代大学的四大功能之一，为社会文化的发展发挥了重要作用。随着社会的不断进步，科学技术的高度发达在带给人类物质生活和精神文明繁荣的同时，也导致了人的异化。人们对于完美生活的追求过多地落脚于物质生活，而忽视了高层次的精神文化追求。与此同时，"以唤起新的商品拜物教的情

---

[1] 刘允正.落实"三个代表"重要思想促进高等教育改革与发展[J].河北理工学院学报（社会科学版），2002（02）：55-59.

绪为目的的大众文化乘势而起，进一步地束缚、限制和迷惑世人，导致社会发展动力的缺损和人类精神家园的衰微。"[1]"作为精英文化看护人，作为新知识、新思想、新理论的重要摇篮，作为继承传播民族优秀文化的重要场所和交流借鉴世界进步文化的重要窗口，大学像一座灯塔，以其独特的舍我其谁的精神气质而引领人们超越时代和社会的局限，以理性的批判精神秉烛现实，以科学的前瞻意识谋划未来"[2]。因此，在参与实践育人的过程中，作为"象牙塔"里精英的大学生具有思想观念新、文化水平高的优势，一方面要通过社会实践增长才干、锻炼毅力、培养品格；另一方面，要身体力行，作为勇敢走在时代前列的奋进者、开拓者、奉献者，以执着的信念、优良的品德、丰富的知识、过硬的本领，不断传播新知识、新理论、新思想，不断促进社会文化的繁荣与发展。[3]

3.助力经济大国到经济强国的新跨越

当前，我国正处于由经济大国向经济强国转变的重要时期，经济发展质量是今后需要努力的重心。当然，经济发展取得的成就离不开科学技术的不断创新与发展。因此，在知识经济时代，作为社会主义发展中国家要实现由经济大国向经济强国的新跨越，必须不遗余力地培养一批又一批创新型人才。习近平总书记指出："青年是国家和民族的希望，创新是社会进步的灵魂，创业是推动经济社会发展，改善民生的重要途径。青年学生富有想象力和创造力，是创新创业的新生力量。"[4]"拥有一大批创新型青年人才，是国家创新活力之所在，也是科技发展希望之所在。"[5]高等教育改革和发展的终极目的在于激发和引导大学生的成长符合国家和社会长远发展的需求。高校实践育人正是高等教育改革和发展中为实现培养高质量人才而诞生的产物，在实践育人开放式教育体系的培养下，高校实践育人在实现封闭教育向开放教育的转变中将学校教育与社会教育有机融为一体，不断提升了大学生解决问题、适应社会和自主创新的能力，为国家和社会源源不断地输送一批又一批创新型人才。

[1] 刘理.引导文化软实力提升：当代大学的社会责任[J].云梦学刊，2010，31（02）：54-57.

[2] 刘理.被动服务到主动引领：大学社会服务职能新发展[N].中国社会科学报，2010-11-25（9）.

[3] 杨贤金.高校实践育人的探索与创新[M].北京：中国书籍出版社，2015：68.

[4] 习近平.致2013年全球创业周中国站活动组委会的贺信[N].人民日报，2013-11-09（1）.

[5] 习近平.在中国科学院第十七次院士大会、中国科学院第十二次院士大会开幕式上的讲话[N].人民日报，2014-6-10（2）.

五、高校实践育人的主旨变迁

（一）萌芽期（1978年至2004年）

这一阶段的实践育人更多地指向专业技能教育，并逐步开始向思想政治工作领域渗透。改革开放以来的很长一段时期，虽然实践育人概念尚未被明确提出和界定，但是实践育人的思想在发展中逐渐明朗起来。多数高校已认识到实践的重要性，形成共识，注重引导大学生在生产劳动和社会实践中锻炼专业技能，此时的实践多依附于理论教育，作为理论教育的补充和延伸存在。

受"文革"后总结教训的片面认识的影响，一段时期以来，我国高等教育过分强调理论教育的重要性，忽视了实践因素。直到1978年高考制度恢复后，《教育部关于讨论和试行〈全国重点高等学校暂行工作条例〉（试行草案）的通知》指出，全体大学生在学习专业知识的同时，"通过生产劳动以及实验、实习、社会调查、社会活动等，使学生获得必要的直接知识和实际锻炼"。高校真正意义上的社会实践始于20世纪80年代，清华大学学生发起了"振兴中华，从我做起，从现在做起"，率先开展了各种的社会实践活动。[1]1984年，《中共中央宣传部、教育部关于高等学校学生参加生产劳动的若干规定》指出，依据专业的不同，与校外工矿企业、农场、农村组成"教学、科研、生产"联合体，建立实践、劳动的网点，固定的社会实践和生产基地。1987年以后，实践不再单纯指向专业技能方面，而成为高等教育的重要组成部分，有助于提高理论教育的实效性，对加强和改进大学生思想政治工作具有重要的作用。《中共中央关于改进和加强高等学校思想政治工作的决定》颁布，明确指出青年知识分子成长的唯一正确道路是社会实践，通过实践了解社会主义建设和改革的实际，了解人民思想感情，树立起为祖国而献身的信念，逐步锻炼成为有用人才，具体体现在"理论与实际相结合、脑力劳动与体力劳动相结合、知识分子与人民群众相结合"。1987年，《国家教委、共青团中央关于广泛组织高等学校学生参加社会实践活动的意见》又一次明确强调，必须组织学生在学习期间广泛地参加社会实践，把在假期和课外组织学生参加社会实践作为高等教育的重要组成部分。1991年，《国家教委关于加强和改进高等学校马克思主义理论教育的若干意见》指出，要将实践教育渗透进理论教育，围绕教学内容适当组织学生参加社会实践活动，使学生在接

---

[1] 孙英梅等. 高校实践育人与创新人才培养 [M]. 沈阳: 东北大学出版社, 2016: 39.

触实际中接受教育。[1]1996年12月，中共中央宣传部、共青团、国家教育委员会《关于深入持久开展大学生社会实践活动的几点意见》颁布，明确指出了大学生社会实践活动要为改革开放和现代化建设服务，为青年学生的健康成长服务，为地方经济建设和社会发展的实际需要服务。1999年6月，中共中央、国务院联合颁布了《深化教育改革全面推进素质教育的决定》，决定强调，高校要进一步重视和加强社会实践，积极支持学生开展科学研究、技术竞赛及社会服务等实践活动。这一阶段，随着实践在教育中地位的加强，实践在育人中的功能受到越来越多的重视，实践育人的思想逐渐形成。

（二）发展期（2004年至2012年党的十八大召开之前）

"实践育人"的概念在这一阶段被明确提出，实践育人的内涵目标不再单单指向专业技能的提高，而是加强和改进大学生思想政治工作、提高大学生综合素质的必选项，并将实践教育提到理论教育等同的地位，它们不再是从属关系或依存关系，而是并列关系，认为唯有将两者相结合才是促进大学生思想政治教育工作的正确选项。

2004年，《中共中央、国务院关于进一步加强和改进大学生思想政治教育的意见》首次提出"实践育人"，指出要把理论武装与实践育人结合起来，既重视课堂教育，又注重引导大学生深入社会、了解社会、服务社会。2005年，《中共中央宣传部、中央文明办、教育部、共青团中央关于进一步加强和改进大学生社会实践的意见》强调"理论教育和实践教育相结合是大学生思想政治教育的根本原则"，进一步明确加强和改进大学生社会实践具有不可替代的重要作用，对于培养中国特色社会主义事业的合格建设者和可靠接班人具有极其重要的意义。

在这一阶段，志愿服务作为实践育人的重要内容得到深入推进。2009年，《教育部关于深入推进学生志愿服务活动的意见》要求各高校深入开展各种形式的志愿服务活动，搭建学生志愿服务平台。作为实践育人重要载体的创新创业教育开始被提出。2010年5月，教育部出台了《关于大力推进高等学校创新创业教育和大学生自主创业工作的意见》，创新创业教育逐步成为深化高等教育教学改革、培养学生创新精神和实践能力的重要途径。

实践育人的长效机制逐步建立。2011年，《教育部关于进一步加强和改进研究生思想政治教育的若干意见》强调，要强化研究生实践教育环节，将社会实

---

[1]　教育部思想政治工作司. 加强和改进大学生思想政治教育重要文献选编（1978-2014）[Z]. 北京: 知识产权出版社, 2015: 2、32、71.

践纳入研究生培养方案，作为研究生培养的必要环节，做到有计划、有规范、有考核，形成长效机制。2012年，教育部等部门出台了《关于进一步加强高校实践育人工作的若干意见》，明确指出实践育人关乎学生服务国家、服务人民社会责任感的增强，关乎创新精神的培养，关乎实践能力的提升。在这一纲领性文件的指导下，对高校实践育人的总体规划、实践教学环节及方法、军事训练、社会实践、资队伍建设、基地建设、组织领导等都进行了全面的规划和设计，强调通过形成工作合力、加大经费投入、加强考核管理和研究交流、强化舆论引导等具体措施进一步加强高校实践育人工作。随后在2012年，中宣部、教育部印发了《全国大学生思想政治教育工作测评体系（试行）》，将实践育人列为高校思想政治工作的重要考核指标。

（三）深化期（2012年党的十八大召开后至2017年十九大召开前）

党的十八大胜利召开以来，高校实践育人进入了质量提升阶段。

实践育人成为培育和践行社会主义核心价值观的有效途径。2013年，中共中央办公厅印发的《关于培育和践行社会主义核心价值观的意见》明确指出，社会实践是社会主义核心价值观从小抓起、从学校抓起的重要抓手和有效途径，强调发挥社会实践的养成作用，完善实践教学体系，加强实践育人基地建设。

实践育人体制机制进一步完善。2014年，《中共教育部党组、共青团中央关于在各级各类学校推动培育和践行社会主义核心价值观长效机制建设的意见》指出：促进实践育人共同体的建立，实现实践育人规范化管理、常态化服务、品牌化培育、项目化配置、信息化支撑、社会化运作，深化对社会主义核心价值观的理解和认识。党的十八大以来，围绕"我的中国梦""爱学习、爱劳动、爱祖国"教育等主题开展系列实践育人专题教育活动。2017年，中共中央、国务院印发了《关于加强和改进新形势下高校思想政治工作的意见》，把坚持全员全过程、全方位育人作为加强和改进高校思想政治工作的基本原则之一，要把思想价值引领贯穿教育教学全过程和各环节，形成教书育人、科研育人、实践育人、管理育人、服务育人、文化育人、组织育人长效机制。实践育人成为新形势下高校思想政治工作的重要内容，得到进一步重视，从体制机制层面要求进一步强化实践育人，包括提高实践教学比重，强化实践基地建设，健全社会各界接收大学生实习实训制度，健全学雷锋志愿服务长效机制等。

（四）稳定期（2017年党的十九大召开之后至今）

2017年12月制定实施的《高校思想政治工作质量提升工程实施纲要》（简

称《纲要》）中，明确提出构建"十大"育人体系，充分发挥课程、科研、实践、文化、网络、心理、管理、服务、资助、组织等方面工作的育人功能，挖掘育人要素，完善育人机制，优化评价激励，强化实施保障。针对实践育人方面，强调要扎实推动实践育人，通过整合各类实践资源，拓展实践平台，构建实践协同体系等措施深入推进实践育人质量提升，教育引导师生在亲身参与中增强实践能力、树立家国情怀。

六、高校实践育人的发展趋势

高校思想政治工作一直面临不平衡和不充分的发展瓶颈，主要表现为理论知识与思维转化、内容多元与形式单一、理论辨识与行为外化等的不平衡和不充分问题，导致大学生思想政治教育实效性欠佳。近年来，高校思想政治工作态势持续向好，尤其是在全国高校思想政治工作会议和党的十九大召开以来，工作重心开始转向自觉学用习近平新时代中国特色社会主义思想，指导高校思想政治工作，着重解决存在的不平衡和不充分问题，主动谋求创新发展和全面提升工作质量等方面。《纲要》的落地为高校思想政治工作提供了顶层设计，其中"十大育人"体系的构筑，有力推动了"三全育人"综合改革的纵深发展，为实现"一体化育人"奠定了坚实的基础。

实践育人作为"十大育人"体系之一，具有其特有的优势和特征，一方面，实践育人是高校开展思想政治工作的有效途径，育人价值与课堂理论教育并驾齐驱；另一方面，实践育人与其他育人方式之间相互渗透并始终贯通于整个育人过程中，具有有效整合育人资源、汇聚育人力量的优势和作用，推动各项育人工作同向同行、协同协作、互联互通，成为检验和表征育人质量的有效方式。随着高校思想政治工作领域综合改革深入推进，实践育人迎来前所未有的发展。2012年，颁布实施的《教育部等部门关于进一步加强高校实践育人工作的若干意见》（简称《意见》），表明了国家对高校思想政治工作的重视和期盼程度，把大学生的思想政治教育融入整个国民经济和社会的发展，寄语高校要全面贯彻落实立德树人的根本任务，深化教育改革，把增强学生的社会责任感、实践能力和创新能力作为新时代高校的重点任务来抓，这是史无前例的。《意见》为新形势下进一步加强高校的实践育人工作提供了根本遵循。要求高校切实把工作的重心落在"育"字上，不断丰富实践内涵，坚持以习近平新时代中国特色社会主义思想为指导，进一步提高实践育人工作科学化水平，着力打通实践育人"最后一公里"，进一步加强和改进新时代高校实践育人工作，努力推动实践育人迈上新台阶。在这样的时代背景下，高校实践育人作为高等教育创新发展的重要途径，承载了国家和社会的时代宿命。未来，高校实践育人将打破常规惯例，走不寻常路，闯出一片天地，去迎接遍地花开、姹紫嫣红的独特风景。

（一）高校实践育人理念由被动接受向主动顺应转变

实践育人理念不是凭空产生的，是顺应时代发展和深化高等教育改革的必然产物。进入新时代以来，经济增长方式由高速转向高质量增长的客观现实对大学生综合素质提出了新要求，尤其是实践能力方面，只有提高大学生的综合素质，才能满足经济发展的需求。另外，在深化高等教育改革的进程中，实践育人作为全面推进素质教育、衡量高校教育质量的重要途径，为高校思想政治教育学科的发展积累了丰富的实践资源，有利于促进思想政治工作的创新发展，从而更好地指导大学生思想政治教育工作，实现育人知识目标、品质目标与能力目标的良性循环。

实践育人作为一种新型的教育理念，是基于马克思主义实践观，在尊重教育基本规律、学生成长规律，满足社会发展需求的基础上形成的科学的教育理念。随着时代的发展，其内涵将越来越完善和丰富。但是，长期以来，实践育人理念并不被师生所接纳，特别是有些高校和教师把实践育人简单或者片面理解为课堂教育的延伸和补充。尽管有的高校在人才培养方案中已经修改了实践环节与理论课程的占比，但是他们仅仅把实践环节作为理论教学的附属品，没有意识到实践育人在培养大学生综合素质方面的独特优势，严重忽视了实践育人在高等教育人才培养工作中的重要作用。究其原因发现，部分高校及师生没有真正接纳实践育人理念，育人工作的开展始终处于被动中，效果可想而知。随着实践育人功能被发掘出来，实践育人理念将深入人心，师生达成共识。高校及师生将由原来的被动接受转变为主动顺应，在明确自身角色定位中营造浓厚的育人氛围，共同促进实践育人的良性发展。

（二）高校实践育人的内容由追求外在设计向注重内涵发展转变

马克思主义认为实践是人们改造客观世界的物质性活动，是全部社会生活存在的基础，因此实践的内容和形式非常丰富且必然与时代的发展相吻合。一方面，随着改革开放进程的不断深入，我国经济社会发展发生了巨大变化，高等教育的目标与大学生的成长需求都发生了深刻的变化。面对新形势，传统的生产劳动实践已经不能满足人才培养的要求，取而代之的是与文明修身、科学技术、创新创业等相匹配的新型实践活动，包括专业实践、勤工助学、参观访问、志愿服务、社会调查、军事训练、各类竞赛、主题教育等多种形式。另一方面，随着科学技术的迅猛发展和教育的开放程度越来越高，互联网打破了传统育人的时空界限，为高校实践育人提供了丰富的素材资源。网络的发达使得各高校的校际联系更加紧密，有利于高校充分借鉴其他高校的有效做法，并从中吸取经验，尝试不同的实践育人形式。但是内容丰富、形式多样并不能直接带来育人质量的提升，因此，随着高等教育深化改革和"三全育人"综合改革的深入推进，实践育人的内容将由追求外在设计向注重内涵发展转变，将校风校情融入育人的整个过程中，尽最大努力挖掘育人元素，发挥出实践育人的最大功能和价值，让学生在实践体验中学知识、受教育、长才干、做贡献。

（三）高校实践育人方法由单一化转向综合化

教育方法是为实现教育目的而采取的具体措施或办法，包括传授知识的方法和思想教育方法。教育方法并不是由人们的主观意志决定，而是由教育规律决定的。在教育实践中，为了实现一定的教育目的，必然会采取同这一教育目的要求相适应的教育方法。教育方法是实现教育目的的重要措施，也是影响教育者和受教育者积极性的重要因素。一个有效的教育方法能够充分调动教育者教和受教育者学的积极性，教与学相互影响、相互促进，达到教学相长，从而实现教育目的。[1]实践育人作为一种新型的育人方式，因其内容的丰富性和形式的多样性，所采用的育人方法是否得当直接关系到育人目的的实现。事实上，无论是高等教育的方法还是具体到思想政治教育的方法，都是为实现特定的育人目标和任务而形成的。就像课堂教育的启发式教学法、讨论式教学法、研究式教学法和问题式教学法，实践育人所采取的实践锻炼法的具体实施方法不尽相同，尤其是与专业相关的实践活动可采用实习法、实验法、观察法等的一种或者几种，与思想教育相关的实践可以采用主题教育法、情境体悟法、调查研究法、竞赛参与法等的一种或者几种。未来，随着科学技术的发展，单纯的一种育人方法将不能满足实践育人的创新发展需求，综合化的育人方法将应运而生，如何科学选择、运用和发挥综合化育人方法的作用成为师生面临的共同难题。

（四）高校实践育人的制度体系由松散无序向协同共生转变

强调实践育人的理念不是刻意割舍理论教育，而是倡导在实践与理论教育

---

[1]　刘继南. 高等教育概论［M］. 北京: 北京广播学院出版社, 1992: 500.

相结合中达到育人目的。实践既是育人的方式又是育人的最终指向，实践育人具有自身的特殊优势，能够单独实现育人目标，同时又能够渗透在其他育人方式中共同达成育人目标。如何将这些互相独立又紧密相连的育人方式汇聚起来，形成育人合力，激发出育人最大潜力，成为今后发展的必然趋势。因此，要实现"打通育人最后一公里"总目标，实践育人必将与其他育人方式相结合，实现优势互补，构建一体化协同育人体系，实现全员、全工程、全方位育人。

（五）高校实践育人质量由粗放管理向精细集约转变

提高育人质量是高等教育深化改革的根本目标，也是高校开展一切工作的首要任务。高校实践育人作为一项复杂性、系统性、整体性工程，要真正发挥出其育人实效，需要建构整体把握和管理的思维范式，促进实践育人质量由只重形式化的粗放管理向形质兼顾的精细集约转变。在遵循高等教育基本规律、人才培养规律和学生成长规律的前提下，通过科学设置实践活动目标、规范活动过程、搭建活动平台、优化活动内容，并为育人目的的实现提供资源、组织、制度保障等有力措施，切实提升实践育人质量。

第二章　高校实践育人的理论蕴涵

一、西方哲学史上的经典实践观

（一）柏拉图和亚里士多德的实践观

实践在古希腊时期是哲学范畴之一，虽然古希腊哲学家们在生产实践等领域开展了相关的思考和探索，但是他们所说的实践并不关涉生产实践、科学活动等领域，而仅仅局限于道德领域。柏拉图把理念作为其哲学的基本范畴和其哲学体系的基础，实践则表现为理念的摹本。柏拉图的理念是一个具有多维意蕴的概念：其一，理念是事物的共相；其二，理念是事物之为事物的根据；其三，理念是事物的摹本；其四，理念是事物发展的旨归。柏拉图理念的精华集中体现在《理想国》中，他自己的政治追求和政治实践可以说是他的"理想国理念"的摹本。柏拉图认为，灵魂所具有的能力主要有三种，即理性、欲望和意志；国家的职能也有三种，即管理国家物质福利、保护国家物质福利和保障国家物质福利。在此基础上，柏拉图把一国之公民划分为了三个层级：第一层级是具有管理国家的智慧且进行着实际的国家统治的哲学家，这部分人人数极少；第二层级是拥有勇敢德行且保卫着国家及其公民的武士；第三层级是具有"节制"品行且进行物质生产实践、创造社会财富的生产者。这三个层级的公民只有兢兢业业、恪尽职守、在其位谋其政才能使国家处于和谐、稳定的状态，才能使自己的美德彰显出来。柏拉图在对美德进行阐释的基础上对富有诗意的活动（商业及工艺品生产等）与实践（公民在道德层面上表现出的富有正义感和善良的活动）进行了区别对待。在他看来，理念是一切活动的最高形式，他所说的实践仅仅是指公民在日常生活中的常识性的范畴概念。

实践作为一个哲学概念，最量是被亚里士多德明确地提出和加以研究的。亚里士多德指出"实践是包括了完成目的在内的活动[1]。"他认为，有目的的活动和运动才可以说是实践，他强调了人的主动性，而且重视运动的结果。他将人

---

[1] 中共中央马克思恩格斯列宁斯大林著作编译局. 马克思恩格斯选集（第1卷）[M]. 北京：人民出版社，2012：135.

类的活动分为三类：实践活动、技术活动和伦理活动。[1]

（二）德国古典哲学派的实践观

1. 康德的实践观

康德被称为德国古典哲学的第一人，他的伟大功绩之一就是提出了实践高于理论的思想。他指出，实践的出发点是"实践理性"，实践的主体是一种理性的存在。无论是"实践理性"还是"理论理性"，实际上都是"同一的理性"，只是"实践理性"和"理论理性"方向不同而已。实践理性"从原理出发，进行概念，随后再从这里走向感觉，反之，在思辨理性方面，则我们不得不从感觉出发，而停止在原理上"。理论理性只负责现象界的问题，只解决认识问题。实践理性则不解决认识问题，而只解决行为问题。在康德看来，实践高于理论，实践理性高于理论理性。在哲学世界观上，他不是一元论者，而是二元论者，他割裂了理论理性与实践理性的内在关联，把二者对立起来。康德二元论的哲学世界观使他的理论存在种种矛盾，道德与幸福的矛盾、理想与现实的矛盾等正是二元论导致的理论与实践的分离在他的实践理性中的体现。为了解决这些问题，康德把"上帝存在"作为公设，可见，其实践理性仅仅是一种"应当"。正是如此，他的哲学才走向了道德神学。

2. 黑格尔的实践观[2]

黑格尔批判地继承了康德关于实践的哲学思想，明确提出了实践与认识的关系、实践的基本特征等问题。具体而言，黑格尔的实践观包括几个方面的内容：其一，实践是主体有意识的、能动的活动。一方面，主体能够通过现象认识事物的本质。另一方面，主体能够依据对事物本质的认识或对事物发展规律的把握去改造世界。他进一步指出，实践之所以是有意识的、能动的活动是因为实践是一种"合目的性的活动"。也正是这一点把人的实践与动物的实践区别开来。其二，实践的另一重要特征是主体为了实现预定目标能够创造和使用工具。工具在黑格尔看来不仅是构成人的目的性活动的重要一环，也是"被建立为由概念所规定的东西"或"被规定了的客体"。可见，工具这一手段具有主体性和客体性二重属性。其三，实践既具有普遍性也具有特殊性。黑格尔认为，实践就其过程、结果、目的而言是特殊的、具体的、个别的，但是实践也具有普遍性或一般性。实践的普遍性或一般性主要体现在它与动物的本能活动的区别上。此外，黑

---

[1] 张建.高校思想政治教育工作中实践育人机制构建研究［M］.沈阳:沈阳出版社,2018: 28.

[2] 张建.高校思想政治教育工作中实践育人机制构建研究［M］.沈阳:沈阳出版社,2018: 29.

格尔分析了实践和认识的关系，认为实践高于认识，理论对实践具有依赖性。对此，列宁在其《哲学笔记》中充分肯定了黑格尔的这一思想，并指出这也是黑格尔实践观的合理内核。同时，黑格尔还强调了实践对理论也有依赖性，实践只有以正确的理论为指导，才能取得成功。

3. 费尔巴哈的实践观

费尔巴哈实践观的基础是唯物主义，他把实践作为一种理性的行为，且反对唯心主义。他所强调的"人"并不是社会中的人，而是生物学意义上的人，他认为这种做法属于生物学上的那种"类"活动，是一种利己主义的活动。费尔巴哈的哲学具有明显的过渡性特点，它是连接德国古典唯心主义哲学和马克思新唯物主义哲学的桥梁。费尔巴哈把自己的哲学称为"人学"，并认为这是"最高意义的实践倾向"，他所说的"最高意义的实践倾向"指的是哲学应该以人为本，哲学理论需以人的实践活动为基础。只有站在实践的基础上才能合理地解决思维和存在的关系。由此可见，费尔巴哈创立的"人本学"哲学或他所谓的"新哲学"要求把理论的建构建立在实践基础上，反对脱离了人的实践活动的纯粹的思辨。但是，费尔巴哈谈及的实践并非人类改造客观世界的具有现实性和能动性的物质活动，而只是个人的生活实践。因此，他的所谓的"新哲学"也只能属于18世纪的法国旧唯物主义序列。

（三）费希特的实践观

费希特在克服康德的二元论导致的实践理性与理论理性相分离的问题方面进行了尝试。他发展了康德提出的实践理性高于理论理性、实践高于理论的思想。他认为，"实践理性是一切理性的根据"，只有实践理性才能赋予知识价值，知识只有以服务"自由"为旨归，才能彰显自身的存在意义。费希特从唯心主义一元论出发实现了实践理性与理论理性的统一，把二者归于"自我"这个唯一的渊源。可见，在其哲学体系中，实践理性既是出发点，又是终点。也就是说，实践理性和理论理性不再有两个对象，而只有一个对象。他将实践概念进一步纳入认识论领域，并发展了康德关于意识能动性的思想，将其提升到了一个新的高度。他清晰地解释了实践活动中的具体内容，确立了在实践中应有的态度。他认为实践是一种精神活动，并用于建立"非自我"的客观世界的行为，将"行"归结为"知"，把客观的实践消融于主观的精神活动。费希特正是通过这种方式解决了康德哲学的二元论及其导致的理论理性与实践理性、理论与实践相对立的矛盾。

二、马克思主义的实践观

（一）马克思主义实践观内涵

实践是人类感性活动的总和。其外延包含生产实践、社会实践和科学实践三种基本形式。[1]实践观是人们对实践及其相关问题的根本看法和态度。不同的人对"实践"的看法和态度不尽一致，甚至截然相反。马克思主义实践观与以往的实践观有着根本的区别。马克思主义实践观是马克思、恩格斯及其后继者对实践及其相关问题的根本看法和态度。

（二）马克思主义实践观的诞生

1.形成于《关于费尔巴哈的提纲》

马克思关于实践的科学认识是在马克思主义哲学的形成发展过程中完成的。在《关于费尔巴哈的提纲》《1844年经济学哲学手稿》《德意志意识形态》等哲学著作中，马克思深刻揭示了实践的本质、内涵、特性，确立了理论与实践相统一的理论原则。马克思在《1844年经济学哲学手稿》中第一次深刻阐述了实践的观点，奠定了与古典哲学不同的思想基础。在批判费尔巴哈哲学的人的类本质异化论的基础上，马克思对费尔巴哈关于人的本质的生物性、生理性理解进行了剖析，提出了人的"自由自觉的活动"的观点，认为"正是在改造对象世界中，人才真正地证明自己是类存物""自由自觉的活动"就是改造对象世界的生产劳动。马克思还通过对黑格尔思辨哲学的批判，阐述了人和自然界的实在性问题，指出"因为人和自然界的实在性，即人对人来说作为自然界的存在和自然界对人来说作为人的存在，已经成为实际的、可以通过感觉直观的，所以关于某种异己的存在物、关于凌驾于自然界和人之上的存在物的问题，即包含着对自然界的和人的非实在性的承认问题，实际上已经成为不可能"。

2.确立于《德意志意识形态》

《关于费尔巴哈的提纲》以及随后发表的《德意志意识形态》，标志着马克思实践唯物主义的确立。《关于费尔巴哈的提纲》在十一个简短却异常深刻的论述中，马克思确立了实践唯物主义的理论框架和逻辑关系。《关于费尔巴哈的提纲》开篇就直逼"从前的一切唯物主义"在实践问题上的根本缺陷，"以前的一切唯物主义（包括费尔巴哈的唯物主义）的主要缺点是：对对象、现实、感

---

[1] 梁丹丹. 马克思主义实践观及其在当代中国的发展[D]. 重庆: 重庆大学, 2016.

性，只是从客体的或者直观的形式去理解，而不是把它们当作感性的人的活动，当作实践去理解，不是从主体方面去理解。"在破除旧哲学的思维禁锢的基础上，阐述马克思主义的实践观。《关于费尔巴哈的提纲》把人的思维的本质作为研究和阐述实践唯物主义的切入点，指出："人的思维是否具有客观性真理性，这不是一个理论问题，而是一个实践的问题。"从实践出发解释和说明人的思维。同时认为："全部社会生活在本质上是实践的。"提出了"革命实践"的概念，以及"在人的实践中以及对这个实践的理解中"解决所有理论问题的主张。从此，实践成为马克思主义哲学的建构原则和逻辑起点，马克思主义从理论层面引伸到实践层面，形成了马克思主义实践观和马克思主义实践活动。正如英国学者莱尔因所说："实践的概念是历史唯物主义的中心范畴：它构成人类和自然、社会和物质、主体和结构、意识与现实的融汇与统一。"

（三）马克思主义实践观的核心观点

马克思和恩格斯关于实践基本范畴的论述，确定了实践在认识中的基础作用，实现了人类认识史的根本变革。马克思主义哲学扬弃了旧唯物主义和唯心主义，提出了能动性与受动性相统一的实践概念，并以此为基础去解决思维和存在的关系问题，从实践出发去理解现实世界，把对象、现实、感性当作实践去理解，从而在世界观、自然观、历史观和认识论上都获得了全新的解释，构筑了统一的、彻底的、科学的体系。实践观点是马克思主义哲学的基础，贯穿于辩证唯物主义和历史唯物主义的各个环节。离开了实践观点，就不可能真正把握马克思主义的实质，不可能真正理解马克思主义整个思想体系。[1]

1.全部社会生活在本质上是实践的。从唯心主义转为唯物主义，从民主主义转向共产主义，使马克思站在科学世界观的基础上认识和分析人以及由人组成的社会，从人的本质和社会的本质出发认识实践的本质。马克思在《关于费尔巴哈的提纲》中鲜明地指出："社会生活在本质上是实践的。凡是把理论导致神秘主义的神秘东西，都能在人的实践中以及对这个实践的理解中得到合理的解决。"这一判断的基础和根据是，作为社会主体的人是实践的人。人是什么的问题是一切哲学家都希望说明却无法说明的问题。马克思基于唯物史观的基本原理，从认识和实践的关系上阐释人的本质，认为人的存在不是首先去认识这个世界，而首先是实践，人们的认识存在于人们的实践过程中。马克思说："一旦人开始生产

---

[1] 刘宁宁. 马克思主义实践观及其时代诉求 [J]. 辽宁大学学报（哲学社会科学版），2012, 40（04）：49-57.

自己的生活资料的时候，这一步是由他们的肉体组织所决定的，人本身就开始把自己和动物区别开来。""这些个人把自己和动物区别开来的第一个历史行动不在于他们有思想，而在于他们开始生产自己的生活资料。"人的本质在于实践，社会的本质也在于实践。实践是人类社会产生的起点，实践也是人类社会发展的开始，是人类社会从较低层次向较高层次发展的全部过程。毛泽东把这一观点高度地概括为："人类的生产活动是最基本的实践活动，是决定其他一切活动的东西。……这是人的认识发展的基本来源"。

2.理论对立的解决只有用实践的方式、以实践的力量来进行。基于实践是全部社会生活的本质这一重要判断，马克思高度重视实践在社会发展进程中的决定性力量。马克思在《黑格尔法哲学批判导言》中高度重视了实践的作用。马克思指出："批判的武器当然不能代替武器的批判，物质力量只能用物质力量来摧毁；但是理论一经掌握群众，也会变成物质力量。""德国理论的彻底性从而其实践能力的明证就是：德国理论是从坚决积极废除宗教出发的。"在《1844年经济学哲学手稿》中，马克思更加明确地指出了实践对于理论的作用。他指出："我们看到，理论的对立的本身的解决，只有通过实践方式，只有借助于人的实践力量，才是可能的；因此，这种对立的解决绝对不只是认识的任务，而是现实生活的任务。"这就确立了实践对理论的决定性作用。没有实践就没有理论的产生，没有实践就没有理论的发展，没有实践的理论就是毫无意义的思想过程。实践与理论有机统一的这种特性表明，马克思主义的整体性既体现在马克思主义理论内容的整体性，也体现在马克思主义实践过程的整体性，马克思主义从产生开始，就不是单纯的理论学术现象，而是科学理论指导下的革命现象和实践过程。

3.实践的核心内容在于"革命"和"变革"。在马克思的话语中，实践是内涵十分丰富的概念。但是，马克思和恩格斯创立科学社会主义的根本目的在于实现人类的最终解放，建立共产主义社会制度。由此决定了马克思和恩格斯把实践内涵的落脚点放在"革命的实践"或"变革的实践"。"革命的实践"的观点是马克思阐述科学实践观，进而确立马克思主义哲学的目的和归宿。因为，在马克思和恩格斯看来，一切理论的最终目的都是为了指导群众回答和解决社会现实问题，并最终实现人的解放。人的解放是一个不断进行的实践活动，人的解放只有通过实践才能实现。所以，马克思在《关于费尔巴哈的提纲》中所列举的第十一个问题即最后一个问题是："哲学家们只是用不同的方式解释世界，问题在于改变世界。"马克思在《德意志意识形态》中进一步指出："实际上，而且对实践的唯物主义者即共产主义者来说，全部问题都在于使现存世界革命化，实际地反对并改变现存的事物。""革命的实践"是一个系统的整体的实践，它包括物质生产实践和非物质生产实践。毛泽东在《实践论》中把"革命的实践"的内容，概括为生产斗争、阶级斗争和科学实验三项实践活动。"革命的实践"或"变革的实践"的科学概括，深刻说明了马克思主义是实践的理论。

（四）马克思主义实践观的当代启示[1]

马克思主义实践观是马克思主义哲学的核心内容，是马克思主义哲学的首要的、第一的观点，奠定了马克思主义哲学的理论基础。实践观作为科学的理论体系，其发展经历了由不科学到科学的历程。唯心主义者将实践理解为思维的活动，黑格尔在绝对精神中抽象出一个神秘世界，主体的人在此世界中是积极的能动，但是脱离了现实的世界，把人的能动性无限扩大，使人具有片面性，因此，唯心主义哲学家的实践观是非科学的。旧唯物主义者对实践的理解，没有从感性的、主体的方面去理解，而是从直观的形式来理解实践，认为主体的人在物质活动中只能是消极被动地去实践，因此，旧唯物主义者也没有形成科学的实践观。马克思在前人的基础上取其精华，去其糟粕，创立了科学的实践观，无产阶级才真正地拥有改造世界的思想武器，实现了哲学史上深远的变革。

1.马克思主义实践观为习近平新时代中国特色社会主义思想奠定理论基础

十九大的召开，标志着我国进入了新时代，习近平新时代中国特色社会主义思想被写入党章，作为全党的指导思想，成为马克思主义中国化最新成果、全党智慧的结晶、马克思主义在中国的最新发展。习近平曾指出"时代是思想之母，实践是理论之源"，深刻地反映了认识论的本质，也为我们正确认识习近平新时代中国特色社会主义思想提供了宝贵的钥匙。新思想既来源于实践，又指导实践，习近平新时代中国特色社会主义思想是以马克思主义实践观为基本理论之一，在实现中华民族伟大复兴的实践中形成并发展起来的。

2.马克思主义实践观激发人的创新活力和创新精神

思想是行为的先导，但是思想来源于实践。实践是认识的来源、动力。人在实践活动中获得对事物的认知，提高了认识的能力，形成对事物相关的认识，形成可靠的结论。人的认识能力是有限和无限的统一，只要承认这个世界是无限发展着的物质世界，实践对人创新能力和精神的激发就一定存在。首先，因为人

---

[1]　毛磊. 论马克思主义实践观的意义 [J]. 长江丛刊, 2018 (15) : 154.

的认识能力有限，人就会在实践中不断提高能力，获得全面的知识，使自己全面的发展，尽量克服主观上的不足，也正是因为人对未知世界的好奇，激励着人类不断地向前探索，试图去达到一个至上性的认识。但是无论人类如何努力，人类所获得的知识都是非至上性的，在至上性和非至上性的矛盾中，就不断地激励着人类去获取知识，激发人的创新的潜能，推动人类社会的发展。其次，因为人的认识能力无限，人类的认识过程从实践、认识、再实践、再认识这样一个永远循环往复的过程当中，人所获得的认识由低级向高级不断地演进，不断提升。因此，无论人的认识是有限的或者是无限的，都会自觉或者不自觉驱使人类去获得更多的知识，去激发人对知识的渴望，激发人的创新的活力。

实践活动中实践是连接主体和客体的中介，主体通过实践去改造客观世界的过程，也是客观世界改造主体的过程。人在实践中获得对客体的认识，在此基础上给其加工、整理，从而达到对客体理性的认识。实践能够激发创新力，对当下中国的发展有着极为重要的意义。要实现中华民族的伟大复兴的中国梦，就必须要提高科学技术的创新能力，把科技创新摆在国家的突出位置，从整个人类社会来看，每个国家的发展都是由科学技术的创新和发展而进步的，创新始终是引领发展的第一动力，是现代化经济体系的战略支撑。正是由于实践的需要，人类自身发展的需要，激发出人类自身的创新能力。

综上，马克思主义实践观是科学的理论体系，无论是在过去、现在、还是将来，都对人类社会的发展具有积极的意义。尤其是在21世纪今天的中国，任何时候都要坚持以科学的马克思主义实践观来指导我们的实践活动，而不能背离马克思主义实践观的正确路线，只有这样，我们才能夺取全面建成富强民主文明和谐美丽的社会主义现代化强国的胜利，才能清晰地把握历史的脉络，实现中国民族伟大复兴的中国梦，让中华民族高高地屹立于世界民族之林。

三、中国传统文化蕴涵的实践观

从中国传统文化的角度来看，我国古代传统文化中"知行观"的"知行合一"在实践育人理论中发挥了重要的基础作用。这里所谓的"知"和"行"分别为理论认识和实践活动。"知行观"是中国传统哲学的主要命题，是人们了解世界和改变世界面临的首要问题。通过梳理文献，纵观中国"知行观"的发展和演变历程，知行观大致经历了三个阶段的演进："重知观""重行观""知行合一观"。

（一）重知观

老子、孔子、董仲舒、程颐等思想家作为重知观的代表人物，他们在知行观上倾向于重视"知"的重要作用，而忽视"行"的成分，认为知在行之前，是行的基础，忽略了行对知的反作用，这一阶段的认识论强调"知"的重要作用，对"行"的认识有一定的局限性。

（二）重行观

以墨子、孟子、荀子和近代的孙中山先生为代表的思想家推崇"重行观"。"重行观"是指在知行关系上更重视强调"行"的作用，认为行先于知，对知起决定性作用。他们认为行的重要性要大于知，没有行所有的知识变得没有意义，这里的行就是实践。但是"重行观"忽略了知行关系中知的重要意义，过分强调行的重要作用，使得知行关系向行倾斜。

（三）知行合一观

"知行合一观"将"重知观"和"重行观"合二为一，它强调在知行关系上"知"和"行"发挥了相同的作用，两者地位相等，不存在主次、高低等从属关系。中国古代的王阳明就主张"知行合一"，他认为，理论所围绕的核心问题就是知行问题，但是他的"心即理"理念始终没有摆脱主观唯心主义。毛泽东同志传承了知行观的合理部分，并进行创造性地继承和发展，他运用马克思主义的辩证唯物论总结了知行观，并对其进行了革命性的变革，自此建立了科学系统的"知行合一观"。在认识的本质上，他认为，认识是主体对客体的主观能动反映，认识来源于实践。

综上所述，无论是"重知观""重行观"还是"知行合一观"，都有其合理性和现实存在性，理念的形成一定与当时的社会发展有密切关系，存在即合理。中国传统文化的"知行合一观"在不断地演变和传承中越来越明晰，成为新时代高校实践育人宝贵的理论源泉，为高校实践育人的理论发展和完善奠定了深厚的历史文化底蕴。

四、高校实践育人的理论分析

1.人的自由全面发展的内涵

马克思关于人的自由全面发展理论的提出具有一定的社会背景和历史前提。在资本主义社会，资本主义对人的发展是一种畸形发展，具有两重性。一方面，相对于前资本主义，它提供了人的发展的物质前提，创造了前所未有的生产力，斩断了一切血缘纽带和封建羁绊，突破了地域和民族的局限，把个人和世界联系起来，客观上促进了人在某些方面一定程度的发展。另一方面，资本主义只是把工人作为创造剩余价值的手段，作为以资本为基础的生产的另一个条件，有限制地发展其某一局部的才能，每一个人都只是在自己熟悉的领域生产，发展了自己这方面的能力偏废了其他方面，"个体本身也被分割开来，成为某种局部劳动的自动工具"。[1]一切提高社会劳动生产力的方法都是靠牺牲工人个人来实现的；一切发展生产的手段都变成统治和剥削生产者的手段。资本主义社会人的畸形发展本质上是资本家谋求发财致富的手段，这种在某一方面有限制的发展，使得人的发展具有明显的片面性、工具性和有限性。面对这种状况，马克思提出了人的发展应当是一种全面发展、自由发展和充分发展。马克思关于人的"全面发展"阐述得最多，指出资本主义社会每一个人都是只发展了某一方面能力的偏才，这与社会化大生产要求的尽可能多方面发展不符，认为人应该"全面地发展自己的一切能力"[2]，恩格斯认为，人的全面发展最终使人成为"各方面都有能力的人"。[3]人的"自由发展"是指人作为主体的自觉、自愿、自主的发展，是为了自身人格完善和促进社会进步而发展，是把人作为目的而发展。马克思指出，人的自由发展应该是"个人的独创和自由的发展"以及"全部才能的自由发展"，经常把"自由发展"和"全面发展"联系起来，称之为"每个人的全面而自由的发展"或"自由的全面发展"。[4]人的"充分发展"是人们全面、自由发展的程度问题，是马克思对人的发展的又一阐释，认为人的发展应该促使"一切天赋的充分发展""自由而充分的发展"和"体力和智力获得充分的自由的发展和运用"。[5]

人的自由全面发展理论是马克思主义理论的核心，推动人的自由全面发展是马克思主义的本质要求。《共产党宣言》指出："代替那存在着阶级和阶级对立的资产阶级旧社会的，将是这样一个联合体，在那里每个人的自由发展是一切人的自由发展的条件"。[6]马克思人的自由全面发展理论认为人的发展是人的根本的东西的发展，人的根本的东西就是人的本质，人的发展实际上是人的本质力

---

[1]　马克思恩格斯. 马克思恩格斯全集（第23卷）[M]. 北京: 人民出版社, 1972: 707-708.

[2]　马克思恩格斯. 马克思恩格斯全集（第46卷）[M]. 北京: 人民出版社, 1979: 486.

[3]　马克思恩格斯. 马克思恩格斯全集（第4卷）[M]. 北京: 人民出版社, 1958: 370.

[4]　袁贵仁. 马克思主义人学理论研究[M]. 北京: 北京师范大学出版社, 2017: 269-270.

[5]　马克思恩格斯. 马克思恩格斯文集（第1卷）[M]. 北京: 人民出版社, 2009: 571.

[6]　马克思恩格斯. 其产党宣言纪念马克思诞辰200周年多语种珍藏版[M]. 北京: 中央编译出版社, 2018: 62.

量的发展，与人的本质规定相联系，人的全面发展具体表现为人的劳动及其能力的发展、人的社会关系的全面丰富和人的个性的自由发展。人自由而全面发展，首先体现在人的劳动及其能力的自由而全面发展。"人的发展，归根结底，是作为目的的本身的人类能力的发展"。[1]人的能力主要是指人的综合素质及其各种劳动技能的综合体现。其次是人的社会关系的自由而全面发展。人总是在一定的社会关系中生存和发展，人的能力的形成、发展依赖于社会关系，生产力也要在生产关系中表现出来。"社会关系决定着一个人能够发展到什么程度"。[2]马克思认为个人的全面性不是想象的或设想的全面性，而是他的现实关系和观念关系的全面性，人要积极参与社会交往，在交往中协调处理好与自然、社会、他人的关系，以实现其自由性。最后是人的个性的自由而全面发展。人的个性主要是指个体性，是人作为社会活动主体和他人相比的不同特性，主要包括生理素质、心理素质和社会素质。人的个性的发展就是人的素质的改善和提高，以及人的独特性发展和自主性发展。马克思主义认为人的自由而全面的发展是在实现其素质发展的前提下，一方面是人的独特性的发展，认为没有差异就没有个性，这里的差异就是其独特性。而另一方面是人的自主性的发展，马克思主义把人的个性视作"自由个性"，认为只有独立才能自主，只有自主才能自由，自主的人才是真正拥有个性的人，"人们的社会历史始终只是他们的个性发展的历史。"社会的全面发展离不开个性的全面发展，是个性发展的前提，而个性的全面发展又对社会发展起促进作用。

2.人的自由全面发展实现的基本条件

内涵是实现的基础，条件是不可缺少的手段。为了实现人的自由全面发展的目标，马克思不仅科学地界定了人的自由全面发展的思想内涵，而且还进一步阐明了其实现的条件，对人的自由全面发展的理论进一步深化。在实现人的自由全面发展的条件方面，马克思认为需要具备三个基本条件，即高度发展的生产力、高度发展的生产关系、人的个性的充分自由发展。[3]第一，生产力是人类社会发展的前提和动力，也是人的全面发展的前提和动力。生产力又是人改造自然的能力，生产力的发展同时就是人的能力的发展，即人的发展。通过生产力的发展，创造日益丰富的生活资料，使人摆脱贫困状态，并在满足基本生存需要的前

[1] 王双桥. 人学概论［M］. 长沙：湖南大学出版社，2004：400.

[2] 马克思恩格斯. 马克思恩格斯全集（第46卷）［M］. 北京：人民出版社，1979：486.

[3] 袁贵仁. 马克思主义人学理论研究［M］. 北京：北京师范大学出版社，2017：278-284.

提下追求享受和发展。第二，人的全面发展不仅依赖于高度发展的生产力，而且也需要高度发展的社会关系。生产力是生产关系以及全部社会关系的基础。人的本质是社会关系的总和，"不管个人在主观上怎样超脱各种关系，他在社会意义上总是这些关系的产物[1]"，只有通过生产力的发展，才能促进生产关系的调整和变革，实现社会制度、社会形态的完善和更替。"个人的全面性不是想象的或设想的全面性，而是他的现实关系和观念关系的全面性。……"[2]第三，人的全面发展还必须建立在最终实现人的充分个性发展的基础上。马克思认为只有共产主义才能实现"自由个性"，消灭旧社会的生存条件，消灭个人隶属于一定阶级的现象，而这种个性的发展，虽然在开始时要靠牺牲多数的个人，甚至牺牲整个阶级，但最终会克服对抗，达到与个人的发展相一致，因此只有人的个性的发展与生产力的发展同向进行，才能促进人的全面发展的实现。

具备了以上三个基本条件外还需具备实现目标的途径。马克思指出实现人的自由全面发展的唯一途径就是外部教育。教育是什么？教育是人的教育，人是教育的对象，教育是"培养人的社会实践活动，教育的根本职能是培养人，教育之所以成为教育，全赖乎于此"。[3]教育的核心问题就是人的问题，人既是教育的出发点，也是教育的归宿。人类能够不断进步和发展，原因之一就是人具备知识传播和经验传授的能力，将人类已经掌握的科学文化知识、劳动经验和技能一代代传承下去，并不断产生新的认识能力、劳动能力和生活能力等。尽管作为自然人的人，其后天的发展离不开先天遗传因素和自然环境的影响，但是根本上还是取决于人后天受到的教育，包括家庭教育、学校教育和社会教育。历史证明，任何社会和阶级，都要通过教育自觉地对年轻一代的身心施加影响，使其形成新的素质，具有社会和阶级所需要的思想道德和科学文化知识，无产阶级也不例外。教育是传送知识和经验的一种手段，也是提高社会生产的一种方法。教育是培养人、生产人的素质的一种社会活动，更是造就全面发展的人的唯一方法。马克思认为"要改变一般的人的本性，使它获得一定劳动部门的技能和技巧，成为发达的和专门的劳动力，要有一定的教育或训练"。[4]恩格斯指出："教育使年轻人能够很快熟悉整个生产系统，将使他们能够根据社会需要或者他们自己的

[1] 马克思恩格斯. 马克思恩格斯全集（23卷）[M]. 北京：人民出版社，1972，12.

[2] 马克思恩格斯. 马克思恩格斯全集（46卷）[M]. 北京：人民出版社，1980，36.

[3] 扈中平. 人是教育的出发点[J]. 教育研究，1989（3）：33-39.

[4] 马克思恩格斯. 马克思恩格斯全集（23卷）[M] 北京：人民出版社，1972：195.

爱好，轮流从一个生产部门到另一个生产部门。因此教育将使他们摆脱现在这种分工给每个人造成的片面性"。[1]正如"最先进的工人完全了解，他们阶级的未来，从而也是人类的未来，完全取决于正在成长的一代的教育"。[2]

　　3.人的全面发展与我国高校思想政治教育的耦合

　　中国共产党自建党起，就始终坚持马克思主义理论在意识形态的引领，我国高校开展的思想政治教育就是以人的全面发展理论为指导而进行的教育活动。经过多年的教育实践和经验累积，深刻领悟到教育的最终目标是实现人的全面发展。关于人的全面发展与思想政治教育的关系可以从以下几个方面理解：首先，从本质上来说，人的全面发展理论和高校思想政治教育目标是一致的。高校思想政治教育的主体是学生，而教育的最终目的就是对人的全方面培养，实现人的全面发展。因此，人的全面发展理论为高校思想政治教育提供了理论依据和指导。其次，高校思想政治教育是促进人的全面发展的有效途径。人的全面发展是通过教育而实现的。马克思认为教育不但是改善社会生产的一种方式，而且也是实现人的全面发展的外部途径。高校思想政治教育的最终目的是培养德智体美劳全面发展的学生，通过构建社会、学校、家庭和学生等多方主体为一体的培养教育过程促使大学生的全面发展。因此，大学生在实现人的全面发展需求时需要依托高校思想政治教育这一途径来实现。再者，高校思想政治教育为人的全面发展提供价值导向。高校思想政治教育是一门科学的理论，正确的思想和理论可以引导人们从事正确的实践活动，为大学生的发展提供坚定的政治方向和正确的价值取向，引导大学生树立正确的世界观、人生观、价值观，促进人的全面发展。最后，高校思想政治教育为促进人的全面发展提供了精神动力。唯物史观认为，"人是有意识的存在物"，人与动物的根本区别就在于，人不仅拥有一个丰富多彩的物质生活世界，还有一个神秘、复杂的精神世界，这也是人的精神属性的必然要求，精神生活是人类所特有的，而且人的精神生活不是单一的，而是多样的。精神生活包括人们在日常生活中自发形成的社会心理和人们有意识创造的社会意识形式，如政治、法律、道德、哲学、宗教、科学、艺术等。但从精神哲学的角度看，它主要包括"知""情""意"三个部分，分别表现为人的三种不同的精神活动，这些精神活动对人的存在和发展起着重大的推动作用。[3]思想政

---

[1] 马克思恩格斯. 马克思恩格斯全集（1卷）[M]北京：人民出版社, 1995: 243.

[2] 马克思恩格斯. 马克思恩格斯全集（16卷）[M]北京：人民出版社, 1964: 217.

[3] 景中强. 论马克思"人的全面而自由的发展"理论及其实现途径[J]. 兰州学刊, 2006（10）: 1-5.

治教育正是这样的一种精神力量，为有理想和目标的大学生个体的全面发展提供了精神动力。正是高校思想政治教育从人的思想工作出发，不断陶冶人的情操，解放思想观念，鼓励高校大学生积极应对各种各样的挑战，勇往直前，并且不断地挖掘自身的潜能，实现人生的价值。可见，高校思想政治教育对促进人的全面发展具有激励价值，为人的全面发展提供了精神动力。[1]

纵观教育发展史，一直以来，我们的国家都非常重视思想政治教育在人的全面发展方面的价值，开展了思想政治教育与人的全面发展关系的探讨，做了大量创造性的思想政治教育实践工作，目的都是为了实现人的全面发展。在研究领域，学者们就"思想政治教育"与"人的全面发展"的关系做了许多有意义的研究，归纳总结有如下几个研究侧重：一是以人的全面发展为理论指导，增强思想政治教育的有效性的方法探讨。有学者认为，人的全面发展是思想政治教育的目标指向和行动指南，是确保思想政治教育实践有效性的根本理论。也有学者将"加强思想政治教育作为人的全面发展的内在要求和有效手段，试图探究如何把二者有效联系起来，这方面的研究是当前学术研究的一大热点"，还有一部分学者从人的全面发展的视角去反思思想政治教育，力争为思想政治教育的创新发展提供的切入点和结合点"。[2]二是研究人的自由全面发展和思想政治教育两者之间的辩证关系。关于两者的互动关系，有学者认为，人的全面发展是思想政治教育的指导思想，思想政治教育是人全面发展的实现途径。其中，朱永兵、田维亮[3]比较全面地表述两者之间的关系，他们认为："马克思主义人的全面发展理论指导着思想政治教育的方向，实现人的全面发展是思想政治教育的根本出发点和最终归宿，思想政治教育是促进人的全面发展的最重要方法和途径。"归纳他们的研究成果发现，在思想政治教育实践过程中挖掘两者的最大公因数，促进人的全面发展，具有深远的现实意义。三是探讨如何开创性地开展思想政治教育以更好地促进人的全面发展。有学者认为，在思想政治教育中要"坚持正确的教育导向，强化规范的道德建设，形成良好的创新氛围"。也有学者认为，要通过思想政治教育的创新，利用新媒体技术和先进的教育理念来加强道德教育、法制教育、思想教育、心理教育等，从而促进人的全面发展。

---

[1] 王刚等. 人的全面发展视域下高校思想政治教育的研究［J］. 佳木斯大学社会科学学报, 2018, 36（4）：85-87.

[2] 周兵. 人的全面发展视域下的思想政治教育［J］. 知识经济, 2011（18）：17.

[3] 朱永兵、田维亮. 论思想政治教育对人的全面发展的有效性作用［J］. 传承, 2012（08）：54-55.

4.新时代大学生实现全面发展的途径

在理论研究方面，作为民族未来的希望和国家的栋梁的大学生，其全面发展问题普遍受到关注。但不可否认，我国关于大学生全面发展的研究不太成熟。以中国知网为例，在中国知网检索页搜索主题为"大学生全面发展"，文献记录共3405条；搜索篇名为"大学生全面发展"的记录共728条，其中1981-1995年每年只有1篇，甚至没有，直到1996年，关于"大学生全面发展"的研究开始增加，2011年最多为73篇，因此关于大学生全面发展研究已经受到学者的重视，并开始系统深入地研究，取得了一定的成果，但是研究尚不完全成熟。在研究的侧重方面有如下几个特点：（1）以探讨大学生全面发展的内涵及其内容居多，但是与时代发展相适应的内涵再丰富偏少。（2）研究大学生全面发展所存在的问题较多，剖析解决问题的措施和对策研究偏少。（3）研究促进大学生全面发展的途径较多，但是真正可推广和参考的实践路径却很少。

党的十九大报告指出，"中国特色社会主义进入了新时代，这是我国发展新的历史方位。"这个新时代是建设创新型强国的时代，是共商共建共享的时代，是追求美好生活的时代。新时代人的全面发展应该是全方位的发展、与社会发展相统一的发展，新时代对青年赋予了新的历史使命，对大学生的全面发展提出新要求，激发了大学生相应的发展新需要。康雅倩[1]在《新时代大学生全面发展新需求研究》中指出，新时代大学生的发展新需求包括精神发展需求、能力发展新需求和创新发展新需求三种，认为新时代大学生的全面发展应该聚焦在精神层面、综合素质和创新能力等三个方面。进一步指出，时代的发展与人的发展具有双向互动性，顺应新时代的发展要求有助于实现大学生的全面发展。

马克思主义认为人的需要是与人的本质紧密相联系的，人的全面发展就是人的本质的全面发展。马克思指出，一切压抑或者阻碍正当需要的行为是违背人性的，是否认人的本质的行为。他在"人的本性"需要理论中，阐述了"人的本性"需要的具体内涵及内容，认为人有很多需要，按性质可分为"人的"和"非人的"两种，只有前者即人的需要才是人的本性的需要，是真正的人的需要，这种需要是符合人性、有利于增强人的本质力量和巩固人在世界中的主体地位的需要。人的需要在类型上包括自然需要、社会需要和精神需要。作为哲学范畴的人的需要包括人的肉体存在的需要、人的社会存在的需要以及人的精神存在的精神

---

[1]　康雅倩.新时代大学生全面发展新需求研究［D］.桂林：广西师范大学，2019.

生活需要。马克思认为，人的本性需要的满足最终体现在能够使人成其为人、使人的素质不断改善、使人的主体力量不断得到增强。因此，要探究新时代大学生实现全面发展的途径，需要在全方位解决大学生的新需要的基础上才能得以有效实施。

那么，如何解决新时代对大学生激发的新需要呢？马克思指出，人的发展的一切条件中最重要的是人自身的活动，人自身的活动是人发展的内因，外因只有通过转化为内因才能起到应有的作用，即其他条件最终都是要通过人自身的活动发生作用并体现出来。在人的所有活动中，劳动实践是最重要的，实践是"使人从动物界上升到人类并构成人的其他一切活动的物质基础的历史活动"。人的活动对人的发展作用从根本上来说是人的劳动实践的作用。因此，人的所有素质的改善和提高只有通过个人实践活动才能得以实现，否则，根本谈不上个人的任何发展。因此，高校和教育者应立足于新时代的发展需求，关注和掌握大学生的新需要，通过实施行之有效的教育促进大学生的全面发展，培养新时代新人，助推新时代的深入发展。

第三章　应用型本科高校实践育人的现状

一、应用型本科高校实践育人现状

（一）应用型本科高校的战略背景

21世纪以来，我国高等教育取得了长足的发展和进步。据有关数据显示[1]，截至2018年，我国共有1245所本科院校和1670万名本科大学生，这些本科院校绝大多数属于应用型本科院校，形成了世界上体量最大的本科教育体系，为我国经济社会发展提供了高素质人力资源。纵观我国高等教育规模的发展历程，单从毛入学率来看，2020年5月20日教育部发布的的《2019年全国教育事业发展统计公报》显示[2]，1998年全国高等教育毛入学率仅为9.8%，到2002年毛入学率达到15%，根据马丁·特罗的高等教育发展阶段理论，我国已经进入高等教育大众化阶段，2010年的毛入学率超过25%，2015年底毛入学率达到40%，2018年，我国高等教育的毛入学率达到48.1%，我国已经建成世界上规模最大的高等教育体系。2019年全国各类高等教育在学总规模达4002万人，毛入学率为51.6%，标志着我国高等教育正式进入普及化阶段。

高等教育的普及化导致高校扩招的急剧变化催生了一系列的社会矛盾和问题，这其中以用人单位招聘难和大学生就业难的矛盾问题较为突出。我国大批应用型本科院校的出现，正是源于我国高等教育的发展现实需要和国外高等教育大众化、多元化发展的启示。随着社会对应用型高级专门人才的需求进一步增大，应用型本科院校亟须探究用人单位招聘难与大学生就业难的深层次原因，根据用人单位对劳动力市场的需求培养人才，避免人才需求与人才供给错位导致的大学生"结构性失业"现象。未来，随着我国社会化进程的不断推进，在以市场经济为主体的经济体制下，社会对基础理论扎实、动手能力强、能够学用新知识的复合型人才的迫切需求将愈演愈烈，在更深的层次上反映了社会发展状态、就业制

---

[1]　柯勤飞.应用型本科改革发展的根本路径［J］.光明日报，2019-04-02（15）.

[2]　教育部.2019年全国教育事业发展统计公报［EB/OL］.http://www.gov.cn/xinwen/2020-05/20/content_5513250.htm

度与教育教学上的矛盾问题。虽然造成"结构性失业"的原因很多，但高等教育本身的因素却是就业结构性矛盾中的主要方面。面对我国经济社会发展现实中"技能型""应用型"人才匮乏这一现实，教育部提出要改变人才培养的结构，加大"应用型"人才培养的力度，特别是要加大各行各业十分紧缺的高级"技能型"人才的培养力度。目前，应用型本科教育主要是由应用型本科院校来承担，因此要改变人才培养结构，培养应用型人才这一目标的实现需要对传统的本科教育进行调整和优化，新建一批明确定位于应用型的本科院校。通过大力发展应用型本科教育，培养立足于服务地方经济社会、知识结构优良、实践和创新能力较强专门的应用型人才。另外，面对日益开放的国际教育环境和国内本科院校间激烈的竞争，大批应用型本科院校是时候把如何更好地生存和发展问题作为自身长远发展的首要问题了。

（二）应用型本科高校人才培养特征

在1997年联合国教科文组织颁布的世界教育分类标准中发现，按照生产或工作活动的目的来划分，现代社会的人才可分为学术型、工程型、技术型和技能型四类。潘懋元[1]先生则认为人才类型主要包括两种，即学术型（研究型）人才和应用型人才。按照我国建设人力资源强国的国家战略、教育强国战略和落实国家教育规划纲要的精神，一流大学重点建设学校和一流学科重点建设学校为主的"985"高校或"211"高校基本以精英教育为主，以学科发展、知识创新为重要使命，突出学术型的人才培养；绝大多数本科院校、独立学院和新建的本科院校以应用型人才的培养为主；高职院校以培养对应于岗位需要的各类技能型人才为主，主要是技能型人才培养模式。这里的应用型人才的具体内涵主要是指能将专业知识和技能应用于所从事的专业社会实践的一种专门的人才类型，是熟练掌握社会生产或社会活动一线的基础知识和基本技能，主要从事一线生产、工作的技术或专业人才。当然，应用型人才的内涵也将随着高等教育历史的发展而不断发展。总之，应用型人才主要应用知识而非科学发现和创造新知。

应用型本科教育简单来讲就是培养应用型人才为主要任务的本科教育。与传统的本科教育相比，在人才培养目标、课程体系、专业设置、师资队伍等方面具有自身的独特性。与其他类型人才培养模式相比较，应用型人才培养模式主要有以下特点：第一，应用型人才的知识体系层次分明，更加突出理论知识的基础

---

[1] 潘懋元等. 应用型人才培养的历史探源 [J]. 江苏高教, 2009 (01)：7-10.

性、实践知识运用的成熟性和灵活性。不但要掌握专业所需的核心综合知识，尤其熟练掌握相应的实践操作知识，还要具备解决专业发展过程中的一般性问题所需知识，和适应社会岗位需求的德行、沟通、协作、责任等素养知识。第二，应用型人才的能力体系以能力本位为典型特征，能力本位应用型人才培养模式，区别于传统学科学术逻辑，以迅速适应岗位和行业需求，拥有解决实际问题的动手能力、操作能力、创业能力、沟通交际能力等为培养的主要特点，以一线生产或工作的实际需要为核心目标，在能力培养中特别突出对基本知识的熟练掌握和灵活应用。第三，应用型人才在培养规格上尤以服务地方社会和区域社会经济发展的技术进步为主，着重培养面向生产、建设、研发、市场、管理、服务第一线的综合应用型人才。第四，应用型人才的培养过程更强调与一线生产或工作实践的结合，更加重视实践性教学环节，如实验教学、生产实习等，通常将此作为学生贯通有关专业知识和集合有关专业技能的重要教学活动。总之，从人才培养的角度看，应用型人才具有鲜明的技术应用性特征。与研究型人才相比，应用型人才更注重应用性专业知识的学习，具备较强的实践动手能力和分析、解决实际问题的能力，具有明确的专业和职业导向性。

（三）应用型本科高校实践育人现状

1.高校实践育人取得的成就

改革开放四十多年来，我国高等教育为党和国家培养了一代又一代建设者和接班人。高等教育经历了扩招、改革、发展重大变革后迎来了高质量发展阶段。高校实践育人作为高等教育的重要手段，受到国家和高校的重视，国家先后出台了一系列的政策和文件，深入推进实践育人工作。在党和国家的高度重视和政策支持下，各高校扎实开展实践育人工作，丰富实践内容，拓宽实践平台，创新实践形式，实践育人成果丰硕，各具特色，为我国高等教育改革向纵深发展做出了有益实践探索。

2.高校思想政治实践育人的现状

高校思想政治教育实践育人的基本内涵。高校思想政治教育实践育人是组成高校实践育人的重要板块。高校思想政治教育实践育人是高校要坚持以培育和践行社会主义核心价值观为主线，以立德树人为目标，以理论结合实践为主要手段，采用课堂内外、校内外的实践载体，通过第一课堂与第二课堂互补、理性认识和感性认知相互结合的方式，让大学生学会运用马克思主义的立场、观点、方法去分析和解决问题，使他们加强对党的方针政策的理解，树立正确的世界观、人生观、价值观，努力把大学生培养成为社会主义事业合格建设者的一种育人方法。 高校思想政治教育实践育人是遵循马克思主义基本原理、贯彻党的教育方针、满足大学生自身发展内在需要的一种育人方式，在高校人才培养过程中发挥了不可替代的作用。

传统思想政治教育的一般做法。高校传统思想政治教育一般都是对学生灌输理论知识，无论是思想政治教育的理论课程的讲授，还是谈心谈话、主题班会等都秉持着理论解决一切问题的理念。尤其是在思想政治教育过程中往往侧重于正面宣传，有意识地回避或掩盖那些错误的或激进的思想言论、事实和社会现象，趋避现实社会中的矛盾问题，直接造成受教育对象对教育内容的真实性和客观性产生疑问，导致理论与实际冲突和脱节的现象，甚至对所受的思想政治教育产生怀疑和不信任，转而去寻求那些非主流的思想观念。

高校思想政治教育实践育人的基本现状。纵观实践育人多年历程，发现高校师生对实践育人的整体认知度和参与度不高。在思想观念方面，高校内很多教育者受传统教育理念的影响，在培养学生的方式上还是重育智轻育德，他们认为社会实践活动只是课堂教学的补充，没有充分认识到实践在思想政治教育领域的育人功能，当然也就没有引起高校足够的重视。大学生为了应付学校的考试，平时只重视自己专业理论知识的学习，忽视了实践对思想的引领，加之没有硬性约束和规定，所以他们参加实践活动的积极性不高。特别是迫于现实的就业压力，部分学生只注重硬件发展，忽略了思想道德修养的提高，没有深刻认识到人才有工作能力的同时，也要有健全的人格和高尚的情操。在参与实施方面，受到观念的影响，师生没有真正意识到实践对塑造人的重要性，很多时候都是为了实践而实践或者为了完成任务而实践，这种被动的参与实施，效果自然不难预测。

3.高校专业教育实践育人的现状

（1）专业教育的缘起及演变。与义务教育和中等教育相比，高等教育的本质属性在于专业教育。我国高等教育源起于民族危难之际，为解决国弱民贫问题，开始创办培养专门人才的大学教育，但由于历史客观条件和社会发展程度的局限，当时的大学教育只能称得上是通才教育而非专业教育。我国的专业教育萌芽于新中国成立之初，1950年6月，第一次全国高等教育会议召开，会议规定高等教育的方针和任务是"以理论与实际一致的方法，培养具有高度文化水平，掌握现代科学和技术的成就，全心全意为人民服务的高级建设人才"。1950年，教育部在《高等学校暂行规程》中规定：高等学校"适应国家建设的需要，进行教学工作，培养通晓基本理论并能实际运用的专门人才，如工程师、教师、医师、农业技师、财政经济干部、语文和艺术工作者"。1952年，我国高等教育开始了影响深远的院系调整。《人民日报》社论提出："旧中国的高等教育制度基本上是为帝国主义和反动统治服务的，是半殖民地半封建社会的产物。院校的设置是盲目的，是严重脱离实际的。"因此，旧中国教育体制造就了"学用脱离"的通才。改革开放以来，我国工业化程度得到空前的发展，急需大量的合格的各种专门人才，尤其是进入新世纪以来培养各种专门的高级技术人才成为高等教育改革的重心。

（2）高校专业教育发展经历的几个重要时期。1945年《哈佛通识教育红皮书》中指出通识教育与专业教育的关系："广义地说，教育可以被分成两个部分：通识教育和专业教育。通识教育是学生整个教育中的一部分，该部分旨在培养学生成为一个负责任的人和公民。而专业教育旨在培养学生将来从事某种职业所需的能力的教育。"由此可以看出，通识教育是提供内容宽泛的教育，目的是培养出全面和谐发展的人。专业教育是提供某一领域的深层次的知识和技能，目的是培养出该领域的专门型人才。二者并不矛盾和排斥，而是应该相互联系、互为补充的关系。我国高等教育开设的专业教育大致经历了如下几个重要时期：（一）专业教育苏联模式期（1949年—1977年）。我国最初的专业教育是完全借鉴和照搬苏联经验，以中国人民大学和哈尔滨工业大学为代表，以专业为基本单位组织教学，教学计划、教学大纲、教材和教研室设置等均沿用苏联模式。教学环节包括讲授、课堂讨论、习题、答疑、实验、实习、课程设计（论文）、毕业设计论文等。1966年开始爆发的"文化大革命"，使我国的教育事业遭遇毁灭性打击，专业教育也受到重创。（二）专业教育的过度泛化期（1978年—1994年）。1978年改革开放以来，受市场经济主导和科学技术迅猛发展的影响，专业教育呈现过度泛化的倾向。高等学校为适应市场经济发展的需要，在学科建设与课程设置上，纷纷向有利于市场需要的方向调整和发展，更加重视专业教育。过度泛化的专业教育模式下培养出来的学生很难适应经济转型和社会多方面的需求。由于知识面狭窄，学生缺乏融会贯通能力，难以适应所处领域的创新需要。再者，随着有些高校开设计算机、金融、管理等方面受追捧的专业，使得高等教育的功利性被过度放大，专业教育短期效应凸显，长此以往专业教育走上了过度泛化的恶性循环。1985年《中共中央关于教育体制改革的决定》提出：要针对现存的弊端，积极进行高等教育教学改革的各种试验，如改变专业过于狭窄的状况，精简和更新教学内容，增加实践环节，减少必修课，增加选修课，实行学分制和双学位制，增加自学时间和课外学习活动，有指导地开展勤工助学活动等。该决定的发布标志着我国教育改革的大幕全面拉开，教育不再只是为现实社会生产培养人才的工具，还要面向现代化、面向世界、面向未来。（三）专业教育的解构重构期（1995年—2014年）。受西方通识教育理念的影响，我国于1995年开始实行素质教育。随着教育界对通识教育理念的认可和接受，我国高等教育经历了一系列改革。1995年，原国家教委在全国52所高校开展加强大学生文化素质教育的试点工作。1998年，第一次全国普通高等学校教学工作会议颁发了《关于加强大学生文化素质教育的若干意见》，随后正式建立首个大学生文化素质教育基地。1999年召开的第三次全国教育工作会议则明确把全面推进素质教育、培养全面发展的人才作为今后教育工作的中心任务。2004年教育部颁发《2003—2007教育振兴行动计划》，再次强调"全面贯彻党的教育方针，以培养德智体美等方面发展的一代新人为根本宗旨，以培养学生的创新精神和实践能力为重点，继续全面实施素质教育"。2006年6月，中国科学院第十三次院士大会、中国工程院第八次院士大会上，胡锦涛在开幕式的讲话中再次强调，"继续深化教育改革，加强素质教育，努力建设有利于创新型科技人才生成的教育培养体系"。（四）专业教育的分化优化期（2015年至今）。我国高等教育已由精英化迈入大众化发展阶段，即将跨入普及化发展阶段。不难预测，未来高校的定位更加精准、办学将更加自主，不断追寻内涵式和特色化发展道路。高等教育既要面向地方、面向国家，还要面向国际、面向全世界；既要遵循国家战略计划部署要求，接受政府部门的领导和管理，又要积极主动地参与国内和国际高等教育竞争，在国内和国际两个市场开拓生存和发展空间。专业教育的发展必将呈现多样化、个性化、时代化的发展趋势。

（3）专业教育实践育人的基本现状

一是实践教学开展力度不深入。虽然有些高校在实践教学方面考虑了不同专业能力需求的差异性，根据所属学科和具体专业设置实践课程课时，不断改进实践教学课程体系，但是在实习、见习等过程中仍然存在目标不明确、考核不健全、效果不显著等问题。二是军事训练形式单一。目前虽然多数高校都开展了军事训练、开设军事理论课程，但是多集中在大一刚入学，大学生真正置身于大学生活时缺少国防教育方面的实践，缺少校园军事训练文化的建设和国防教育基地的搭建，因而军事训练方面普遍存在教育时间集中、形式单一等问题。三是社会实践覆盖率较低。受专业特点的影响，很多高校社会实践开展受限，甚至实践环节在培养方案中被严重挤压和边缘化。有些高校尽管比较重视社会实践，但是受平台、师资、经费等条件的限制，组织学生进行社会实践的比例较低，社会实践覆盖率总体偏低是专业实践育人不争的事实。

二、应用型本科高校实践育人面临的机遇和挑战

（一）应用型本科高校的战略实施机遇

1.国家政策支持办应用型本科教育

当前，我国正处于新型工业化、信息化、城镇化、农业现代化同步发展的新时代，面对新形势新任务，优先发展现代职业教育，呼唤具有鲜明时代特征的新举措。《国家中长期教育改革和发展规划纲要（2010—2020年）》和党的十八大均提出加快建设"现代职业教育体系"，通过建立层次齐全的技能型人才培养体系，满足现代产业发展的迫切需要。2014年《国务院关于加快发展现代职业教育的决定》（下称《决定》）是加快发展现代职业技术教育的纲领性文件，明确提出发展本科层次职业教育，引导一批普通本科高校向应用技术类型高校转型，重点举办本科职业教育。国务院《决定》提出，到2020年形成具有中国特色、世界水平的现代职业教育体系。教育部等部门颁布的《现代职业教育体系建设规划（2014—2020年）》（下称《规划》）对体系建设的具体目标、任务和内容等进行了系统规划，对本科院校"转型"工作设计了路线图。2015年，教育部出台《高等职业教育创新发展行动计划（2015—2018年）》，进一步明确"支持部分普通本科高等学校转型发展、优质专科高等职业院校创新发展"，这一政策表明了鲜明（支持）态度：本科职业教育主要通过普通本科高校"转型"举办。同时，教育部、国家发改委和财政部专门印发了《引导部分地方普通本科高校向应用型转变的指导意见》（教发〔2015〕7号），为部分普通高等学校向应用型转型指明了方向。2019年2月，国务院发布了《国家职业教育改革实施方案》，为普通高校向应用型转型进一步明确了具体的目标和要求。这些政策的出台为举办应用型本科教育提供了强有力的支持和保障。

2.经济增长方式和产业结构转型升级之间的错位要求大力发展应用型本科教育

当前，中国经济已进入新常态，经济的增长方式已由高速增长转为高质量增长。经济的增长必然带来产业结构转型升级。虽然我国已成为制造业大国，但在国际产业分工体系中仍处于全球价值链的低端，造成经济的增长与产业结构的

转型升级错位和不匹配现象。因此，我国正积极实施产业结构升级和生产发展方式转变战略。产业结构转型升级就是积极扩大资本和技术密集型产业，不断缩减劳动密集型产业；大力发展高新技术和高端产业，逐渐减少技术含量低的产业；不断提升高附加值产品比重，逐步降低低附加值产品比重；压缩耗费土地、资本、能源消耗较高，污染较大的第一、二产业的比重，增加对资本、土地和能源消耗较低的第三产业的比重。生产发展方式转变就是变传统的粗放式经营为现代化的集约式经营，变高耗资源型经济为节约资源型经济，变外需带动型经济为内需拉动型经济，变技术引进依赖型经济为自主创新型经济，变要素驱动发展模式为创新驱动发展模式，变政府主导发展模式为市场驱动发展模式等[1]。受经济增长方式的转型影响，我国的产业正在不断从中低端向中高端方向发展。李克强总理在十二届全国人大三次会议所做的政府工作报告中提出了"中国制造2025"的战略，围绕先进制造、高端装备等重点领域，坚持创新驱动、智能转型、强化基础、绿色发展和人才为本，加快制造业转型升级，实现从制造大国向制造强国的跨越。我国实施"中国制造2025"战略的内外部条件都已具备。制造业的发展离不开人才的教育发展，制造业的转型升级更需要高水平的技术和高素质从业人员的支撑。从某种程度上说，人才特别是技能型人才决定着"中国制造2025"目标的实现。为此，国家提出"加快培养制造业发展急需的经营管理人才、专业技术人才和技能人才"。中国制造向中国创造或中国智造转变的产业转型升级对高素质专业人才和技术技能人才提出了新的要求。许多高新技术和高端企业的一线劳动者对传统的中等和专科层次的技能型人才需求减少，而对本科层次的技术技能人才需求大幅度增加。2015年3月，国务院印发的《中国制造2025》提出"坚持把人才作为建设制造强国的根本，建立健全科学合理的选人、用人、育人机制……打造一个升级版的职业教育体系"。这些都对高等教育的发展提出了新的要求，迫切需要发展本科层次的职业教育，应用型本科教育在培养专业技术人员和高技能人才方面大有可为[2]。

3.现代职业教育体系的构建要求发展应用型本科教育

《关于加快发展现代职业教育的决定》提出，在2020年形成具有中国特色的现代职业教育体系。现代职业教育体系作为一个开放的职业教育系统，应主动适应经济发展方式转型和产业结构调整优化的要求，以终身教育理念为指导，实

---

[1] 曹晔.地方普通本科高校转型发展需多视角加深理解[J].教育与职业，2016(16)：6-10.

[2] 高明.应用型本科教育的内涵、发展依据与实现模式[J].教育与职业，2016(14)：12-15.

现中高职协调发展。职业教育供给应与人民群众的需求相对接，满足经济社会对技术技能人才的需求。从学历层次来看，现代职业教育体系涵盖了中职、高职专科、应用型本科到研究生的各级学历，其中，应用型本科是构建现代职业教育体系的关键环节，它向下与中职和高职专科相连，打通了职教学生"升学"的"断头"路；向上与职业教育的研究生培养相衔接，为研究生培养提供合格生源。同时，应用型本科教育与普通本科共同构成我国高等教育体系的全日制本科层次，是搭建职业教育和普通教育双向沟通桥梁的枢纽，不仅为职业教育的学生提供升学机会，也让接受普通教育的学生多了一种选择，还为实现本科层次的"普职融通"提供了可能。从应用型本科高校的范畴和规模来看，应用型本科高校已经占据高等教育的半壁江山。关于应用型本科高校的范畴目前有两种代表性的观点：一种是指1999年以来新建的本科高校，已经公布正式成立的有724所学校；另一种是指非博士培养单位的本科高校。广州日报数据和数字化研究院自2017年起每年发布应用大学排行榜，列入应用型大学排行榜的本科高校的标准是"非博士培养单位"，2017年列入排行榜的共计887所高校。不管是哪一种观点，有一点是共同的，即应用型本科高校的数量已经超过了原有本科高校的数量[1]。与职业教育发达的欧美国家和我国台湾地区相比，我们缺乏办应用型本科教育的经验，也没有成熟的模式可借鉴。面对如此数量和规模的高校，我们需要潜下心来搞教育，对应用型本科教育的基本内涵、基本特征再深入和持续研究，调研和分析应用型本科高校的发展实践与现实情况，走一条符合国家、地方和社会需求，有中国特色的职业化道路。

（二）全国高校思想政治工作会议和《意见》带来的新契机

中共中央、国务院印发的《关于加强和改进新形势下高校思想政治工作的意见》（中发〔2016〕31号，以下简称《意见》）将实践育人纳入坚持全员全过程全方位育人"七育人"工作体系的总体架构中，位列第三，彰显了实践育人在高校思想政治工作中的重要地位。《意见》指出，实践育人不仅是深化课堂教学的重要环节，也是贯彻思想政治教育的重要途径，是深入实施素质教育，大力提高高等教育质量的必然要求。高校要树立"育人为本，德育为先"的工作理念、建立正确育人导向和激励机制、完善育人工作制度，营造良好的育人氛围、切实增强"七育人"工作的实效性和长效性。《意见》强调要坚持理论学习、创新思

---

[1]　陈小虎等. 应用型本科高校发展需面对的11个实际问题［J］. 金陵科技学院学报（社会科学版），2019, 33
　　（2）：1-6.

维与社会实践相统一，坚持向实践学习、向人民群众学习，不断增强学生服务国家、服务社会、服务人民的社会责任感和使命感。《意见》的出台与实施为高校实践育人工作指明了方向，确立了实践育人的特殊地位。要求高校通过加强实践教学体系建设、强化创新创业教育工作、认真组织军事训练和系统开展社会实践来发挥实践育人的优势和功能。实践育人是检验育人实效，统筹整合其他育人手段、直接指向人才培养目标的有效手段，在构建协同体制机制方面具有独特的优势和价值。

（三）党的十九大和两个《纲要》等带来的机遇和挑战

党的十九大顺利召开标志着我国进入新的历史阶段，新时代的高校思想政治教育工作面临机遇与挑战并存的新局面。思想政治教育目标的实现不再仅仅依靠教师权威的话语，一味回避现实矛盾问题，而是需要结合现实问题对大学生加以引导，在实践中帮助他们提高辨别是非、判断善恶的能力。作为教育者必须明确，思想政治教育与大学生成长的密切相关，脱离学生的生活和成长实际谈教育是违背教育的基本规律和学生的成长规律的，因而传统的只注重理论教育的理念和方式必须革新。思想政治教育应付诸实践，把实践作为教育的有效方式，在理论教育中联系实际问题，把学生引入生活，引向社会，走近大自然，和周围的世界积极对话，只有这种将实践教育融入思想政治教育全过程，以社会为大课堂，焕发学生参与热情的教育方式，才突出了教育的开放性和学生的主体作用，才可能变空洞的说教为丰富的实践体验，让学生在实践体验中自我激励、自我完善，实现自我教育和自我发展的最终目的。

《国家中长期教育改革和发展规划纲要（2010—2020年）》中明确指出，教育改革发展的战略主题是坚持以人为本，全面实施素质教育。教育改革发展的重点就是要按照"三个面向"要求，面向全体学生，促进学生全面发展，着力提高学生服务国家服务人民的社会责任感、勇于探索的创新精神和善于解决问题的实践能力。

《高校思想政治工作质量提升工程实施纲要》（以下简称《实施纲要》）是认真学习贯彻党的十九大精神，进一步把贯彻落实全国高校思想政治工作会议和《中共中央国务院关于加强和改进新形势下高校思想政治工作的意见》精神引向深层次的关键措施。为大力提升高校思想政治工作质量，《实施纲要》以立德树人为根本，以理想信念教育为核心，以社会主义核心价值观为引领，以全面提高人才培养能力为关键，一体化构建高校思想政治工作质量体系，首次提出构建

"十大"育人体系，充分发挥课程、科研、实践、文化、网络、心理、管理、服务、资助、组织等方面工作的育人功能，挖掘育人要素，完善育人机制，优化评价激励，强化实施保障，形成全员全过程全方位育人格局，切实提高工作亲和力和针对性，着力培养德智体美全面发展的社会主义建设者和接班人，着力培养担当民族复兴大任的时代新人，不断开创新时代高校思想政治工作新局面。

三、应用型本科与学术型本科教育的区别

以注重理论素养培养还是注重实际操作能力培养为标准，高等本科教育可以划分为两种类型，即学术型本科教育和应用型本科教育。学术型本科教育和应用型本科教育均是高等教育的重要组成部分，两者具有以下区别。

（一）办学定位不同

根据高等教育的分流理论，我国高等教育可以划分为应用型本科教育与研究型本科教育，前者注重实际操作能力培养，后者注重理论素养的培养。应用型本科高校是以社会需求为宗旨，以服务经济社会发展为目标，紧紧围绕"应用"二字，牢牢把握办学理念的历史性、长期性和时代性的辩证统一关系，把学以致用、以学促用作为长远发展的生命线，努力发展成为特色优势鲜明、与行业和地方企业结合紧密、服务地方经济社会发展成效显著的地方应用型本科高校。研究型普通本科高校办学定位是以国家建设世界一流大学和一流学科"双一流"建设战略为契机，建设与中华民族伟大复兴、从大国迈向强国地位相称的世界级大学。

（二）培养目标不同

应用型本科教育的主要目的是为社会培养熟练掌握社会生产或社会活动一线的基础知识和基本技能，主要从事一线生产、建设、管理、服务的高等技术技能型人才；而学术型本科教育的主要目的是培养探究学术前沿的高等理论研究型人才。

（三）知识体系不同

应用型本科教育的主要研究问题来自实践，其目的也是为了解决现实问题。它具有实践性强、基础性强、创新性强等特点。同时，由于面对问题的狭隘性，理论要求相对要窄和浅一些。而学术型本科教育的主要目的是培养探究学术前沿的高等理论研究型人才，其研究问题可能间接或直接来自社会实践，也可能来自实验室。其目的不仅在于解决局部的现象问题，更重要的是提炼出实践的理

论本质。因此，它具有理论性强、综合性强和国际化等特点，与社会实践的联系没有前者紧密。

（四）培养模式不同

应用型人才培养模式与学术型人才培养模式有显著区别。它通过一定的标准构造样式和运行方式，以知识为基础、以能力为重点、以服务为宗旨，注重知识、能力、素质的协调发展，实现学习、实践和职业技术能力相结合。一定的培养模式服务于实现一定的人才培养目标这一根本任务，应用型人才的培养目标是以能力为中心，培养技术应用型专门人才。这里所要求的"能力"不仅是岗位能力，更应是职业岗位群能力；不仅是专业能力，也是综合能力；不仅是就业能力，更应是一定的创业能力；不仅是再生性技能，也是创造性技能。这里所要求的"技术"是在一定的科学理论基础上，超越于一般技能，具有一定复合型和综合性特征的技术。它不仅包括经验技术，也包括理论技术。人才培养模式是与现实生产紧密联系在一起的，学校必须及时了解行业发展的新技术、新工艺、新设备等最新信息，才能了解到社会发展对应用型人才的知识能力、素质结构的要求，也才能以此为基础，进行有针对性的课程体系和教学内容改革，及时调整和更新人才培养方案，使学校培养的人才更贴近社会、贴近市场的需求。

综上，应用型本科高校是以本科教育为主体，以应用型人才培养为突出特征的一种新型高校。在新一轮高校重新洗牌即将来临之际，应用型本科高校要想继续生存和发展，不但要在发展定位上坚守培养生产、建设、管理和服务第一线应用型人才的本分，重视与地方、行业发展密切相关的应用性研究，为所在区域的经济社会发展服务，而且要以全面发展思想、终身学习思想和能力本位思想为指导，狠抓内涵建设，突出校本特色。应用型本科重在"应用"二字，从教学体系建设体现"应用"二字，其核心要义是实践，要求各专业紧密结合地方特色，注重学生实践能力，培养应用技术型人才，要求以体现时代精神和社会发展要求的人才观、质量观和教育观为先导，在新的高等教育形势下构建满足和适应经济与社会发展需要的新的学科方向、专业结构、课程体系，更新教学内容、教学环节、教学方法和教学手段，全面提高教学水平，培养具有较强社会适应能力和竞争能力的高素质应用型人才。

四、应用型本科高校实践育人工作的反思

（一）转变育人理念是应用型本科高校走内涵式转型发展道路的重要前提

《国家中长期教育改革和发展规划纲要（2010—2020年）》（以下简称《纲要》）中提出，"要适应国家和区域经济社会发展需要，建立动态调整机制，不断优化高等教育结构"，"建立高校分类体系，实行分类管理"。2014年，国务院《关于加快发展现代职业教育的决定》（以下简称《决定》）明确提出：采取试点推动、示范引领等方式，引导一批普通本科高等学校向应用技术类转型，重点举办本科职业教育。《决定》为应用型本科高校走内涵式转型发展道路提供了根本遵循。《现代职业教育体系建设规划（2014—2020年）》（以下简称《规划》）进一步指出，"各地采取计划、财政、评估等综合性调控政策引导地方本科高等学校转型发展，积极推进以部分地方本科高等学校为重点的转型发展试点。"《规划》在《决定》的指导下，进一步明确了应用型本科高校转型发展的定位、方式、政策支持等方面内容。地方本科院校应用技术型高校转型发展既是经济层面的需求也是教育层面的需求，因此，应用型本科高校走内涵式转型发展道路是我国经济社会发展和产业结构转型升级的现实需要，也是高等教育深化改革发展的迫切要求。但是，现阶段，很多应用型本科高校仍深陷重学术轻应用、重理论轻实践的传统教育理念中，有些教师甚至认为学校向应用型转型将会使学校的办学层次下降，导致教师对学校转型发展持质疑、观望、不满甚至反对态度，很难做出实质性贡献。因此，应用型本科高校要实现内涵式发展必须转变传统的教育观念，破除转型就会降格的错误思想束缚，以服务地方经济发展为目标，立足应用型人才培养，从专业设置、课程改革、教学模式、考核评价、教师队伍等方面破解转型发展难题。

（二）探索实践育人路子是应用型本科高校培养服务地方经济发展所需求的应用型人才的必然选择

应用型本科教育不是注重学理的科学教育体系而是强调应用的工程技术教育体系，是高新技术的广泛应用和社会生产结构变革对应用型人才职业能级和层次要求递进的产物。应用型本科教育是一种以应用为目的的专业性通才教育，既关注学生系统、扎实的理论基础，又强调能力为本。因此，应用型人才的培养规格尤其突出表现为更高的实践能力要求。目前，虽然应用型本科高校在内涵式转型发展中做了很多有益实践，但是仍然存在很多问题，比如，在学校内部暴露出

应用型人才培养理念难以落实、转型发展动力不足、创新能力较低等主观问题，也存在基础条件薄弱、应用型办学经验缺乏、与地方结合不紧密等客观现实问题。另外，政府政策激励引导不到位、社会参与较少等外部环境因素也阻碍了应用型本科高校应用型转型发展的深入推进。因此，应用型本科高校要实现应用型内涵式转型发展，必须牢牢抓住"实践"这根稻草狠下功夫。另外，从加强和改进大学生思想政治教育的角度来看，实践教育也是大势所趋。随着政策的相继出台和颁布，高校实践育人工作越来越受到重视。《中共中央国务院关于进一步加强和改进大学生思想政治教育的意见》中指出要"坚持政治理论教育与社会实践相结合的原则，要求既重视课堂教育，又注重引导大学生深入社会、了解社会、服务社会，使大学生在社会实践活动中受教育、长才干、做贡献，增强社会责任感[1]"。中共中央、国务院印发的《关于加强和改进新形势下高校思想政治工作的意见》（以下简称《意见》）中指出，加强和改进高校思想政治工作要坚持全员全过程全方位育人基本原则，要构建实践育人等七育人长效机制。《思想政治工作质量提升工程实施方案》中再次强调实践育人的重要性，指出要充分发挥课堂、科研、实践、文化、网络、心理、管理、服务、资助、组织等方面工作的育人功能，切实构建十大育人体系。尽管，当前高校实践育人工作的内容不断丰富，形式不断拓展，取得了很大成绩，积累了宝贵经验，但是实践育人仍然在高校人才培养方面处于弱势地位。无论是"七育人工作机制"还是"十大育人体系"，实践育人在人才培养工作中的重要性和特殊地位是其他育人手段所不能匹敌和取代的。尤其是对应用型本科高校来说，在实践教育理念的指导下，通过拓宽实践育人的形式、丰富内容、搭建平台、整合资源等措施，切实发挥实践育人的作用，不断探索有特色、有趣味真正符合校情的实践育人新路子。

（三）构建实践育人共同体是应用型本科高校实现育人目标的基础保障

实践育人共同体是"三全育人"综合改革深入实施发展的客观需要。在传统的实践育人格局中，除团学部门、专任教师、辅导员和班主任外，思政理论课教师、学校的党政领导干部、后勤人员、工勤人员很难参与进来，全员育人力量薄弱，实践育人工作有待进一步规范化。为了充分发挥实践育人在"三全育人"综合改革中的整合和协同作用，确保全员、全过程、全方位育人落实落细，高校要不断整扩队伍、融合所有育人资源，充分发挥各方力量和优势：一是整合思想

---

[1] 《中共中央国务院关于进一步加强和改进大学生思想政治教育的意见》（中发〔2004〕16文）.

政治理论课教师队伍。高校思想政治理论课教师严格按照学生比例配齐，鼓励年轻教师担任兼职辅导员、班主任，使部分思政理论教师融入学工队伍，为学生课上理论讲授和课下实践活动提供必要的思想理论支撑。二是整合学生辅导员队伍。鼓励有思政背景的辅导员担任思想政治理论课兼职教师，定期与思想政治理论课教师沟通交流，支持辅导员融入思政理论教师队伍，方便辅导员根据学生的思想状况和个人特点，充分利用马克思主义原理等理论设计研讨各具特色的社会实践活动的开展方式。三是整合党政领导干部。党政领导干部在高校思想政治工作中发挥着重要作用，但是由于党务和行政事务繁重，与学生工作交集偏少，很难发挥这部分力量的育人实效。高校要不断建立和完善制度建设，例如通过党政联席班级、宿舍、学生会议制度的建立和实施，充分借助各党政平台和党政领导干部自身的优势，全面推进实践育人全方位渗透。四是整合后勤人员、工勤人员的等学校一切育人力量。高校虽然是承载教书育人使命的社会独立机构，但是其育人使命的完成不单单靠教师，还需要汇聚和调动校内所有力量，后勤人员和工勤人员的工作属性是保障实践育人顺利地实施，但是从其自身角度来看，他们的言行举止及工作范畴与学生的关联度却非常高，因此，未来高校实践育人的一定会形成一个更大更完备的共同体，如同一个球体一般，所有育人力量构成了这个球体的球面，每一方都与球心（学生）相互联系联通，而构成球面的各方之间因球体而密切相关。

实践育人是贯彻党的教育方针、落实社会主义核心价值体系、拓展素质教育空间的必然要求。《中共中央国务院关于进一步加强高校实践育人工作的若干意见》中指出：与实践相结合是党一直主张的教育方针。一方面，对于学生而言，实践育人对于培养大学生的社会责任感、勇于探索的创新精神、善于解决问题的实践能力至关重要。另一方面，对于高校而言，实践育人对推进高校教育改革实现人才培养目标具有深远意义。梅员媛[1]从思想政治教育的角度剖析了实践育人工作的重要性，认为高校思想政治教育实践育人的目标包括品质目标、知识目标、能力目标，其中品质目标是最核心的。但是达成这三个目标不是仅仅依靠思想政治教育才能实现，需要从专业教育和思想政治教育两个维度共同发力，这就要求高校要构建实践育人共同体。当然，实践育人共同体的构建不能单纯地靠制度强行捆绑，背离各方初衷和融合意愿的硬性约束会使这个共同体只流于形

[1] 梅元媛.高校思想政治教育实践育人的途径探索[J].学校党建与思想教育,2013（03）:74-75.

75

式，育人效果不尽如人意。因此，构建实践育人共同体要坚持硬性约束与软性约束祥和的原则，即通过寻求、满足、平衡各方的需求和利益而达成共识，即实现利益认同到价值认同的转化。价值认同是实践育人共同体构建的前提。所谓价值认同，是指价值理想、价值取向和价值标准等方面的一致性，表现为寻求基本理想、信念的归属感和认同感。价值认同的基础是满足不同主体在符合社会发展规律下的正当利益，是尊重、关心各主体的利益需求，从根本上帮助其满足合理利益，把人才培养转化为各主体的现实生产要素、现实生产力、创新力和竞争力，实现利益共同、价值共享，达到各主体收益的最优化。从利益认同到价值认同是一个循序渐进的过程，符合马克思主义社会价值理论的逻辑必然。价值认同减少了不同主体间的磨合时间和契约成本，是推进社会实践协同育人的现实需求。宏观上，人才培养具有公共产品的属性，政府要营造全社会共同育人的社会环境，通过政策制定明晰各主体的职责，通过结果评估、激励保障等方式，引导全社会树立共同参与的育人理念，形成实践育人协同推进的共识[1]。高校实践育人共同体就是围绕高校立德树人根本任务和学生成长成才双向目标所形成的由各方面力量共同参与、共同发挥作用的结合体，是政府、学校、企业、社会、家庭等各方面力量按照集约整合的原则建立的联合体。高校实践育人共同体以培育和践行社会主义核心价值观、提升大学生社会责任感、创新能力和实践能力为共同目标。从宏观上讲，高校实践育人共同体是高校实践育人各构成因素及其作用发挥的一种整体性制度设计，其作用在于实现资源共享、凝练目标共识、促进机制共建等。从微观上看，高校实践育人共同体是对高校不同形式、内容、组织等具体实践育人活动的一种整体性价值提升，是高校创新实践育人理念、内容、形式、方法的有效实现形式。

综上，实践育人共同体的构建是一项系统工程，既需要国家、社会、地方和高校等外部的通力协作，也需要校内所有力量、要素和教育教学各环节、各时空的协调统一、多维度推进。因此，实践育人共同体将来必定是内外共同体的深度融合与和谐共生的局面。就应用型本科高校来看，亦是如此。由国家、社会、地方和家庭等实践育人外部力量构成的外围育人共同体与由高校教师和学生构成的内部力量，在共同实现育人目标这一价值共识中，推动实践育人取得实质性进展。

[1] 孔祥年. 新时代高校社会实践协同育人机制研究［J］. 学校党建与思想教育, 2019（04）：86-88.

（四）完善实践育人体制机制是应用型本科高校深入发展的根本保障

制度最一般的含义是指要求大家共同遵守的办事规程或行动准则。但制度是一个很宽泛的概念，一般是指在特定社会范围内统一的、调节人与人之间社会关系的一系列习惯、道德、法律（包括宪法和各种具体法规）、戒律、规章（包括政府制定的条例）等的总和。许多情况下，制度也是某一领域的制度体系，如我们通常所说的政治制度、经济制度、法律制度和文化制度等。夸美纽斯认为："制度是学校一切工作的'灵魂'，哪里制度稳定，哪里便一切稳定；哪里制度动摇，哪里便一切松垮和混乱。"所谓机制就是各要素之间的结构关系和运行方式，在社会学中表示为在正视事物各个部分的存在的前提下，协调各个部分之间关系以更好地发挥作用的具体运行方式。机制与制度的关系既密切相关又有区别。机制就是制度加方法或者制度化了的方法。首先，机制是经过实践检验证明有效的、较为固定的方法。其次，机制本身含有制度的因素，并且要求所有相关人员遵守，而单纯的工作方式、方法往往体现为个人做事的一种偏好或经验，只有二者结合起来才能发挥作用。第三，机制是在各种有效方式、方法的基础上总结和提炼的，而方式、方法往往只是做事的一种形式和思路。机制一定是经过实践检验有效的方式方法，并进行一定的加工，使之系统化、理论化，这样才能有效地指导实践。而单纯的工作方式和方法则因人而异，并不要求上升到理论高度。第四，机制一般是依靠多种方式、方法来起作用的，而方式、方法可以是单一起作用的。

高校实践育人的目的就是在大学生参与实践活动的过程中，树立正确的人生观和价值观，在实践中理论联系实际，增强动手能力和解决实际问题的能力，增强社会责任感，提高创新能力和实践能力，从而很快适应未来职业需要。但是目前许多高校的实践育人机制尚不健全，如激励机制、动力机制、保障机制和协同机制等的不到位、不匹配、不协调导致实践育人运行过程缺少监督管理，结果考核方法单一，不能对学生的实践能力、创新能力、知识迁移能力、科研能力和团队协作能力进行综合评价，不利于激发大学生对实践的积极性和创造力。

对于应用型本科高校来说，随着师生实践育人观念和应用型人才培养理念的进一步深入以及所取得的成效越来越显著，实践育人管理运行机制、激励机制、考核评价机制和保障机制将在创新中更加完善。比如在管理运行机制方面，高校应成立专门部门开展实践育人活动，如成立实践育人专门委员会，由校长担任该委员会的主委，分管教学或德育工作（学生工作）的副校长担任副主委，加强对社会实践育人工作的领导和引领。在完善实践育人工作的运行保障机制方面做好以下几点：一是加强组织领导，责任监管，分步实施。要确保实践教育的成效，需要学校领导高度重视，并建设一整套教育监管体系。实践教学要注重分步实施，安排紧跟理论教学的课程实验和实践活动、课程结束后的课程设计以及毕业前的毕业实习或生产实习。二是加强师资力量的选聘，培养双师型教师为实践育人指导教师。实践指导教师需要有较强的解决实际问题的能力，由在高科技企业有从业经历、从事过重大科技创新活动的科研人员担任更好，对学生的指导效果也更好。三是加强实践育人基地建设，搭建良好平台。开展实践教学活动，需要良好的实践环境和实践基地。高校应加大对实践育人基地的培育，可以用校企合作共建、校校联合、政企联合等多种形式建设实践育人基地，为学生实践能力的培养奠定良好的基础。四是加强资金的支持和配套。五是建立和完善相应的管理机制，努力探索一条组织有序、目标鲜明、保障有度、导向明确的实践育人之路。紧密结合学校的实际情况，建立能激发大学生主动参与、发挥潜能、注重创新的奖惩激励机制。在考核评价机制方面，建立完善的社会实践育人考核办法，多层面、多维度地评价实践育人的成效，激励广大实践指导教师广泛参与大学生的社会实践。考核方法包括定性和定量两个方面的考核指标，重成效也重过程。针对实践指导教师群体来说，高校应出台计算和考核社会实践指导教师工作量的办法，评定"优秀社会实践指导教师"和"优秀团队"，并对教师的职称评定和晋升有所考虑。社会实践育人的活动内容针对性要强，要科学合理设置项目，适合本校学生的特点。科学合理的实践育人考核办法，就是评价学生从事社会实践后能力提升的效果，引导实践育人向着正确的轨道迈进。针对大学生来说，可以对其参加的志愿者活动、义务支边支教、科技下乡、科技创新和科技项目研究等活动给予相应的学分，并结合学校的培养实际，作为评定优秀学生干部和毕业鉴定的参考依据。

第四章 应用型本科高校实践育人模式探索

实践育人模式不能局限在教学过程中，也不能泛化到高校的整个层面；它是一种结构与过程的统一，是静态的样式与动态机制的统一体。实践育人不仅仅关涉"实践"过程，更关涉"育人"过程，它涉及教育的全过程，远远超过教学的范畴。无论是什么样的实践育人模式，它们的共性都是要突出学生的主体地位和教师的主导地位，不是过分强调实践而弱化理论教育，而是注重实践与理论的和谐统一。因此，本部分研究的前提是兼顾理论的实践育人模式研究，当然，实践理应包括校内的实践和校外的实践。

一、新建本科院校构建创新创业教育体系研究

大学生就业难已经成为困扰全社会的难题，开展创新创业教育是"众创"时代赋予高校的历史使命，对于新建本科院校，构建适合其办学定位和水平的创新创业教育长效机制，是提高自身'生命力'的有效措施，也是提高大学生的创新创业理论水平和实践能力的途径与方法。随着创新驱动发展战略的实施，创新创业教育必然成为提升人才培养质量和实现高质量就业的重要突破口。

（一）创新创业教育的内涵

所谓创新创业是指基于技术、产品、品牌、服务、商业模式、管理、组织等方面的某一点或某几点创新而进行的创业活动。创新是创新创业的特质，创业是创新创业的目标。创新创业是基于创新基础上的创业活动，并非单纯的创新，也并非单纯的创业。创新强调的是开拓性与原创性，而创业强调的是通过实际行动获取利益的行为。创新创业教育是以培养具有创新创业基本素质包括创新创业意识、创新创业精神、创新创业能力和开创型个性的人才为主的教育，不仅涉及在校大学生，而且面向全社会，针对不同的创业群体，分阶段分层次地进行创新思维培养和创业能力锻炼的教育。创新创业教育本质上是一种实用型教育。南开大学校长龚克指出，大学生创新创业教育的目标不仅仅是将创新创业活动"课程化"，而是在培养过程中融入创新创业意识，从而提高大学生的创新创业实践能

力。《国务院办公厅关于深化高等学校创新创业教育改革的实施意见》中已明确指出深化高等学校创新创业教育改革，是我国现阶段的发展战略，是促进高校毕业生更高质量就业的重要举措。因此在"大众创业，万众创新"的"众创"时代，构建适应新常态的创新创业教育体系是目前高等学校人才培养改革的重中之重。

（二）创新创业教育的现状及存在的问题

1.大学生自身角度

大学生自觉创新创业意识低。自觉创新创业意识是指个体自觉自愿地执行或追求创新创业行为的一种表现形式，主要体现为对创新创业行为热情、感兴趣、有责任心和职责意识等。根据有关数据，目前我国在校大学生参与创新创业的为10%左右，创业成功率不足5%，而全世界平均水平为20%。虽然在校许多大学生或许还有自主创业的想法，但是由于缺乏相关经验经历、成功概率无法预测、失败损失难以承担等，很多大学生都放弃了创业行为的开展。[1]

创新创业资金筹措整合困难。目前在校大学生的生活开销来源主要依靠家庭，自己没有经济来源，这就使得创新创业启动资金的筹措比较困难，虽然有部分大学生依靠同学拼凑，或者合伙融资等方式取得创业启动资金，但大部分资金来源困难，可筹资金额度低。曾有调查显示，很大一部分学生无法实施创新创业行为最大的障碍之一是缺乏启动资金。

随着社会的不断进步，人们的物质生活比以前有了很大的提高，许多学生家长受计划经济时代大学生毕业包分配的传统思想影响，他们总认为作为大学生毕业后能够找到一份轻松稳定的职业是比较理想的追求，这样孩子不用吃苦受累，因而他们不鼓励甚至禁止自己的孩子自主创业。事实上，作为家长应该解放思想，顺应新常态经济时代的发展要求，鼓励孩子培养吃苦耐劳的精神品质，注重培养和锻炼孩子的创新创业思维和意识，在适当机遇下从精神和物质两个层面帮助孩子迈出自主创新创业的第一步。[2]

耐受创新创业失败打击能力差。现代大学生有很大一部分是独生子女，在优越的生活环境中和父母的万分呵护下成长，很少经历挫折，因此他们大多数缺少艰苦奋斗、努力拼搏的精神品质，耐受创新创业失败打击能力差。再者大学生的创业启动资金大部分都是向亲戚或者同学借来的，面对高风险的创新创业行

---

[1] 熊玮等.大学生创新创业实践中的主体角色关系转换研究[J].人力资源管理,2015(02)：135-136.

[2] 韩京昌等.大学生创新创业平台[J].中国市场,2015(14)：65-66.

为，他们担心失败，害怕一无所得，甚至因此负债累累，连累家庭和亲朋好友。作为高校和社会，应该对大学生的创业热情和需求进行正确引导，为他们的发展积极创造条件，创建宽容失败的创业环境和帮扶机制，解除大学生创新创业失败的后顾之忧。

2.高校培养者的角度

创新创业意识培养观念普遍淡薄。目前，我国的大学生自觉创新创业意识普遍比发达国家落后，造成这种现象的原因是多元化的，其中最重要的一点是传统的教育体制和人才培养模式的束缚。作为人才培养者的高校，在大学生创新创业意识培养方面，缺少鼓励大学生创新创业的校园文化氛围，尽管有部分重点高校已经改革人才培养模式，积极响应国家关于推进大众创业、万众创新的各项举措和要求，建立了创新创业科技园、论坛和创业沙龙，开展创新创业相关创意比赛等，但大学生的受众覆盖面和受益面很小。对于新建的本科院校，他们的着力点还在如何定位自己的发展方向、如何提高本科生培养能力等，对于大学生创新创业意识培养方面观念淡薄，不知道如何开展，许多还未实质进行这方面培养教育的工作规划。

创新创业教育指导培训落后。创新创业教育的根本目标是培养学生的创新创业意识，激发学生的创新创业热情，培养灵活的思维方式，提高学生独立思考和解决问题的能力。而目前很多新建本科院校，还没有开设创新创业课程，有的仅在就业指导课程中涉及小部分相关理论内容，或者在参与一些创业竞赛时给予临时性的培训指导，但是这些多以传授创新创业理论知识和创业技巧为主，没有形成统一的课程规划和评价体系，同时缺乏对学生创新创业观念的引导和培养。[1]

创新创业教育环境平台欠缺。在这最令大学生心动和冲动的年代，面对严峻的就业形势，很多大学生已经涌向创新创业的大潮中。显然，大学生就业压力日益增大是开展创新创业教育的主要诱因。但是面对新形势，创新创业教育环境平台的欠缺是阻碍大学生创新创业工作向前推进的主要根源之一。虽然有些实力雄厚的名牌高校积极营造创新创业文化氛围，扶持大学生筹措启动基金，开辟校内实践基地，联合企业聘请导师，推行"传、帮、带"教育理念，在力所能及的范围内开辟创新创业教育阵地。但是这种影响力很难在新建的本科院校奏效，他们不能仅仅复制或者模仿，而是要认清形势，把握实力，结合自身的实际情况，

---

[1] 雷园园.地方高校创新创业教育课程体系的构建[J].科技创业月刊, 2015, 28（08）: 30-32.

保持一定的热情热度和冷静坦然，把创新创业教育环境平台的搭建视为一项长远规划来实施。

创新创业教育考核管理制度缺乏。目前，在大众创业、万众创新潮流的引领下，各地高校开展创新创业教育的热情高涨，但是效果大相径庭，主要原因是缺乏合理规范的考核管理制度。我们知道任何一种体制的建立和实施，如果没有相适应的考核管理制度，基本上是纸上谈兵，其结果终究形式化。因而对于新建本科院校，要构建适合自身的大学生创新创业教育长远体制，其考核管理制度也要应运而生，发挥其特有的约束规范和考核激励作用，如果只注重开展教育，而没有量化的考核机制，终究是一场徒劳。

（三）新建本科院校创新创业教育体系构建的对策

1.树立学业为创新创业服务的教育理念

面对严峻的就业形势和社会经济新常态，培养大学生成为"大众创业、万众创新"的重要生力军已经提升到国家发展战略的高度，因此，作为培养人才的大学应当主动承担教育的社会责任，改变教育观念，树立学业为创新创业服务的教育理念，提高大学生的就业质量，杜绝毕业就失业现象的出现。重庆大学党委书记欧可平在"众创"时代大学的创新创业教育研讨会中曾提出"大学创新创业的关键在转变观念，大胆实践，营造氛围"。[1]我们不得不承认许多新建的本科院校的主要精力放在如何扩大自己的招生规模、增强师资水平，提升本科生培养能力上，对于新的教育观念没有真正领悟，更不会把它作为学校长远发展的一项重要任务而付诸努力。在这种背景下，树立学业为创业服务的教育理念是这类院校不二的选择，也是响应国家深化教育体制改革的重要举措，否则培养的大学生跟不上社会的节奏，不仅使大学生毕业后的就业得不到保障，久而久之学校的办学吸引力也将慢慢消失殆尽，终究面临改制或者被合并的结局。

2.优化积极创新创业的环境氛围

创新创业环境是指主体开展创新创业活动过程中与之相关的各类因素的总称，本书所研究的创新创业环境主要是广义的环境因素，包括政府颁布的政策法规、学校的规章制度、软件实力、硬件设施、社会经济形势等综合因素。大学生开展创新创业活动要依托于良好的环境氛围。这与社会上的商业创业行为有一定的区别。首先，主体是在校大学生，其次启动资金短缺，再者创新创业经验缺

---

[1] 欧可平.大学创新创业的关键在转变观念，大胆实践，营造氛围[J].中国高等教育，2015（Z2）：12.

乏。因此，大学生创新创业活动开展所处的环境氛围是关系到其行为成败的重要因素。虽然目前国家在政策法规、资金筹措、场地设施等方面给予了大力扶持，但是因为执行力度不够，落实不到位，效果不明显。因此，面对新的就业形势，高校应彻底发挥媒介作用，优化积极创新创业环境氛围，切实督促政府各项扶持政策落实到位，多方位吸引鼓励社会企业参与到大学生创新创业活动中来，发挥其"传、帮、带"作用，真正营造"大众创业、万众创新"的校园氛围。[1]

3.创建创新创业理论学习空间和实践操作平台

创新创业教育体系涉及多个活动对象和多方面的内容，其中活动对象包括高校领导者、管理者、教师和学生。创新创业教育体系内容涉及教育教学内容、教学手段、教学模式设计、与社会和企业的合作培养方式等。目前，多数的高校尚未建立完善的创新创业教育体系，部分高校采用的是开展与创新创业相关的挑战竞赛活动等形式，有的虽然建立了大学生创业园，能够为大学生提供创新创业空间和一定的服务技术支持，但是尚未形成完善的课程体系，渗透在课堂教学中。以上举措对新建的本科院校是不能盲目复制模仿的。因此，新建的本科院校要构建创新创业教育体系，其根本任务就是给学生提供适合的理论学习空间和实践操作平台。作为学校的领导者和管理者，应该从体系构建的顶层设计着手，制定适合本校校情和特色的制度，形成具有专业性、系统性和整体性的规范规章，以课程设置和教学模式改革为出发点，增设创新创业理论课程，积极融合社会企业资源，开辟创新创业实践操作平台。通过此项举措的实施，不仅可以满足大学生对创新创业理论知识的补充学习，而且能够促进形成良好的创新创业氛围，切实提高大学生的创新创业意识和能力。

4.建立有弹性的新型学籍管理制度，打通大学生创新创业壁垒

目前，普通高校的学籍管理制度都是依据普通高等学校学籍管理规定而制定的，我们知道，高等学校的主要任务是为社会主义建设培养合格人才，不断提高教育教学质量，从严治校，优化办学环境，保证培养目标的实现。从这个角度而言，建立适合创新创业教育顺利开展的新型学籍管理制度，符合高校的办学定位，有利于培养目标的实现。比如，高校一般都实行学分制，对于有创新创业意识的学生可以免于课堂考勤，可以利用网络学习或者慕课的方式取得相应的课程学分，从而可以灵活安排自己的时间集中用于开展创新创业活动。或者在大学生

---

[1] 严建华.营造"学优"而创文化氛围[J]中国高等教育，2015（Z3）：11.

的课程设置中设置灵活的必修课程和选修课程，在必修学分的范围内可以选修有助于开展创新创业活动的相关课程，这样既满足学分制的要求，又能提高创新创业理论水平。再者可以打破学生的请假离校制度，为有志于开展创新创业活动的学生开辟绿色通道，随着创新创业教育的深入开展和社会的不断发展，将来大学生完全在校园内开展创新创业活动势必会受到一定的束缚，因此建立新型灵活的学籍管理制度是高校顺利开展创新创业教育的必然要求。

5.组建与时俱进的教师指导队伍[1]

综上，我们了解创新创业体系构建的一个重要活动对象是教师。目前各高校都在如火如荼地开展创新创业活动，从全方位的角度，激励促进大学生融入的创新创业大军中，然而忽视了教师培训队伍的组建，有的高校直接将就业指导教师拉进创新创业教师队伍中，有的高校干脆没有相关的指导老师，这种局面将直接导致创新创业教育不能深入而长远地开展下去，进而流于形式。我们知道，创新创业教育对教师的综合素质要求比较高，而且作为创新创业的指导培训教师一般都应该具有经济管理等方面的专业知识背景，并且热爱创新创业教育，主动致力于创新创业服务团队。因此，要使创新创业教育得到长期有效的发展，组建与时俱进的教师指导队伍是当下高校面临的重要任务，作为高校，一方面应该为这部分自有教师提供大力支持，开辟绿色通道，全面提升创新创业指导教师的综合能力；另一方面积极从社会上吸纳优秀企业家和创业成功典型人才担任特聘指导教师，提高指导教师服务团队的综合实力，为高校创新创业教育长足发展奠定基础。

6.构建创新创业发动率和成功率等组成新型指标的创新创业教育考核评价体系

为有效推动创新创业教育的发展，构建完善的创新创业教育培养体系，作为培育创新型高素质人才摇篮的高校，应该树立一种全面可持续发展的教育理念，需要构建一种全新的创新创业教育考核评价体系。我们知道，目前各高校开展创新创业教育的效果和影响力参差不齐，这不仅与高校的办学实力及其在社会上形成的影响力有关系，还与目前针对创新创业教育考核评价体系的缺乏有直接的关系。从某种角度而言，完善的创新创业教育考核评价体系是创新创业教育不可或缺的组成部分，我们不仅要统筹规划合理的创新创业发动率，更要持续追踪考核创新创业开展的成功率，进而将这两个指标融合衔接，渗透于整个评价过程中，形成有针对性和目标性的评价机制。反过来说，有了相对完善的创新创业教

---

[1] 贺嘉贝. 高校创新创业教育的绩效影响因素分析 [J]. 当代经济, 2015（10）：100-101.

育考核评价体系，能够及时指导和检查创新创业教育运行效果是否与预期理想相吻合，能够及时适应社会发展的要求，培养适合双创时代的大学毕业生，有助于缓解目前大学毕业生就业形势严峻的态势。

大学生创新创业教育是目前高校的'生命'教育，是缓解社会矛盾中大学毕业生就业难的有效途径之一。对于新建本科院校，构建适合其办学定位和水平的创新创业教育长效机制，是提高自身'生命力'的强制措施，针对当前大学生创新创业的现状，必须在转变教育理念、优化环境氛围、创建创新创业理论学习和实践操作平台、建立新型的学籍管理制度、组建与时俱进的教师指导队伍、构建新型的创新创业教育考核评价体系等方面做出切实努力，落到实处，以提高大学生的创新创业的理论水平和实战能力，让大学生真正成为创新创业的生力军。

二、应用型本科高校思想政治教育校内协同实践育人模式研究

实践是认识的源泉，也是开展大学生思想政治教育的有效途径。作为应用型本科高校，培养能够为地方经济发展做贡献的应用型人才是这类高校的生存之本。立足应用型本科高校内涵式转型发展，以人的成长需要和社会需要双重需要为目标，通过搭建师生学术共同体、团学实践共同体、党政教育共同体三维共同体平台，不断探索科研引领式、专创融合式、岗位锻炼式、志愿服务式、主题体验式和自助励志式等思想政治教育协同实践育人模式，一方面有利于培养出能够服务于地方经济发展的应用技术型人才，另一方面有利于留住愿意服务于地方经济发展的应用技术型人才。因此，应用型本科高校要立足人的全面发展和社会需要双目标，不断探索符合其办学方向的思想政治教育实践育人的新模式，更好地服务于地方经济发展。

（一）实践育人的学理解析

作为一种既注重实践体悟又重视理论学习的新型育人理念，实践育人是教育回归现实的必然选择，是高校践行立德树人根本任务的迫切需要，也是大学生自我认知、自我教育、自我成长的内在需求。应用型本科高校的办学定位是为服务地方经济发展提供人才支撑，其人才培养目标和过程更加突出培养学生的实践能力和创新能力，这类高校的思想政治教育应该围绕应用型人才培养目标有针对性地开展。一方面，要与专业教育深度融合，培养出能够服务地方经济发展的应用型人才，另一方面要审时度势留住愿意服务于地方经济发展的应用型人才。因此，从理论的角度剖析实践育人对高校落实立德树人根本任务的重要意义和积极

促进作用，是应用型本科高校内涵式转型发展的现实需要，也是实践育人深入发展的客观需要。

1.实践是立德之本

教育是围绕人培养人发展人的社会活动，是人类文明和文化得以延续传承的根本。《国家中长期教育改革和发展规划纲要（2010—2020年）》指出，"百年大计，教育为本。教育是民族振兴、社会进步的基石，是提高国民素质、促进人的全面发展的根本途径"。[1]作为承担立德树人教育根本任务的高校，必须紧紧必须围绕"立德"和"树人"两个基本要素，实现其人才培养目标。那么，什么是"德"？如何实现"立德"？范红琼等认为，"德"字意为："目正、心正且要落实到行动中，与核心价值观的基本要义高度吻合"。[2]社会主义核心价值观本身是一种个人、社会与国家等多层面"德"的统一，与培养德智体美劳全面发展的时代新人中的"德"含义相同。高校的"立德"既包含大学生主动用实际行动维护祖国统一和民族团结是践行社会主义核心价值观中爱国主义的大德，也包含在成长过程中自觉坚定理想信念、塑造道德品质、涵养法治素养等，将个人理想融入国家和民族的伟大事业中，完善"三观"的德行。涂尔干曾经说，"从根本上讲，真正的德性在于以一种适当的方式行事，能够将自己身上某种内在的方面加以外化，而根本上不在于对高尚的图景和动人的品格闷头进行精神构建和个人沉思"。[3]教育家苏霍姆林斯基指出："无论课堂上所学的教材具有多么充实的政治思想和道德思想，但学生在掌握知识的过程中总是把认识的目的放在第一位：知道它、学会它、记熟它。而且教师也是全力以赴地追求这一点。这个目的越是被置于首先地位，它就越是有力地占据了学生的内在力量，而思想感情就越远地退居次要地位。"[4]骆郁廷、郭莉在《"立德树人"的实现路径及有效机制》一文中指出，实践育人是"立德树人"的基本途径。我国教育家陶行知[5]指出："行是知之始，知是行之成"，认为行是一切知识的根本，知只有融于行方能发生效力。[6]因此，"立德"中的"德"不应该只是静止的品德修养，而是动

[1] 国家中长期教育改革和发展规划纲要（2010—2020年）2010年7月8日，中发〔2010〕12号.

[2] 范红琼等.立德树人的内涵和实现路径[J].高教学刊，2019（09）：65-67.

[3] 李康，译.［法］爱弥尔·涂尔干.教育思想的演进[M].上海：上海人民出版社，2003：290.

[4] 赵玮等，译.［苏］苏霍姆林斯基.和青年校长的谈话[M].北京：教育科学出版社，2009：562.

[5] 华东师范学院教育科学研究所.陶行知全集（第二卷）：论著1927-1935[M].长沙：湖南教育出版社，1985：4-5.

[6] 骆郁廷、郭莉."立德树人"的实现路径及有效机制[J].思想教育研究，2013（07）：45-49.

态的行为示范。高校要实现立德树人根本任务，既需要有严谨的课堂理论教育，又需要有生动活泼的实践。

2. 实践是树人之基

高校要实现立德树人使命，既要坚持立德为根本，也要坚持以树人为核心。所谓树人就是坚持以人为本、德育为先的理念，通过合适的教育来引导人、感化人、激励人，实现塑造人、改变人、发展人，从而促进人的全面发展。实践作为锻炼、磨炼、磨砺人的意志品质的重要方式，是实现树人目标的基本途径。人的意志主要是通过在实践锻炼和磨砺中体现出来，并且在实践中得到锻炼和磨砺的意志又会汇聚成为推动个人成长的精神力量。改革开放以来，高校始终重视实践在教育人和培养人中发挥的重要作用，坚持和贯彻落实教育与劳动相结合的教育方针，鼓励学生在实践中运用马克思主义立场、观点和方法巩固理论知识、加强思想教育。江泽民指出：“理论知识、历史知识可以通过书本学习来获得，品格、意志的锻炼主要是靠在艰苦的实践中去解决。”[1]胡锦涛指出：“只有投身伟大实践，广大青年才能站稳最基本最扎实的政治立场，中国青年运动才能拥有最强大最深厚的前进动力。”[2]党的十八大以来，习近平总书记的多次重要讲话中肯定了实践对育人的积极意义，“人的潜力是无限的，只有在不断学习、不断实践中才能充分发掘出来”。“不论是学习还是工作，都要面向实际、深入实践，实践出真知。”[3]实践作为检验思想理论认识的直接途径，比传统的间接途径即理论知识内化更能影响人、启迪人和教育人。在实践中，参与者通过直接参加社会实践活动，亲身体验和把握正确思想理论的先进性和真理性，比在借助观察、分析和比较他人等间接方式来获得结论更具有直接性和易被接受等特点。因此，实践是形成并发展正确思想的基本方式，是育人的基本途径。学生只有置身于社会中亲身参与实践，接触实际，了解社会，才能在社会实践中形成、完善、发展新的思想观念、增长能力与才干，从而深刻认识社会实践的重要性，重视社会实践的价值，进一步把握社会实践的本质，增强运用正确思想理论指导和推动社会实践的自觉性，在促进社会发展的同时促进自身的成长成才。

3. 实践是教育回归以人为本的手段

马克思主义主体性思想理论认为，人之所以为人的根据在于人能够进行有

---

[1]　江泽民. 论“三个代表”[M]. 北京：中央文献出版社，2001：39.

[2]　胡锦涛. 在纪念中国共产主义青年团成立90周年大会上的[M]. 北京：人民出版社，2012：5-6.

[3]　习近平. 北京大学师生座谈会上的讲话[N]. 人民日报，2018-05-03（02）.

目的、有意识的创造活动。人是具有无限丰富性的总体的人。传统的思想政治教育只关注社会对人的需要，忽略了作为教育主体的受教育者个体人的主体性、独立性、能动性以及作为主体人的需要。如果受教育者主动将外在的道德规范内化为其道德行为时具有一定的主动性，这就昭示着思想政治教育实践只能以人的方式来把握人，即以人为中心和归宿。就高校而言，以学生为中心是高等教育的初衷，实践育人与理论教育相比，更加凸显大学生的主体地位、肯定大学生的独立人格以及服务大学生的全面发展等优势。作为实践主体的学生，其主体性在参与实践中得到充分释放和发挥，弥补了理论教育中学生主体性被掩盖、硬性灌输效果不佳等缺陷。因此，只有在遵循马克思主义实践观基本理论的前提下，引导教育同生产劳动和其他一切社会实践相结合，才能夯实学生的主体地位，彰显以人为本的现代教育理念。随着高等教育改革的深入，实践育人以人为本的思想和功能价值越来越受到党和国家的重视，尤其是近十年来，党和国家充分肯定了实践对于青少年成长成才的重要作用，出台了一系列政策，促进实践育人工作取得了实质性进步和发展，提升了大学生思想政治教育的针对性和实效性。

（二）实践育人在高校思想政治教育中的价值意蕴

1.因事而化，实践育人为思想政治教育孕育新模式

人民科学家钱学森的世纪之问："为什么我们培养不出杰出人才？"直指教育的痛点。长期以来，我们的学生从小学到大学都背负了繁重的学习任务和压力，但是到头来我们培养的学生社会责任感、创新能力、团队精神、心理素质等却普遍薄弱。深思原因不难发现，传统的教育模式忽视或者边缘化了实践因素，长期"圈养"的灌输式理论教育模式违背了行知合一的教育理念。马克思主义认为，"全部社会生活在本质上是实践的。"[1]陶伟华指出，"实践是人才成长的根本途径，实践育人是现代学习认知理论的重要原则和方法，呼吁应将实践育人确立为我国教育战略。"[2]亚里士多德在其伦理学专著《尼各马可伦理学》指出："德行不是有了才做，而是做了才有，其中德行意为杰出的品行，只能通过行动得到，这里的行动就是实践。思想政治教育不可能脱离实际生活，凌驾于生活之上，实践是用来标示思想政治教育的最好的'东西'"。[3]教育本身就是一

---

[1] 马克思. 马克思恩格斯全集（第1卷）[M]. 北京：人民出版社，1995：187.

[2] 陶伟华. "实践育人"确立为我国教育战略[J]. 辽宁教育，2012（20）：20-21.

[3] 张思军. 大学生思想政治教育实践教育模式的构建与实施[J]. 西华师范大学学报（哲学社会科学版）2007（06）：92-95.

项实践性育人活动，实践育人作为加强和改进大学生思想政治教育的重要内容，为高校思想政治教育孕育了新的教育模式。首先，实践育人扩大了高校思想政治教育空间结构，使得封闭的学校教育转向开放的社会教育，育人工作不再脱离社会现实，变得更加接地气。其次，实践育人丰富了思想政治教育的内容，融入了社会元素的思想政治教育使得原来枯燥的静态的理论教育变得生动活泼，符合道德内化的基本规律。再者，实践育人拓宽了思想政治教育的途径。根据实践活动模块化、项目化和主题化等原则，思想政治教育形成了引领型、服务型、励志型等多种实践育人形式。虽然每种形式的育人目标不尽相同，但是都是主张通过实践，即通过做中学和学中做实现育人的根本目的。最后，实践育人切实增强了思想政治教育的实效性。实践育人将空洞的说教转变为生动活泼兼具趣味性和吸引性的亲身体验，学生在体验中自我检验理论知识，进一步强化思想政治素养和道德修养，培养实践和创新能力，增强社会责任感，促进身心健康，加速社会化等，在自我激励、自我教育和自我发展获得全面发展。

2.因势而新，实践育人为思想政治教育创设新环境

新冠肺炎疫情在全球爆发以来，西方敌对势力不断挑衅中国特色社会主义制度，恶意评论和肆意抹黑中国在全球治理中所做的贡献和责任担当，势必对大学生的理想信念和价值取向产生负面影响。在这种形势下，如何创新大学生思想政治教育，切实增强大学生思想政治教育的针对性和实效性，成为当前高校思想政治教育亟待解决的时代课题。随着经济、网络全球化和我国改革开放的进一步深化，不断涌现出新思潮、新观念、社会矛盾和不稳定因素相互交织，使得高等教育的内外部环境均发生了巨大变化，导致大学生思想政治教育面临严峻形势和挑战。大学生作为青年中的重要群体，其思想容易受到外部环境的影响，导致理想信念淡漠、政治信仰缺失、缺乏社会责任感等不良倾向问题的出现。在抗击疫情的战役中，成千上万的勇士用责任和担当奏响了特殊时期的最美和声，这些英雄里不乏大学生的身影，他们用实际行动贡献自己的一分力量，把高大上的思政理论知识转变为真善美的实践行动，将强国志自觉融入塑造世界观、人生观和价值观的爱国行中，在战疫中明辨是非、统一思想，不断增强中国特色社会主义道路自信、理论自信、制度自信和文化自信，不断增强对马克思主义的信仰、共产主义的信念、不断增强对中国特色社会主义事业的信心。虽然新冠肺炎疫情对人类的生命安全和身体健康带来了重大威胁和挑战，但是，从教育的角度来看，疫情为我们创设了深入开展思想政治教育的实践环境，培养了青年大学生的爱国主义

精神，不断激励着学生以疫为鉴、励志勤学，以高度的责任心和强烈的使命感，与祖国同命运，与人民共患难。因此，高校开展思想政治教育要善于抓住新形势，引导学生在实践中践行初心和使命，在奉献社会和为人民服务中成长成才。

3.因时而进，实践育人为思想政治教育提供新手段

思想政治教育是人类的一项基本教育实践活动，因阶级和国家的出现而产生，其本质属性是为阶级和国家服务。一般包括两个开展层次即学校教育和社会教育，其核心都是通过实施教育来影响受教育者的思想观念。大学生思想政治教育是指思想政治工作者利用一定的思想观念、政治观点、道德规范，对大学生施加的有目的、有计划、有组织的影响，使他们形成符合中国特色社会主义所需要的思想品德的教育实践活动。传统的思想政治教育倾向于理论层面，拘泥在学校教育范畴内。事实上，实践不应该只停留在专业教育层面，在思想政治教育方面同样奏效。目前，实践在大学生的思想政治素养、道德修养、身心健康、社会化、创新能力等方面的培养具有特殊的育人功效，被越来越多的高校所重视。实践育人通过参与现实活动的方式充分调动个体的主观能动性，发挥其主体性作用，培养大学生认同和适应社会的态度和能力，树立正确的思想观念，进一步实现知识、情感、能力等个体综合素质的全面提升的育人优势，是其他育人方式无法达到或实现的。高校思想政治教育作为一项教育实践活动，从诞生起历经几十年演绎，虽然教育目标有变，但是以人为本的根本教育宗旨永远不变。特别是我国进入新时代以来，随着改革开放进程的不断推进和深化，在社会主义核心价值观的引领下，更加注重学生的自由全面发展，要实现思想政治教育平等性、主体性和针对性的目标，实践育人是必然选择。因此，实践育人在高校思想政治教育中的地位和作用愈加凸显，已经成为高校践行立德树人根本任务的重要抓手。

（三）应用型本科高校思想政治教育校内协同实践育人模式

1.我校思想政治教育校内协同实践育人模式产生的背景及意义

实践育人深入发展的现实需求。实践育人是一项整体性、系统性和复杂性的工程，要真正发挥出育人实效，需要融入协同的思维，践行全员、全过程、全方位的"三全育人"理念。长期以来，高校立德树人工作呈现出各自为政、互不相干的局面，始终无法有效整合校内资源，调动各育人主体的积极性，不能发挥出育人最大合力。受传统惯性思维影响，专业教师只负责专业知识的传授，很难把教书上升为育人的层次，辅导员等专职思想政治工作者经常被烦琐的事务型工作束缚，导致工作的核心偏离思想政治教育，学校的党团政部门教师也很难真正

参与到育人工作中来，导致大学生思想政治教育工作难以发挥出实效性。实践育人作为高校思想政治教育的重要途径，通过不同的实践平台，把各方育人主体串联起来，共同围绕育人这条主线发挥效应。那么如何挖掘出实践育人的最大潜力，提升育人实效，成为制约实践育人深入发展的现实问题。近十年来，国家出台了一系列政策，力求解决实践育人深入发展中的瓶颈问题，进一步加强高校实践育人工作。如2010年7月发布的《国家中长期教育改革和发展规划纲要（2010—2020年）》，把提高学生的创新精神和实践能力作为战略重点之一。2012年，教育部联合有关部门共同发布了《关于进一步加强高校实践育人工作的若干意见》中明确提出加强高校实践育人工作，要将社会主义核心价值体系贯穿于国民教育全过程。2013年，中共中央办公厅印发的《关于培育和践行社会主义核心价值观的意见》指出，社会实践是社会主义核心价值观从小抓起、从学校抓起的重要抓手和有效途径，强调发挥社会实践的养成作用，完善实践教学体系，加强实践育人基地建设。2014年，《中共教育部党组、共青团中央关于在各级各类学校推动培育和践行社会主义核心价值观长效机制建设的意见》提出建立实践育人共同体。2017年，中共中央、国务院印发的《关于加强和改进新形势下高校思想政治工作的意见》指出，实践育人是新形势下高校思想政治工作的重要内容，要从体制机制层面进一步强化实践育人。同年颁布实施的《高校思想政治工作质量提升工程实施纲要》中指出，深入推进实践育人质量提升，要整合各类实践资源，拓展实践平台，构建实践协同体系。因此，高校要实现立德树人根本任务，必须围绕实践育人深入发展的现实需求，通过育人目标、主体、过程和机制等的协同，构建全新的实践育人模式，充分发挥各育人要素的优势，实现1+1>2的育人实效。

德育2+X综合改革实施方案深入实施的现实推动。我校实践育人所取得的成绩是内因与外因共同作用的结果。作为一所新建的应用型本科高校，我校立足于应用型转型发展，不断探索加强和改进思想政治工作的好经验和好做法。2017年9月，依据国家、省委相关文件和全国高校思想政治工作会议精神，结合多年形成的德育特色工作，制定并经院党委审核通过《山西工程技术学院德育2+X综合改革实施方案》（以下简称"实施方案"，后附）。德育2+X综合改革实施方案中的2是指思想政治理论课教学的1加德育答辩的1，X是指德育实践项目。实施方案是全面落实中央和省委精神、全国高校思想政治工作会议精神以及践行《高校思想政治工作质量提升工程实施纲要》的重要举措，是加强和改进我校思想政治工作的顶层设计，也是全面提升我校大学生思想政治教育工作质量的关键措施。在该方案的指导下，依据多年的德育特色经验，为进一步发挥实践育人在高校思想政治教育工作中的独特作用，在"三全育人"理念的指导下，通过整合校内资源，搭建了师生学术共同体、团学实践共同体、党政教育共同体的三维共同体平台，构建了符合我校实际的思想政治教育协同实践育人模式，进一步推动实践育人的作用发挥和深入发展。

2.思想政治教育校内协同实践育人模式

校内协同实践育人模式是指立足我校德育2+X综合改革实施方案的实践要求，遵循立德树人根本任务，以理想信念教育为核心，在社会主义核心价值观的引领下，深入挖掘有教育意义和价值的X项德育实践项目，通过多项措施凸显实践的分量，把思政实践环节列入培养计划，定性和定量评价实践成效；搭建师生学术共同体、团学实践共同体、党政教育共同体三维共同体平台；开展科研引领式、专创融合式、岗位锻炼式、志愿服务式、主题体验式和自助励志式实践活动，实现课堂内外、平台上下、线上线下等相互协同的实践育人模式。通过这种纵向传递无障碍、横向连接无缝隙的相互协同作用，更好地达成实践育人目标，有效提升大学生思想政治教育的针对性和实效性。

3.基层班团的实践路径、取得的成效及存在的问题

制度能否奏效关键要靠实际工作来检验，着眼于德育2+X综合改革实施方案在基层班团的落地，关键是要看能否对学生起到引导和教育作用。经过三年的实践探索，我校形成了融、糅、炼、宣、环实践育人五步工作法。具体来讲，"融"，即将德育2+X综合改革实施方案中的实践理念融入大学生思想政治教育工作和日常管理工作中，符合行知合一的思想政治教育理念。"糅"，依据实施方案改革目标中的要求以及具体思路，遵循高等教育规律、思想政治教育规律以及学生成长规律，按照不同年级不同专业学生的培养特点，以问题、目标、过程和效果为导向，把实践环节与职业生涯规划教育、心理健康教育、创新创业教育和职业能力教育等具体的教育过程糅合在一起，分阶段有针对性地开展养成类、志趣类和引领类实践活动，达到塑造和完善三观教育和自我教育的目标。"炼"，即把实践育人中涌现出的经典案例提炼总结出来，通过凝练学生在实践中收获的思想、意识、态度、观念、能力等方面的变化，形成学生身边的榜样案例。"宣"，利用网络自媒体，加强正面宣传报道，教育影响身边的学生，发挥出朋辈教育的作用。"环"，一方面将实践育人取得的成果凝练升华为理论知

识，再次指导实践，形成从理论到实践、再从实践到理论的无限循环的螺旋式上升的教育格局；另一方面，实践育人过程中的宣传报道，营造出浓厚的育人氛围，打通了家庭教育、学校教育和社会教育的传统闭环，有利于发挥出各方育人的合力。实践证明，实践育人五步工作法是一套可借鉴、可复制的育人方法，转变了传统的育人观念，提高了大学生思想政治工作的针对性和实效性。大学生在实践中获得体悟，树立了远大理想，更加坚定了信念，取得显著的育人成效。单从实践参与率指标来看，实践参与率大大提高，多次实践参与率也大幅上升。笔者所带的197名学生在开展实践育人以来，实践参与率由原来的不足40%提高到现在的90%多，多次实践参与率由原来的10%左右提高到30%。但是在基层班团实施过程中也遇到很多问题，比如实践育人易形式化，经常为了实践而实践，缺乏教育的针对性，另外，实践育人的运行、保障和评价等机制也不健全，典型案例挖掘和宣传方面也较薄弱等，这些不足和问题需要在下一步的工作中有针对性地解决。

思想政治教育只有融入大学生的生活中才符合教育的本质属性，脱离生活实际和社会实践，单凭依靠理论教育，是无法实现教育根本目标的。实践育人作为高校十大育人体系之一，是新形势下加强大学生思想政治教育工作的重要途径，是符合马克思主义实践论、人才培养规律等基本理论的科学的育人方式，也是打通"三全育人"最后一公里的有效举措。未来，高校需要从校内校外协同育人的角度做文章，激发出实践育人的最大潜能，践行立德树人使命。

三、高校志愿服务实践育人的应用研究

大学生志愿服务作为高校实践育人的有效载体，在践行社会主义核心价值观、培养时代新人、弘扬时代新风尚方面发挥了重要作用。新冠疫情发生后，无数的大学生志愿者冲向抗疫一线，在真正的战"疫"中接受锻炼，经受严峻的思想洗礼和考验，用实际行动践行和弘扬了奉献、友爱、互助、进步的志愿精神。那么，疫情防控常态下如何抓住战"疫"这一教育契机，深挖志愿服务过程中的育人元素，用战"疫"的精神力量激励青年，用战"疫"中的志愿精神鼓舞青年，让志愿服务在大学生中蔚然成风，化为激励大学生成长的精神动力，成为高校志愿服务实践育人研究的热点。本书通过剖析志愿服务的内涵，探讨志愿服务在高校育人工作中的价值意蕴，从提高志愿服务意识、激励和保障志愿服务行为、培养志愿服务精神、培育志愿服务文化四个方面提出了高校志愿服务实践育人路径

的优化策略。

（一）相关概念界定

志愿服务是志愿者奉献爱心、传递善意的重要渠道，是人类社会所共有的精神追求和实践活动，是社会文明进步的重要标志，是一项载入史册的伟大事业。有关志愿服务的概念，学术界的观点各有侧重。国外学者较有代表性的，如美国的Barker认为志愿服务是为追求公共利益而提供的服务，英国学者Bills和Harris，将其定义为一种有组织的利他行为，另一位英国学者Dunn将志愿服务定义为出于社会公益责任的自愿行为，具有无偿利他、非强迫参与等特点。而在有些组织机构和政策性法规文件中也对志愿服务的内涵进行了阐释，如联合国科教文组织将志愿服务定义为一种利他行为，是人们在正式（非私人）场合中，在一段时间内自愿、无偿地贡献自己的时间和专业技术。《北京市志愿服务促进条例》中将志愿服务界定为自愿、无偿地服务他人和社会的公益性活动[1]。

国内学者丁元竹[2]在《志愿活动研究：类型、评价与管理》中指出，志愿服务是指任何人自愿贡献自己的时间和精力，在不为物质报酬的前提下，为推动人类发展、社会进步和社会福利事业所提供的服务。尽管国内外专家学者和组织机构对志愿服务的内涵界定不尽相同，但是对志愿服务的理解具有一致性，即将自愿性、无偿性、利他性和公益性等作为志愿服务的基本特征，依据这些特征作为评判是否志愿服务的标准[3]。综合学者们的研究，笔者将志愿服务定义为，任何个体或者组织不以获得物质报酬为前提，自愿贡献时间、精力、专业技术和集体智慧等，为帮助他人、服务社会，推动社会进步和人类发展所提供的服务。从本质上讲志愿服务是公民参与社会建设与社会治理的一种重要方式，也是社会公共服务的一个重要组成部分。志愿服务的构成要素主要包括志愿精神、志愿者、被服务对象、志愿行为和载体。大学生志愿服务是指大学生不以获得报酬为目的，自愿奉献时间、智力、体力、技能等，帮助他人、服务社会的行为。大学生参与志愿服务，从自身层面来说，他们不计报酬，自愿贡献了个人的时间和精力，为推动社会发展和人类进步提供志愿服务，为社会主义和谐社会的建设献出了自己的一分力量。从道德层面来说，大学生在参与志愿服务过程中所展现出的"奉献、友爱、互助、进步"的志愿精神与社会主义核心价值观相契合，有利于进一

[1] 佘双好. 志愿服务概论［M］. 武汉：武汉大学出版社，2013：3-4.

[2] 丁元竹. 志愿活动研究：类型、评价与管理［M］. 天津：天津人民出版社，2001：1-10.

[3] 陆士桢等. 北京志愿服务模式研究研究［M］. 北京：北京出版社，2009：3-7.

步塑造和完善自身的"三观"，有助于营造浓厚的志愿服务氛围，形成新时代社会的新风尚。

（二）志愿服务在高校育人工作中的多重价值意蕴

近年来，志愿服务的发展突飞猛进，在高校育人方面发挥了重要的载体作用。党的十八大以来，国家先后出台了《关于支持和发展志愿服务组织的意见》和《志愿服务条例》等政策性文件，从制度层面对志愿服务进行顶层设计和整体布局，党的十九大报告再次强调要推进志愿服务制度化。习近平总书记在多次讲话中也强调要大力发展和弘扬志愿服务事业，如在2019年1月考察天津时的讲话中，习近平总书记充分肯定了志愿服务在社会治理方面的积极作用，指出志愿者是为社会做出贡献的前行者、引领者，要主动搭建志愿服务平台，更好发挥志愿服务在社会治理中的积极作用。同年7月，习近平总书记在致中国志愿服务联合会第二届会员代表大会的贺信中指出，要立足新时代、展现新作为，继续弘扬奉献、友爱、互助、进步的志愿精神，以实际行动书写新时代的雷锋故事。党的十九届四中全会提出要健全志愿服务体系。以党的十九大顺利召开为标志，我国志愿服务已经进入新的发展阶段。志愿服务作为一种有效的实践育人载体，在实现高校立德树人根本任务中发挥了关键作用，是大学生接触社会、了解社会、奉献社会的重要途径，是践行社会主义核心价值观的外在体现。

1.志愿服务是高校立德树人的重要引擎

志愿服务的基本特征除自愿性、无偿性、利他性和公益性以外，还有一个非常重要的特征就是教育性。新时代以来，党和国家高度重视志愿服务的发展与建设，从习近平总书记发表的多次重要讲话、与志愿者交谈和给志愿服务组织的回信等中不难发现，志愿服务的教育性主要体现在能够进一步提高志愿者及被服务对象的思想觉悟、道德水准、文明素养和奉献精神，能够激励和影响身边的人去了解志愿服务的意义和价值，进而加入志愿服务的行列为社会贡献，从而提高整个社会的文明程度。志愿服务的教育性与高校立德树人的德育思想具有高度一致性，即为党和国家培养认同和践行社会主义核心价值观、德智体美劳全面发展的建设者和接班人。因此，志愿服务在高校落实立德树人根本任务和助力大学生成长成才方面具有积极的促进作用。在个体价值层面，大学生正处在人生的拔节孕穗期，是世界观、人生观、价值观塑造和完善的关键时期，大学生投身于志愿服务可以收获不同的人生体验、培养新的兴趣爱好、结交志同道合的朋友、提升自己的道德水平、拓展职业规划选择、获得精神上的满足和愉悦、增强社会责任感和使命感等。在社会价值层面，能使被服务对象的需求得到满足、推动社会发展、促进社会的和谐和进步等。

2.志愿服务是高校培育和践行社会主义核心价值观的重要抓手

志愿服务精神与社会主义核心价值观在个体价值层面具有高度吻合性，是高校思想政治工作的重要内容。高校思想政治工作从本质上来说就是以社会主义核心价值观为思想指引，围绕学生、关照学生、服务学生，针对学生的思想实际开展教育工作，随时关注学生的合理诉求、帮助学生化解矛盾摆脱困境、服务于学生的成长成才，不断提高大学生的思想水平、政治觉悟、道德品质、文化素养，使其成为德才兼备、全面发展的人才。要培养担当民族复兴大任的时代新人，高校要做好以下几点：首先，必须在思想上引导学生认同社会主义核心价值观的要义，这正是思想政治理论课的初衷。其次，要在行动中鼓励学生体悟社会主义核心价值观的真谛。最后，要在修炼中激励学生感悟社会主义核心价值观的力量。后两者是传统课堂无法实现的。志愿服务作为青年大学生可以广泛参与的实践活动，成为高校培育和践行社会主义核心价值观实践的有力抓手，它将知识学习与行为体悟融为一体，充分发挥了学生的主体性、能动性。青年大学生投身于志愿服务活动，在融入社会服务中修炼豁达开朗、乐观向上的人生价值，在亲身实践中体悟知行合一、求真务实的学习精神，在贡献个人力量中践行脚踏实地、有为善为的奉献精神，在肩负时代使命中发扬干事创业、开拓进取的担当精神。保持昂扬向上的姿态，以严谨的学习态度、用勤劳的双手积攒智慧，在尊道德、重能力、讲奉献、担责任四个方面共同发力，将个人的梦想融入实现中华民族伟大复兴的中国梦中。

3.志愿服务是高校提高人才培养质量的重要手段

学习贯彻习近平新时代中国特色社会主义思想最终目的和成效就是要把精髓落实到具体行动上。志愿服务作为一种自愿性和公益性的社会服务活动，其中蕴含了丰富的育人资源，不仅能为高校立德树人工作带来新动力，也有利于高校人才培养质量的提高。那么，如何发挥志愿服务的育人价值，不断挖掘志愿服务过程中的育人元素，提高人才培养的质量，成为高校亟须解决的重要问题。首先，要把志愿服务贯穿于思想政治工作始终，增强育人的针对性和实效性。思想政治工作在人才培养中发挥了思想引领、意识建构、行为引导、精神凝聚等重要作用。志愿服务作为体现人类文明程度的新风尚，受到越来越多的大学生追捧。青年大学生主动参加志愿服务从本质上反映了大学生个体思想意识的建立、内化和外化的过程和规律。只有遵循教育的基本规律、思想政治工作规律和学生的成长规律，把枯燥的理论学习与生动活泼的实践体验有机结合起来，才能在志愿服务中推进理念创新、强化价值引领和方法手段创新等，把解决思想问题和学习、就业等实际问题结合起来，增强育人的针对性和实效性。其次，要在开展志愿服务中牢牢把握人才培养的中心地位。人才培养工作始终是高校赖以生存的生命线，唯有遵循教育规律，以质量提升为核心，走内涵式发展道路，才能满足国家和地区发展战略需求，培养的人才在专业、类型、层次等结构方面与经济社会发展的相吻合。围绕人才培养目标，以志愿服务为契机探索创新人才培养模式，在培养体系、课程设置、教学方式、教育管理等方面进行创新探索，促进学生的知识、素质和能力在综合发展中获得提升。最后，以志愿服务为抓手，优化实践育人在人才培养工作中的功能价值。从国家层面来看，志愿服务是实现现代化社会主义国家宏伟目标和中华民族伟大复兴中国梦的重要举措；从社会层面来看，志愿服务是促进社会公平、推动社会融合的重要载体；从个体层面来看，志愿服务是提高其思想觉悟、道德水准、文明素养的指引。[1]习近平总书记高度重视实践在成长成才中的重要作用，曾指出"许多学生正是在社会实践和社会活动中树立了对人民的感情、对社会的责任、对国家的忠诚"。因此，要以志愿服务为抓手，抓好实践育人这个重要环节，构建政府、社会、企业、高校等多主体参与的协同育人机制，引导学生在志愿服务等实践中坚定理想信念、增长知识才干、磨炼意志品质、强化使命担当，真正成长为又红又专、德才兼备、全面发展、能够担当民族复兴大任的时代新人。

（三）高校志愿服务实践育人路径优化策略

1.观念先行，提高大学生的志愿服务意识是加强和改进高校思想政治教育的加速器

志愿服务的前提是自愿，自愿的前提是自觉，自觉的前提是要先建立正确的观念和认知。志愿服务意识是指人们在认知志愿服务和了解志愿服务规则的基础上，根据自己的基本价值观念而产生的参与志愿服务的自觉意识。志愿服务意识的高低最终体现在志愿服务行为上。简单来说，志愿服务意识就是人们参与志愿服务的自觉性，是一种发自内心的愿望，是一种价值观念，是一种主动行为意

---

[1] 陆士桢, 李泽轩. 论新时代中国特色志愿服务的新格局[J]. 中国青年社会科学, 2019, 38卷（5）: 1-8.

识，通过培养和教育可以形成。[1]大学生志愿服务意识是大学生在认知和了解志愿服务规则的基础上而产生志愿服务的自觉意识。培养大学生的志愿服务意识是高校思想政治教育的重要内容，对于大学生的成长成才意义重大。事实上，高校开展思想政治教育的途径有很多种，比如，课堂讲授、理论宣讲、谈心谈话、座谈、主题教育和实践活动等，但这其中能立竿见影的只有实践。

志愿服务作为一项在社会实践中锻炼人、培养人和塑造人的高尚事业，是德育理念回归生活的生动实践，也是高校思想政治教育追求的最高目标。其一，志愿服务意识升华了大学生品德修养的新境界。志愿服务作为一种超越一般道德水准的高尚行为，成为青年大学生追求的新风尚。通过参与志愿服务，有利于丰富大学生原有的道德认知，提高其道德判断力，重新建构道德的新追求和新标准，从而不断提升个人品德修养的新境界。其二，志愿服务意识增强了大学生的奉献意识。志愿服务一经被青年大学生认可，便成为其不可或缺的实践选择。从暑期"三下乡"到"大学生志愿服务西部计划"，从日常的帮扶弱势群体到服务大型赛事、救急救灾等，志愿服务呈现多样化、复杂化、专业化等的发展趋势，但是这丝毫没有阻挡大学生参与志愿服务的热情和积极性。大学生通过参与志愿服务，在帮助他人、奉献社会中综合素质能力得到锻炼，增强了社会责任感，认清了个人价值与社会价值的关系，奉献服务意识得到较大提升。其三，志愿服务意识缩短了大学生与社会之间的空间距离。大学生参与志愿服务活动的过程，既是主动认同志愿服务精神并将其与日常生活实践相结合的过程，也是积极参与社会活动、融入社会生活的过程。传统的学理教育往往只注重对学生系统理论知识的传授，而忽视了行为习惯的养成。马克思主义人学理论认为，人是自然人，更是社会人，人具有自然和社会双重属性，这种脱离社会而单纯地塑造自然人的教育是不可取的也是没有效果的。列宁也曾强调实践教育的重要性，指出与实际生活相脱离的培养和教育，是不会被信赖的。习近平总书记曾指出，本领不是天生的，是要通过学习和实践来获得的。因此，新时代大学生参与志愿服务活动，主动搭建了校园生活与社会生活沟通的桥梁，弥补了学校实践教育的缺失，在为他人服务的过程中，既锻炼了自身创造能力，又用自己的所学回馈社会，彰显了新时代青年的责任与担当，在实现个人人生价值中找到存在感和归属感，这正是加强和改进高校思想政治工作的初衷。

---

[1] 陈少君. 志愿服务：和谐社会的集体意识——试析志愿服务意识及其成长模型[J]. 社会工作，2010（01）：59-61.

2.践行为本，激励大学生的志愿服务行为是高校落实立德树人根本任务的助推器

习近平总书记指出："要坚持不懈培育和弘扬社会主义核心价值观，引导广大师生做社会主义核心价值观的坚定信仰者、积极传播者、模范践行者"[1]。青年不仅是践行社会主义核心价值观的重要主体，也是追求自我实现和人生出彩机会的主体力量。要积极发挥激励功能，通过主题宣讲、社会实践深化青年对志愿服务的认知，形成从道德认知、情感认同到亲身躬行的行为逻辑，让他们形成和树立良好的道德感与价值观。不以追求回报为目的的付出，其存续动机、时间、意义值得考究，因此，志愿服务的深入发展需要有完善的激励机制做保障。以美国为例，他们的"储蓄式"激励制度在激发志愿服务的积极性和主动性方面值得借鉴，即将物质奖励、精神奖励和参与管理激励等方式相结合，提供志愿服务与优先享受志愿服务相结合，形成付出、积累、回报爱心储蓄的良性循环模式。[2]高校立德树人的出发点和落脚点是培养有强烈的社会责任感、勇于探索的创新精神和善于解决问题的实践能力，能够随时服务国家、服务社会、服务人民的时代新人。新冠肺炎疫情发生以来，广大青年志愿者积极响应号召，充分发挥共青团生力军和突击队作用，主动服从服务战"疫"大局，活跃和建功于疫情防控阻击战的救治前线、关键要塞、基层防线、外围增援等各环节，为战"疫"胜利贡献了源源不断的青年力量，充分展现了新时代中国青年志愿服务奉献、友爱、互助、进步的良好精神风貌。在疫情的大考中，青年大学生主动请缨、尽己所能，在志愿服务中向党和人民交出了合格答卷，用实际行动诠释了立德树人使命的真谛，证明了他们是有理想、有本领、有担当、堪当大任的新时代青年。

3.情怀为上，培养大学生志愿服务精神是高校为党和国家培养社会主义建设者和可靠接班人的孵化器

志愿服务精神的培养是高校思想政治教育的中心环节，对于青年大学生成长阶段个人价值观的确立及社会价值的彰显具有重要意义。教育部在《关于深入推进学生志愿服务活动的意见》中指出，"高校要把志愿精神作为进一步加强和改进大学生思想政治教育的重要内容，纳入思想政治理论课教育教学[3]。"志愿服务精神不仅是志愿者个人的价值取向，也是人类共同的精神财富。志愿服务作

[1]　把思想政治工作贯穿教育教学全过程开创我国高等教育事业发展的新局面［J］.中国高等教育教育，2016（24）：5-7.

[2]　上海市志愿者协会等.志愿服务与社会治理［M］，上海：上海书店出版社，2015：26.

[3]　陈志远.志愿者服务视域下高校思想政治教育实效性探析［J］.学校党建与思想，2015（2）：33-34.

为实践育人的一种有效的载体，具有天然的育人优势。其一，志愿服务精神的德育思想与思想政治教育核心理念高度契合。其二，志愿服务精神的价值诉求与思想政治教育功能同向同行。其三，志愿服务精神的社会属性与立德树人的根本任务水乳交融。志愿服务精神作为人类美好的精神追求，对社会主义建设具有重要作用。大学生通过参与志愿服务，增加了解社会和接触社会的机会，能最大限度地激发个人潜能，在人格塑造过程中提高社会认同感，有利于加强公民权利和责任意识，也能使大学生的公民意识和公共精神得到培养和提升。习近平总书记考察天津时寄语南开大学师生，只有把小我融入大我，才会有海一样的胸怀，山一样的崇高。因此，大学生只有参与到志愿服务中才能践行和深悟奉献、友爱、互助、进步精神的难能可贵，才能始终把爱国情怀放在行动的首位，激发持续奉献社会、服务社会的潜能。

4.熏陶为基，培育志愿服务文化是高校参与社会发展、创新社会治理的稳定器

文化是人类历史发展到一定阶段的产物，伴随人类的活动而产生，为人类所特有。文化的内涵有狭义和广义之分，广义上的文化是一个范围宽广的系统，是在人类活动中产生的包括物质层面、精神层面、制度层面、行为层面的一个集合体，是人类通过实践所创造的一切成果的总和。狭义上的文化通常是实践活动在意识层面上体现出来的结果。志愿服务文化是伴随着志愿服务实践过程形成与发展的一种文化，与狭义上文化的内涵相近，但是如果把志愿服务文化局限于狭义层面即精神层面，势必限制了志愿服务文化的发展。事实上，志愿服务文化首先是物质层面的，如志愿标识、志愿服装等；其次包括制度层面的，如志愿服务的相关规章制度；再次是意识形态层面的无私、奉献等的高尚志愿精神；最后是行为层面，如志愿服务活动与志愿活动参与主体志愿者等。

中国特色志愿服务文化是在中化优秀传统文化的滋养下，与中国具体实践相结合的产物，是对雷锋精神的传承与升华，是中国精神的诠释。志愿服务文化无论对个体还是整个社会都具有重要的功能价值，一方面，志愿服务文化有助于培育个体的奉献精神和服务意识，提升公民精神，满足个体的精神需求，实现个人的社会价值；另一方面，志愿服务文化为国家治理和构建和谐社会提供精神支撑。"帕特南在《使民主运转起来》一书中提出了其经典的社会资本理论，他认为在社会活动参与过程中产生的信任和网络以及逐渐形成的互惠性规范，使得政

府的治理绩效显著提升。"[1]在志愿服务文化潜移默化的影响下，公民能自发自觉地参与社会志愿活动，志愿为社会贡献自己的力量和服务。在志愿活动中逐渐打破封闭的人际交流圈和互不信任、冷漠的人情状态，通过互助、有爱的志愿精神赢得互相的尊重和信任感，有助于缓和居民之间的矛盾，从而为基层治理带来便利，减少基层治理中的矛盾压力。

在志愿文化的熏陶和感召下，大学生自愿加入一些志愿组织，提供一些力所能及的公共服务。同时，通过高校之间的沟通传递方便的天然关系，可以链接更多的社会力量投入志愿服务，不断壮大和创新高校参与基层治理的队伍。一是志愿服务将大学生志愿者个体与社会进行有效链接，志愿者通过志愿服务直接作用于社会发展；二是将高校与政府和社会进行有效连接，在政府的监管和引导下承担起部分公共职能；三是通过各高校之间志愿者的传递将政府、企事业单位和社会连接起来，聚集丰富资源，有效发动多方力量参与社会治理。

---

[1] （美）罗伯特·帕特南等. 使民主运转起来现代意大利的公民传统［M］. 王列等译. 北京：中国人民大学出版社，2014：211-233.

第五章　应用型本科高校实践育人的价值评定

近年来，党和国家高度重视实践育人在人才培养环节发挥的独特作用，在理论和实践层面均取得显著成果。实践育人在不断加强和改进中，谋求创新发展，与其他育人手段深度融合，取得了良好的实效。无论是师生、学校还是社会，都对实践育人的价值进行了客观评定，充分肯定了成绩，但对于仍然存在的问题也表现出比较明显的担忧。本部分内容通过收集整理实践育人三方价值评定的状况，梳理问题的根源及困惑，为下一步构建和完善实践育人的体制机制提供参考。

一、应用型本科高校实践育人价值的师生评定

应用型本科高校实践育人价值的评定是实践育人科学、系统、深入发展的重要参考，也是事关应用型本科高校持续走内涵式转型发展路子的动力来源。教师与学生作为参与主体，对于实践育人的价值有直接的发言权。本部分从理论研究和实践体验的角度分析了师生的认知、实施和成效评定现状，为下一步加强和改进实践育人在应用型转型发展中发挥更大作用奠定基础。

（一）认知评定

甘霖在著作《高校实践育人研究》中采用调查研究的方法从高校师生对于实践育人的认知、参与、评价以及实践育人运行的保障机制四个维度进行了考察研究。[1]遵从其研究结果，在认知层面，关于教师对实践育人相关政策了解程度，调查结果中了解与不了解基本各维持在50%左右。关于对实践育人地位的认知，绝大多数教师和学生对实践育人地位的认知比较充分，教师认为实践育人是高校人才培养的重要环节，学生普遍将实践视为个人成长的必由之路。关于对实践育人作用的认知方面，对比教师和学生发现，两者均肯定了实践在高校人才培

---

[1]　甘霖.《高校实践育人研究》[M].北京：人民出版社，2015：121-143.

养中的作用，认为实践能够提高教育质量，促进人的全面发展，提升大学生的综合素质和道德品质。综合整个认知评定过程发现，教师和学生对实践育人政策、地位和作用的认知尽管具有一定的趋同性，但是两者的认知仍然存在差异性，这个差异性来源于实践育人双主体的教师和学生的主体间性。按照主体间性的哲学理论[1]，认为实践育人主体间性的实质是在育人过程中，教育者（教师）与受教育者（学生）相对于教育内容、教育环境等共同客体形成的主导与被主导的主体间关系，他们之间的关系转向受制于双方已获得的信息、已有的知识水平和经验，两者均因对共同客体的独立认识与改造，形成各自关于客体的视域而产生相应的行为反应。

（二）实施评定

目前，高校实践育人主要实施主体是党团组织，确切来说主要是团组织。团组织通过指导社团活动、"三支一扶"、志愿服务等社会实践活动，履行实践育人的职责。除此之外，各院系各专业结合学生专业学习开展的实验、实习、实训与参观调查，校院（系）组织的各类文体活动，班集体活动等，都是大学生实践的基本形式。其责任主体除了党团干部外，还包括专任教师、辅导员、班主任、学生干部等。实践育人的目标是促进学生学以致用、知行合一，培养践行社会主义核心价值观的意识、能力和习惯。按照中共教育部党组印发《高校思想政治工作质量提升工程实施纲要》的要求，扎实推动实践育人，要坚持理论教育与实践养成相结合，整合各类实践资源，强化项目管理，丰富实践内容，创新实践形式，拓展实践平台，完善支持机制，教育引导师生在亲身参与中增强实践能力、树立家国情怀。通过建立多种形式的社会实践、创业实习基地，开展大学生暑期"三下乡""志愿服务西部计划""牢记时代使命，书写人生华章""百万师生追寻习近平总书记成长足迹""百万师生重走复兴之路""百万师生'一带一路'社会实践专项行动"等项目，分类制订实践教学标准，实施"大学生创新创业训练计划"，构建"党委统筹部署、政府扎实推动、社会广泛参与、高校着力实施"的实践育人协同体系，培育建设一批实践育人与创新创业示范基地。

笔者作为实践育人参与主体的一方，通过七八年的实践经历来看，实践育人在高校的实施情况呈现形式多样、整体良好的趋势。按照学校的目标定位开展实施，主要有激励式、引导式和自助式；按照育人主体开展实施，主要包括党政

---

[1] 董雅华等. 思想政治教育过程的主体间性及其"大数据"技术依托[J]. 河海大学学报（哲学社会科学版），2019，21（04）：1-6.

团学等行政教师主导式、专业教师主导式、工勤人员主导式等；按照实践育人主要形式开展实施，主要包含依托军事训练、创新创业、志愿服务、社会调查、勤工助学、主题教育等与大学生相关联的教育实践活动实施。由于实践育人涉及的责任主体较多，各类主体的协同制度缺乏，导致实践育人实施过程存在不完整和不顺利的现象。实践育人与十大育人体系中的其他育人方式，如课程育人、科研育人等缺乏有效沟通和协同，在实施实践育人过程中的重点应该是着力促进各类育人方式的衔接与协同，努力克服一家独大统揽的不良倾向，但是现实却是各自一张皮，指导教师疲于指导、学生疲于应付。

综上所述，多数师生对于实践育人的实施，抱有支持和主动参与的态度，但是对于实施前的宣传培训，实施过程中的组织、管理，实施后的效果及反馈仍然存在疑虑和困惑，这与实践育人本身的特征具有一定的关联度，因实践育人本身是一个复杂的系统工程，涉及的主体多、环节多、问题多，实施过程中的不确定因素多、潜在问题多。因此，实践育人要在高校育人中真正发挥出显著作用，需要多方努力，积极推进目标明确、过程可控、组织性强、参与度高、注重交流分享和启发引导的体验式教育等实践育人方法的改革，提高实践育人的专业化、科学性和实效性发展水平。

（三）成效评定

关于实践育人成效的评定是一个较为复杂的过程，应按照高等教育评估的一般方法和原则，结合实践育人目标，对已经取得的成果和达到的程度做出合理的价值评定，包含定性和定量的评定。理论界较有代表的研究成果包括，孙小媛在《新形势下提升高校教育社会实践育人成效模式研究》一文中指出，实践育人成效不显著的原因主要是缺乏健全的组织管理体系、缺少落实及跟踪制度。[1]张金辉等在其《基于CIPP模型的社会实践育人成效评价体系研究》一文中，将教育评价模型引入到我国大学生社会实践活动的育人成效评价研究中，通过构建基于CIPP模型的大学生社会实践育人成效评价理论模型、指标体系，为我国实践育人成效评定开拓了一种新的行为范式，实现了"以评促建""以评促改"的目标，从而有效地推动实践育人的改革与发展，更好地满足社会对人才的需求。[2]因此，目前理论方面关于实践育人成效评定还不够深入，多数的评定只停留在定

---

[1] 孙小媛.《新形势下提升高校教育社会实践育人成效模式研究》[J].课程教育研究, 2017（04）: 232.

[2] 张金辉等. 基于CIPP模型的社会实践育人成效评价体系研究[J]. 学校党建与思想研究, 2017（16）: 56-58.

性层次上，缺少与不同实践类型相适应的评价指标和评价体系。笔者通过对参与实践活动的四十余名学生进行深度的访谈，发现实践育人在学生中有较高的关注度和认可度，对实践育人的成效给予肯定客观的评价，普遍反映希望学校搭建平台，多给学生营造实践锻炼的机会，但是也存在一些共性和个性问题。

多数认同与少数否定并存。很多学生对于实践的教育意义有较充分的认知，对实践育人的思想认识较高，普遍认为实践教育应与理论教育相互配合，在知行合一中实现成长成才。但是也有个别学生对实践持有否定态度，经笔者深入访谈发现，他们并不是否定实践本身，而是认为学校组织的部分实践活动过于形式化，甚至带有强迫性质，为了实践而实践，导致学生参与的积极性受挫，育人成效大打折扣。

目标单一与成效复杂并存。由于实践活动的形式多样，但是在某项具体的实践活动中，一般目标设定比较单一。比如，以创新创业类竞赛为载体的实践育人活动中，学校将提高创新意识、培养创新精神等作为育人目标，但是在参与比赛的整个过程中所取得的成效绝不仅仅只有这一个目标，比如可以提高人的团队合作精神、人际交往能力等多方面的综合素质，实质上以创新创业为载体的实践育人活动中所取得的成效是综合的、复杂的。其他实践育人活动也是如此，尽管在实践活动设置之初目标比较单一，但是最终取得的成效目标绝不是唯一的。

过程完整与细节支离并存。长期以来，高校开展的各项实践活动从最初的酝酿、设计、实施到最后的反馈等整个过程趋于完整和成熟，每个环节和流程比较畅通。但是由于缺乏相应的组织、运行、监督、考核等保障体系，对于实践活动开展过程中的很多细节问题处理不及时，导致实践活动的开展出现因小失大等问题，比如，在考核方面，没有形成一套行之有效的考核和激励方式，学生参与的积极性下降，导致发挥不出应有的育人成效。

二、应用型本科高校实践育人价值的学校评定

实践育人是基于马克思主义实践观、教育规律和人才培养规律形成的科学教育理念。实践教育不是课堂教学的补充和延伸，在人才培养中具有独立的地位和作用，其与教书育人、管理育人和服务育人等共同构成高校教育体系。在高等教育中切实践行实践育人理念，是深化高校教育教学改革、培养创新型人才的必由之路。《关于进一步加强高校实践育人工作的若干意见》（教思政〔2012〕1号）文件精神，在高等教育中切实践行实践育人理念，是深化高校教育教学改

革、提高人才培养质量的必由之路。而要真正实现实践育人工作在高校常态化可持续发展，在思想观念上，要充分认识实践育人理念的科学性，明确实践育人在高校教育体系中的独立地位和对于人才培养的特殊意义；在实际工作上，要注重全面规划、统筹安排、整体推进，调整完善培养计划，对大学生实施全员化和全程化的实践教育活动；并要完善学校、社会、学生三方协同机制，建立系统化、全程化、社会化、基地化、项目化"五位一体"的运行机制，以及激励机制和投入保障机制等长效机制。

（一）实践育人是科学的教育理念

从广义上来说，教育是以影响人身心发展为直接目标的社会活动，教育的本质就是培养人的社会活动。马克思主义教育观历来强调"教育与生产劳动相结合"，在马克思看来，实践是人的能动的社会活动，现实具体的人是实践的主体，人在从事改造外在世界的过程中创造价值，实现自身的解放。基于马克思主义教育观，所谓实践育人是指通过有目的的实践活动建立起学生与客观世界的联系，在实践过程中提高知识水平、提升思想道德素质的教育活动。对于高等教育而言，其最根本的使命和最本质的要求就是培养人才。而实践教育作为一种体验性的人才培养模式，对当前高校培养创新型人才尤其重要。

（二）实践育人在高等教育体系中处独立地位

《关于进一步加强高校实践育人工作的若干意见》强调指出，要把社会实践活动与课堂教学放在同等重要的位置，推动大学生广泛参加社会调查、生产劳动、志愿服务、公益活动、科技发明和勤工助学等活动。这就明确了高校的实践教育绝不是课堂教学的补充和延伸，而是具有与课堂教学同等重要性的独立地位。实践教育是一种独特的育人途径和方式，其在人才培养中的功能与作用是其他任何教育不可替代的。因此，应当把实践教育纳入高校教育体系中，创建实践育人与教书育人、管理育人和服务育人协调发展的高校育人新格局。

（三）实践育人是培养创新型人才的必由之路

创新是一个民族进步的灵魂，培养和造就一大批勇于创新的人才，是建设创新型国家的迫切需要，也是高校提高人才培养质量的根本要求。《国家中长期教育改革和发展规划纲要（2010—2020）》提出，全面实施素质教育，必须重视培养大学生的创新精神和实践能力。这不仅为高校素质教育指明了方向，也为创新型人才培养提供了实践依据。加强大学生的创新知识、创新能力、创新思维、创新精神等创新素养的培养，固然是造就创新型人才的重要工作范畴，但是如果离开了实践教育，大学生不能把学习书本知识与投身社会实践相统一，不能把创新思维和社会实践紧密结合起来，就会导致大学生缺失社会实践能力和理论运用能力，那么就不可能真正实现创新型人才的培养目标。换言之，要保证高等教育的质量，实践育人是不可逾越的必由之路。

三、应用型本科高校实践育人价值的社会评定

（一）贯彻了教育与生产劳动相结合的方针[1]

1949年新中国成立时，我国的国内环境虽然整体上是和平解放了，但局部战争还没有完全消除，政治上由于反动派及美帝国主义的大肆攻击，再加上当时的国民整体文化水平比较低，人民群众在思想上容易受到不良影响。所以说，新中国成立之初，由于我国当时的特殊国情的需要，国家教育政策的制定更多的是为了巩固政权和社会主义改造服务，我国的高校人才培养工作主要作用也是巩固政权，维护国家稳定。人才培养工作规划了与工农相结合的发展路线，要求青年学生投身于工厂和农村中去进行实践锻炼，总体上提出了社会主义办学方向，为高校实践育人的发展奠定了基础。通过思想政治上的教育，让广大学生和人民群众清楚地认识到社会主义的优越性，相信中国共产党是真心实意为人民服务的政党，使人民群众积极投身到社会主义建设上来。经过社会主义过渡时期，我国的国内环境趋于稳定，在党的坚强领导下，我国的高等教育事业开始了较大规模的改革，确定了"教劳结合"的教育活动。高校人才培养工作的目标是努力把学生培养成"又专又红"的实践型人才，确立了理论与实际相统一的教学方针，学校教育更多地面向广大工农出身的学生。通过这一阶段的教育政策，我国的政权得到了进一步的加强巩固，国民的文化素质特别是工农群众的文化素质得到了显著提高，引导高校学生参加各种生产劳动型实践活动，树立为工农服务、为人民服务的思想，加深其对社会主义的认识。1956年，在北京召开了关于知识分子问题的会议，周恩来总理做了题为《关于知识分子问题的报告》，目的是继续帮助知识分子进行自我改造，并针对性地提出了三大主要途径：一是经过社会生活的观察和实践，二是经过他们自己的业务的实践，三是经过基本的理论学习。周恩来总理的这次报告在很大程度上对思想政治教育实践活动的开展指明了前进的方向，让我国高校学生和不同领域的专家学者通过理论与实践的学习提高自己的专

---

[1] 王正明等. 对实践教育内涵的认识与思考[J]. 中国大学教学, 2014（2）: 68-71.

业技能和政治觉悟。建国初期的高校人才培养的有关政策，让更广泛的人民群众都可以接受实践活动的教育，而实践活动的开展也很好地针对了当时的国内国外环境，不仅提高了高校学生的政治思想觉悟和从事实践活动的专业技能，更为之后的实践育人发展打下了坚实的基础，是社会主义思想政治教育的创举。

（二）培养了与经济社会发展需求相吻合的应用型人才

应用型教育战略实施的初衷就是化解当前经济社会发展对人才的需求与人才培养之间的矛盾，着力培养满足和适应经济社会发展需要、适应企业发展的"懂理论、强实践"的高素质专门应用技术型人才。应用型本科高校作为应用型教育的主要实施主体，对内主动寻求应用型人才培养的新模式，在实践上做文章，提高学生的实践能力和创新能力，对外通过校企合作、产教融合谋求学校的发展新定位，为服务于地方经济发展做贡献。

（三）在产学研深度融合中为地方经济发展注入新动能

大学生参加社会实践，能够适时有效地调整自我发展方向，提高自身行为与发展的自觉性，并通过对所学知识的运用和思考，自觉调整和完善自己的知识结构，培养和健全自己的心理素质和能力素质。在这一过程中，大学生可以通过自我驱动、自我认知、自我评价等积极反应，将外在知识与能力要求内化成自身素质，并通过自身努力完成外化过程，推动自身的全面发展。

第六章　应用型本科高校实践育人协同研究

一、协同原理

（一）协同的基本概念及协同现象[1]

1.协同的基本概念

协同是指协同作用，这种作用所产生的结果可称为协同效应。所谓协同效应是指开放系统中大量子系统相互作用而产生的整体效应或集体效应。在自然界和社会中存在着结构千差万别的各种各样的系统。在这些系统之间和系统内部，均存在着协同作用。正是在协同作用下，这些系统才得以由最初的"混乱"或"无序"状态，达到或保持"平衡"和"有序"的状态。因此，客观来讲，协同作用存在一切系统中。当在外来能量的作用下或物质的聚集态达到某种临界值时，子系统之间产生相互作用。这种协同作用能使系统在临界点发生质变，实现新的平衡状态。这种转化过程普遍反映着自然界和社会不断发展与演化的机制。

2.协同现象

大千世界尽管千差万别、气象万千，但协同现象普遍存在。不论是从无生命自然界到有生命自然界，还是从夸克、基本粒子到银河系、河外星系和宇宙，甚至是从原始单细胞生物、原生动物到人、人类社会以及各种生物构成的生态大系统，都存在协同现象。正如哈肯所指出的那样，无论是原子、分子、细胞，还是动物、人类，都是集体行为，一方面通过竞争，另一方面通过协同而决定着自己的命运。协同现象从宏观层面可以分为自然协同现象和社会协同现象两大类。自然协同现象随处可见，主要表现为自然界中的各种协同行为，如在水、土壤、阳光的协同作用下产生的各种植物生态群落，由于生存需要形成的动物群落、聚集区的存在等，这些现象都是自然协同现象。人类社会历史发展过程本身就是协同发展的过程。与自然协同现象相比较，社会协同现象包括了人为设定的方案，把人类活动行为的目的及其结果囊括到其中。如家庭、部落、企业、军队、教

---

[1] 潘开灵等.管理协同理论及其应用[M].北京:经济管理出版社,2006:48-58.

会、学校、政府以及各种社会组织等就是人们基于行为活动的目的而协同组建的结果。从社会协同的时空纬度来分析，社会协同现象可分为横向、纵向两种协同模式。横向协同现象是一种最古老、最简单的协同方案，指众多个体共同完成某项工程的协同行为。通过这种协同，人们可以完成一个人无法完成的大规模的工程，也可以由多人分割完成一项工程的各个部分，并由此而达到简化工作复杂度，进而增加其工作效率的目的。如令现代人叹为观止的世界人文奇观——埃及的金字塔、中国的万里长城和都江堰等巨大工程的建造，就是典型的横向协同现象。纵向协同是指一项研究或工程的成果可以协助或实际上有助于以后完成另外某项工程的现象。从社会协同的方式来分析，社会协同现象又分为单向和双向协同两种模式。单向协同现象，是指只为协同参与者的某一方的目的而进行的协同活动。单向协同有协同方和被协同方两部分，协同方是协同的策划者和受益者，被协同方相对协同方而言则是执行者。如社会统治阶级都有自己的任务和目标，要实现任务和目标，就需要各种机构和人员来执行他们的意志。在这一过程中，上层统治阶级是协同方，各种执行机构和人员在广义上来说也属于统治阶层，但相对而言是被协同方，目的是实现统治阶级的意志，这就是单向协同现象。与单向协同相对应的就是双向协同，双向协同是指参与者部分或全部地为自己获益而进行的协同活动。这是人类最普遍的一种协同方式，如组织间或人与人之间的合作就属于这种形式。

（二）实践育人协同的逻辑基础

1.历史逻辑：历史与现实相统一

马克思主义认识论指出，人类是在认识世界和改造世界的过程中生存、发展、变革与创新的，其中主观与客观、认识与实践的关系问题是认识论最根本的问题。实践的观点作为马克思主义首要的和基本的观点，指明生产劳动是实践最根本的形式。从历史逻辑来看，生产劳动的分工与协作就是早期协同的雏形，通过协作将多个人的劳动和能力集合起来，使得整体的劳动比个别劳动简单叠加更有效。教育与生产劳动和社会实践相结合又是马克思主义教育观的必然要求，是贯彻和落实党的教育方针的基本形式，是新时代培养德智体美劳全面发展的中国特色社会主义事业合格建设者和可靠接班人的坚强保证。实践育人是一种倡导在知的基础上突出行的教育意义、在行的过程中深化知的育人理念。与传统的单纯重视理论教育的育人理念不同，实践育人强调知是基础，行是关键，最终达成知行合一、学以致用的教育目的。

2.理论逻辑：传承与发展相统一

马克思主义认为，科学知识在用于生产之前只是一种潜在的生产力，必须依靠教育来实现科学知识的再生产。实践育人正是实现科学知识再生产的有效途径，它不再将教育拘泥于传统的学校小课堂，而将教育搬向社会大课堂，与人类的生产和生活实际建立密切的关系。一方面，通过教育可以快速传递人类已有的科学知识和先进的生产经验，将潜在的生产力转化为现实的生产力。另一方面，在解决生产生活实际问题的过程中能够发现和发展新的科学知识，这些新的科学知识可以进一步指导生产生活，也可以通过教育被进一步掌握和传承，从而再进一步发展生产力。

3.实践逻辑：守正与创新相统一

实践育人是高等教育深化改革和发展的必然产物，诠释了守正与创新相统一的教育理念。守正就是要牢牢掌握前人传下来的理论知识和先进经验这个核心，创新就是要遵循教育的基本规律，利用已有的知识在解决实际问题中大胆变革、推陈出新。如果没有守正，就失去了教育的魂；如果没有创新，就无法解决生产和生活中的难题，教育也就会变成一洼死水，失去了教育的本，久而久之失去再传承和发展的意义。因此，实践育人在坚持守正与创新中不断影响教育水平的高低，也进一步影响人类生产生活和生产力水平的高低。

（三）实践育人协同的前提

高校要构建"三全育人"大格局，建立健全人才培养体制机制，就要树立全心全意协同的意识，做好三个转向和四个方面的协同，确保实现全方位的协同。一是在教育主体上从单转向全。育人工作是教师与生俱来的天职、本职，充分挖掘不同教师岗位的育人要素，将育人职能贯穿其工作始终，实现教与育、管与育、服与育的融合贯通。二是在育人过程上从短转向长。育人工作具有整体性，将育人工作贯穿于学生从入学到毕业的各阶段，覆盖到全校各班级，融入学生学习生活各方面。推进教学、管理、服务等部门协同联动，挖掘育人元素、建立责任清单、强化工作举措，共唱育人合奏曲。三是在育人空间上从点转向体。育人工作要实现由点到线、聚面成体，实现面面俱到、多体联动，推进知识体系教育与思想政治教育有机结合、思想政治教育向各学科有机渗透；建立网上网下正向互动的工作格局，促进网上网下两个教育场的衔接整合。通过四个方面的协同即育人观念、平台建设、制度建设和队伍健设的协同，大力推进学校、社会、家庭一体化育人，拓展丰富家庭教育资源，充分利用社会教育资源，达到多方位合力育人的效果。

二、应用型本科高校实践育人"五员"共同体建设研究

立足应用型本科高校的内涵式转型发展，将应用型人才培养作为一项整体性和系统性工程考虑，通过剖析共同体的概念及思想嬗变，阐述高校实践育人共同体的思想由来、鲜明特征以及构建的必要性和意义，提出"五员"共同体建构策略，为应用型本科高校实践育人深入发展提供理论和实践参考，促进高校的人才培养工作与产业转型升级和创新驱动发展相对接、相融合，有利于培养适应经济发展新常态的应用型人才，为服务地方经济社会发展注入新动能。

（一）共同体及高校实践育人共同体的基本内涵

1.共同体的内涵

"共同体"属于社会学范畴，社会学家曾对其提出了多种界定方式，早在1762年法国思想家卢梭的《社会契约论》著作中就出现过，卢梭基于西方公民社会与民权的角度，阐发了社会公约是政治共同体即利益共同体的组成及其共生共存的维系及利益保障条件。[1]德国社会学家滕尼斯在1887年出版的《共同体与社会》一书中阐释了"共同体"的概念和基本形式，认为"共同体"是建立在人们本能地中意或者习惯制约适应与思想有关的记忆的自然基础之上的群体，是人们在共同利益追求中结合而成的协作组织，是一种主张共同体建立在血缘关系基础之上持久且真正的共同生活的联合体和统一体，包括血缘共同体、地缘共同体和精神共同体三种基本形式。[2]在马克斯·韦伯看来，"共同体就是基于利益平衡或者利益联系的社会行为取向，参与者主观感受到的共同属于一个整体的感觉而形成的社会关系，在这种社会关系中人与自然实现真正的统一。"[3]当今，共同体的概念被越来越多专家学者重视，随着内涵与外延的不断拓展，共同体逐渐演变为关涉个体、集体、民族、国家、人类间关系的复杂结构体，共同体内部成员之间存在较为一致的价值观念和传统，有较高的行为趋同性和共同的奋斗目标。

综上，虽然学者们对共同体的研究各有侧重，滕尼斯倾向于人的自然属性，而马克斯·韦伯则偏重于人的社会属性，但是这本身并无对错之分，只是研究立场不同，当然他们在阐释维持共同体存在的必然条件即共同利益的界定上是

---

[1]　[法]卢梭.《社会契约论》[M].何兆武，译.北京：商务印书馆，2003: 18-21.

[2]　[德]斐迪南·滕尼斯.《共同体与社会》[M].林荣远，译.北京：商务印书馆，1999: 58-70.

[3]　[德]马克斯·韦伯.《社会学的基本概念》[M].胡景北，译.上海：上海人民出版社，2005: 62-63.

一致的。基于此，认为共同体是指由若干相互联系、相互作用的要素在共同条件下、按一定方式组成的相对稳定的统一体，既包括有实体组织的共同体，如国家共同体、区域共同体等，还包括没有实体组织的共同体，如命运共同体、精神共同体、健康共同体等。从内涵可以看出，共同体从本质上来说是一种联合体，构成共同体的共同条件可能为某种目标、价值亦或需求，构成共同体的各要素间彼此相互关联、相互依存、相互影响，且这种要素间的相互关系必然对共同体整体作用的发挥产生深远影响。

2.共同体思想嬗变

（1）城邦共同体[1]

柏拉图的城邦共同体思想主要体现在其老师苏格拉底与不同特点对象的对话中，被后来的学者如尼柯尔斯称为"言辞中的城邦"。柏拉图指出，正义就是城邦中的每一部分为了城邦共同体的整体利益而各司其职、各尽其能。城邦共同体的共有思想忽略了人作为个体独立存在的基本事实，导致人只与作为整体的城邦发生联系。个人只有在城邦的整体中才能存在，获得正义，过上幸福至善的生活，没有家庭和个人地位成为这个共同体的最大缺陷，最终，城邦共同体因自身同质性的要求以及忽略个体多样性的表现导致城邦堕落。当然柏拉图城邦共同体对正义的探索本性仍然被后继者在批判中所传承。

亚里士多德作为柏拉图的学生，他的政治共同体思想是在批判、继承和发展柏拉图的城邦共同体中所体现出来的。亚里士多德认为柏拉图的脱离现实的政治实践活动的哲学王的统治是一种非常错误的理念。亚里士多德的城邦共同体思想认为城邦共同体是自然形成的，承认城邦是倾向于平等、自由的人的合作关系，是以善为自己的最高的目的，在这一个共同体里面存在着不同的人的合作关系。亚里士多德的城邦共同体区别于柏拉图"言辞中的城邦"共同体的重要之处在于它重视共同体的多样性和异质性，城邦是用法律和正义将共同体中的个人联系在一起，不同元素的个体只有遵循法律和正义的原则才能达到完善的目的。

（2）契约共同体

"近代政治哲学之父"霍布斯开创的契约共同体否弃了柏拉图和亚里士多德的城邦共同体的抽象的至高的善，转向了个人在自然状态下的自然诉求，以暴力所造成的死亡的恐惧来取代理性，并将恐惧与理性等量齐观。霍布斯契约共同

---

[1]　邵发军.马克思的共同体思想研究［M］.北京：知识产权出版社，2014：8-13.

体里契约签订的基本前提是自然欲望之公理和自然理性之公理。卢梭契约共同体倾向于关注个人的自由，通过寻找出一种结合的形式，使它能够以全部的力量来保卫和保障每个结合者的人身和财富，这一结合行为产生了一个道德的与集体的共同体，共同体里的每一个与全体相联合的个人仍然像以往一样自由。卢梭在《社会契约论》中指出"我们每个人都以其自身及全部的力量共同置于公意的最高指导之下，并且我们在共同体中接纳每一个成员作为全体之不可分割的一部分。"[1]其共同体思想主要就是其公共人格思想，即把因契约而成立的具有人格意义的共同体作为整体和有机体，其主权者是一个所有的公民自愿转让其所有权利和财富的化身，这种被道德和集体化身的大写的人格主体就是道德人格，是一个思维中的存在，也就是公共意志（公意）。在其影响下个人自觉地服从并选择从而放弃自己的个人意志和集体意志，服从一个作为整体人格的公意。

（3）"真正的共同体"

马克思在吸收和借鉴西方共同体思想精髓的基础上提出并发展了"真正的共同体"思想。马克思对共同体的思考始终与人的生存与发展相统一，认为共同体是一个基于共同利益和共同解放诉求而形成的共同关系模式，这种模式不一定具有实体形式，而是与当时的经济发展相伴而生的生活方式。马克思"真正共同体"是共产主义社会中人类的联合形式，实质是"自由人的联合体"，其思想是立足于历史唯物主义对人类社会的一种历史考察，是全部共同体思想价值的升华，更是人的自由与全面发展和人类解放的终极目标的价值旨归。

3.高校实践育人共同体思想的由来

有史以来，人类对共同体生活的向往和追求从未停止过，无论是柏拉图和亚里士多德的城邦共同体思想，还是霍布斯和卢梭的契约共同体思想以及马克思的"真正共同体"思想，虽然他们所处的时代和社会不同，着眼点也有所不同，但是都蕴含着相同的需求、一致的价值观。随着全球化进程的不断深入，共同体思想在演进中对人的生存与发展的重要意义越来越凸显。党的十八大以来，习近平总书记先后提出"人类命运共同体""利益共同体""合作共同体""网络空间命运共同体""健康共同体"等思想，"共同体"作为整体性发展理念深入人心，发展成效有目共睹。在共同体思想的影响下，高校将共同体发展理念融入立德树人根本任务，在育人理念、模式、机制、体系等方面进行了积极探索，在此

[1]　[法]卢梭.社会契约论[M].何兆武,译.北京:商务印书馆,2005:18-22.

基础上形成并发展了实践育人共同体的内涵，所谓高校实践育人共同体即围绕高校人才培养目标，立足实践，从专业教育和思想教育两个相互关联的层面发力，为有效提升学生的实践能力、创新能力和社会责任感而形成的由各方面力量共同参与、相互协同、共同发挥作用的结合体。宏观上，高校实践育人共同体是对高校实践育人各构成要素及其作用发挥的一种整体性制度设计，其作用在于凝练目标共识、明确责任共担、促进机制共建、实现资源共享等。微观上，高校实践育人共同体是对高校不同目标、内容、形式等的具体实践育人活动的一种综合性价值提升，通过建设课程实践教学共同体、社会实践活动共同体、各类实践基地共同体等多种共同体，不断探索高校实践育人理念、内容、形式、方法等创新的有效形式，从而提升实践育人成效。近年来，国家出台了一系列政策加强实践育人共同体建设。2014 年，教育部提出要实施"实践育人共同体建设计划"，为学生实践搭建平台，提升学生创新实践能力，深化学生对社会主义核心价值观的理解和认识。2017年12月，教育部制定颁布的《高校思想政治工作质量提升工程实施纲要》中要求各高校要整合各类实践资源，强化项目管理，丰富实践内容，创新实践形式，拓展实践平台，完善支持机制，为构建实践育人共同体指明方向。 2019 年，教育部思想政治工作司再次明确提出，着力构建"实践育人共同体"，为高校加快建设"实践育人共同体"提供了重要契机。

（二）实践育人共同体的特征

1.目标的统一性

共同体不是一个静止的系统，而是一个动态相关的协作系统，且真正的协作是在人们追求并实现共同目标的过程中产生的，这个共同的目标具有明确的统一性。实践育人共同体以培育和践行社会主义核心价值观、提升大学生的实践和创新能力和社会责任感为共同目标，要求高校、政府、社会和企业等共同体各要素统一协调资源，积极搭建培育大学生实践锻炼平台，丰富大学生创新实践能力的培育载体，促进育人目标的达成。各育人主体之间具有统一的育人目标，有助于高校找准人才市场需求与人才培养供给之间的契合点，让多个育人主体在统一目标下共同开展学科建设、实践平台构建、储备人才等，达到互利共赢的结果。

2.主体的多元性

高校实践育人共同体，从广义上来说是由政府、社会、企业、学校和学生组成的结合体，从狭义上来说是学校内部由教师、辅导员、班主任、团学党政等行政部门教职工和工勤人员等组成的全员结合体，与"三全育人"综合改革中的全员具有一致性和统一性。无论是广义上的实践育人共同体还是狭义上的实践育人共同体，其主体都是多元的。在实践育人共同体中学生始终处于核心位置，其他育人主体则是围绕学生这个核心，利用自身的职能、资源、组织、实施等优势，以目标共同、利益共赢、资源共享、责任共担、平台共搭、机制共建为主线，密切配合来开展实践育人工作。

3.资源的整合性

就实践育人共同体的组成来看，其组成要素来源和分布具有一定的广泛性，包括政府机构、社会各行各业的组织及个人、企业、高校和家庭等，要素的广泛性决定了其自带或可供调配的资源的丰富性和多样性。这些资源为高校开展实践育人提供了广阔的平台，扩大了育人的视野。同时，共同体的存在使得这些不同资源之间可以进行有效整合，实现资源的优势互补，为高校实践育人提供充足、全面的资源支持，避免了实践育人资源在投入上的短缺以及重复建设等问题。另外，由于共同体的组成已经突破了高校自身的内部限制，使得育人资源的获取和整合被置身于社会大环境中，有利于大学生保持与社会节奏的同步性，增强社会责任感。

4.影响的交互性

实践育人共同体从育人属性来看是一个整体、一个有机结合体，但从构成要素的内部关系来看，各要素之间建立了相互作用、相互关联、相互影响的复杂关系，且这种关系将与共同体相伴共生。从政府角度来看，真正融入实践育人共同体后，有利于了解高校人才的培养过程、质量和面临的困难，促进政府的人才需求与高校人才培养建立密切联系，便于从政策、调控等方面给予支持；从企业的角度来看，实践育人共同体的建立有利于企业了解大学生的实际情况，为高校的人才培养建言献策，为大学生提供实习锻炼的机会，共同把关人才培养的大方向，解决人才供需之间的结构性矛盾；从高校的角度来看，建立实践育人共同体有利于高校吸纳各方资源融入人才培养全过程，摆脱孤军奋战的传统局面，在政策、平台等的支持下，实现立德树人根本任务；从教师的角度来看，构建实践育人共同体有利于教师加强相互交流、相互合作的团队意识；有利于教师形成共同的发展愿景，建立自身的专业发展与学生的全面发展一体化的共识；有利于教师共享各种教学资源，解决因实践经验不足导致的教与学、知与行脱节的现象，促进教师的专业发展，为实现学生的全面发展奠定基础。

5.价值的叠加性

无论是近代意义上的共同体还是现代意义上的共同体，从本质上来说都是一种利益共同体，共同利益是共同体赖以生存和发展的基础，共同体是为实现整体的利益而不是某一方的利益而存在。基于此，高校实践育人共同体就是为提高人才培养质量，满足经济社会发展需求而构建的有机结合体，共同体各方在实践活动中为了共同的目标而奋斗，各得其所、各取其利、实现共赢。目前，多数高校的实践育人多是团学部门牵头组织实施开展，由于团学部门人手不够、动员教师和学生参与能力有限等多种不利因素的存在，导致育人效果普遍偏低，有的干脆流于形式，强制学生参加，不利于学生的主体性发挥。构建高校实践育人共同体就是立足育人价值来破解育人成效问题，通过将各育人主体集聚在一起，从实践活动的整体设计、实践平台的甄选、学生参与度、教师指导水平等多角度出发，通过有效地沟通、协作、管理与保障等措施，突出学生在实践中的主体地位和核心地位，共同构建实践育人模式，实现不同育人要素之间的有机整合，利用各育人主体之间的内在联系建立直接的合作关系，通过借鉴和发挥不同育人主体的资源、协调和配合等独特优势、实现育人价值的有效叠加和最大化，这也是实践育人工作得以持续深入发展的根本原因。

（三）应用型本科高校构建实践育人共同体的必要性和意义

2018年4月厦门大学"洁洁良"事件曾在高校人才培养中引起涟漪，从当事人田佳良的履历来看，本科时的她是名副其实的"优秀学生"、集学生会干部、党员、各类奖学金获得者于一身的"好学生"，但是正是这样在别人眼里高学历高知识的光环下藏匿着其肮脏的一面，从该事件爆发到后续本人的处理态度来看，她的辱骂甚至谩骂不是来自一时的冲动，而是骨子里就是那种低素质，映射出部分高校大学生存在高知识低素质、高学历低能力等结构性矛盾。现阶段，我国高校的人才培养存在发展不平衡不充分等问题，高校要改变这种与社会经济发展需求的矛盾问题需要从根源上寻求解决方法，即立足高校长远发展和人的全面发展，根据社会经济现状，做好顶层设计，协调整合各方资源，使一切与育人有关的积极因素得到有效整合、汇聚，形成强大育人合力，并力求优化各方因素的发力点，使得这个合力在区间范围内向最大值靠拢，在高校想要找到行之有效的方式实现这样的整合并非易事，构建实践育人共同体就是基于要素整合、资源聚合的角度而提出的。

1.构建实践育人共同体是贯彻落实我国应用型教育发展战略的风向标

应用型教育发展战略是立足我国国情，借鉴国际科学的教育理念和经验，谋求解决我国教育发展中面临的问题，推动教育改革往深里走、往实里走，发展具有中国特色社会主义的现代高等教育的一次尝试。其中，以应用型本科教育为主，即通过培养具备深厚的理论基础、掌握科学的研究方法、具有跨学科或行业的视野或思维、精通某一行业的专业知识并能够解决该行业的具体生产问题的应用型本科人才来提升教育质量，满足经济社会的发展需求。潘懋元认为，"应用型大学培养的是适应社会需求的应用型人才，其知识、能力、素质结构具有鲜明特点，理论基础扎实，专业知识面广，实践能力强，综合素质高，并有较强的科技运用、推广、转换能力等。"[1]应用型人才的培养不同于学术型（研究型）和复合型（技能型）人才培养，按照国家高等教育整体结构调整及人才分类培养的主导性意见，应用型本科高校必须高度明确自身的办学定位，合理创新、有效实践，探索符合应用型人才培养的新模式，以满足地方经济社会的发展需求。长期以来，随着我国高等教育改革的不断深入，应用型本科高校的转型发展逐步陷入瓶颈阶段。究其原因不难发现，地方政府、高校以及企业之间在高校的办学上没有达成一致，无法形成"合力"，缺乏政府的管理指导和企业的参与帮扶，导致高校的人才培养工作与经济社会发展脱节，最终暴露出毕业生无法就业与企业人才招聘受阻相互矛盾的尴尬局面。因此，应用型本科高校寻求构建实践育人共同体，不但有利于学生积极参与社会活动、检验学识，而且也是高校贯彻落实应用型教育发展战略的重要举措，有利于提高高校毕业生的就业率，促进高校内涵式应用型转型发展的深入推进。

2.构建实践育人共同体是加强和改进大学生思想政治教育的指南针

高校作为人才培养的重要基地，承担着大学生思想政治教育的重任，包括对学生进行政治观、道德观、世界观、人生观、价值观等的教育。但是受传统教育观念的影响，大学生思想政治教育存在重理论轻实践、重传授轻体验等问题。尽管很多高校已经意识到这些问题并采取措施加以避免，但是大学生思想政治教育针对性和实效性不强等突出问题始终无法完全化解，造成学生知行不统一、理论与实践相分离的状况频出。实践对培养受教育者的思想品德具有极其重要的作用，对塑造大学生良好的思想道德素质、增长才干不可或缺。大学生只有亲身

---

[1] 潘懋元.略论应用型本科院校的定位［J］.高等教育研究，2009（5）：35-38.

投入到实践中，在实践中体悟社会、磨炼品德、勇担责任、增长才干，才能获得全面发展。构建实践育人共同体是正确把握实践育人的本质，遵循大学生的品德内化规律、成长规律，激发学生作为主体的内在需要，让学生在实践中将"知""情""意""信""行"融入自我成长与发展的整个过程，这也正是高校思想政治教育的应有之义。

构建实践育人共同体是提高高校人才培养质量、促进人的全面发展的密码器

人的自由全面发展理论是马克思主义理论的重要内容，马克思主义认为，人的自由发展是"建立在个人全面发展这一基础上的自由个性"的发展[1]，也即"人终于成为社会结合的主人，从而也就成为自然界的主人，成为自身的主人——自由的人"[2]。人的全面发展是"人以一种全面的方式，也就是说，作为一个完整的人，占有自己的全面的本质"[3]，这里的全面包含人的需要、素质和能力以及社会关系三个维度。实现人的自由全面发展是马克思主义的核心价值，是社会主义社会的理想追求和最高原则。马克思、恩格斯还认为只有在真正的集体中人的全面发展才能实现，并指出："没有共同体，这是不可能实现的。只有在共同体中，个人才能获得全面发展其才能的手段，也就是说，只有在共同体中才可能有个人自由。[4]"马克思主义关于人的自由全面发展理论为当前高校人才培养的目标、方向和质量提供了坚实可靠的理论依据。作为实践育人共同体中处于核心地位的学生，在参与实践活动的过程中其主体性得以释放和发挥，有利于尊重和满足学生的需要，促进其能力与素质的提高，在平衡和维持社会关系中获得综合素质能力的全面提升。

（四）应用型本科高校构建实践育人"五员"共同体的策略

实践育人是一项复杂的系统工程，需要多方配合与努力，才能实现育人目标。就像一座壮观宏伟的建筑物，需要经过精心设计、准备所需原材料，在管理人员和监理人员的组织协调和监督配合下，经过施工人员一步一步建造起来，少了其中任何一方，这座建筑只能躺在设计图纸上，或者仍然只是一堆原材料。对于培养应用型人才的高校来讲，选择实践育人的人才培养模式是走内涵式转型发展的内在需要。因此，就像完成一座壮观宏伟的建筑物那样，应用型本科高校亟

---

[1] 马克思, 恩格斯.《马克思恩格斯全集》(46卷). 北京: 人民出版社, 1956: 104.

[2] 马克思, 恩格斯.《马克思恩格斯全集》(3卷). 北京: 人民出版社, 2009: 566.

[3] 马克思, 恩格斯.《马克思恩格斯全集》(42卷). 北京: 人民出版社, 1979: 123.

[4] 张富文. 试析马克思人的自由全面发展理论 [J]. 北华大学学报(社会科学版), 2012, 13 (04): 117-121.

须构建实践育人"五员"共同体，以实现应用型人才培养这一"宏伟"目标。

1.诚聘设计员：有效发挥政府的顶层设计和决策协调职能

应用型本科高校作为高等教育深化改革的产物，是支撑地方经济发展的重要力量。地方政府应高度重视并将其列为政府重点支持项目，做好发展规划的顶层设计。辅助高校整合社会各方面的力量，指导和支持地方应用型本科高校办学。把高校实践育人纳入各地方政府的工作项目中，充分利用政府的决策和协调职能，在资源、宣传、政策等方面给予大力支持。政府各部门内部也要统一协调，齐抓共管，有效整合实践育人资源，推进实践育人工作落实落细。积极鼓励社会上各类企业高校敞开方便之门，给大学生提供实践训练的平台，解决高校大学生缺乏实践平台的问题，有效整合并充分利用各方资源促进高校开展实践育人工作。

2.配足材料员：着力提升社会参与积极性

高校实践育人普遍面临的最大困难就是资源匮乏问题，国家应站在统筹全局的角度，本着"资源共享、优势互补、平等互惠、相互促进"的原则，有效解决各院校资源分布不均、资源总量有限、资源构成差异等问题。应用型本科高校要实现内涵发展就需要与行业企业建立密切联系，采取政策引导的方式，满足企业的发展需求，鼓励和动员广泛的社会力量参与进来。一方面，高校能够了解企业对人才的真实需求，培养真正为企业所用的人才。另一方面，高校可以利用企业的资源解决实践育人场地不足、平台匮乏的困惑，顺利实现应用型人才培养目标，不断提升实践育人水平，推动高等教育改革向纵深发展。

3.精雕策划员：全方位激发育人的内生动力

高校作为实践育人工作实施主体，要立足本校实际，进行全方位策划和布局，动员校内全部力量真正参与进来，通过满足平衡各方的需求，实现育人的共同愿景。虽然高校承担着人才培养、科学研究、社会服务、文化传承创新和国际交流等五项职能，但其中人才培养仍然居于中心地位。实践育人作为高校实现应用型人才培养目标的必然选择，必须围绕立德树人这一根本任务，通过集聚校内外各方面力量共同参与、共同发挥作用，对内满足师生的需求，对外兼顾满足政府、社会和企业的需要，通过全方位激发各方力量的内生动力，促进大学生积极参与实践活动，走进社会、了解社会，在实践体验中全面提升综合素养，满足社会对应用型人才的需求和大学生自身成长成才的需要。

4.用好质检员：激励企业参与育人过程、把关育人质量

衡量应用型本科高校人才培养质量高低的最佳指标不是就业率，而是用人单位的反馈。因此，要提高应用型人才培养质量，需要让企业参与进来，当好人才培养的质检员。然而，现实却是企业参与把关高校育人过程和育人质量的积极性不高，这是因为在这个过程中企业因受益程度不高，不愿意把时间和精力花在暂时不能实质见效的地方，大部分企业对校企合作不太抱有希望，其中的主要原因在于，企业以盈利为目标，而在校企合作的过程中，企业的获益不高，甚至毫无盈利，致使企业参与校企合作的积极性受挫，因而不愿参与校企合作，更不会帮助高校把关人才培养质量。因此，高校要切实加强校企合作的力度，就要站在企业的立场，满足企业的需求，比如，聘请企业的技术人员担任专业导师，鼓励教师下企业锻炼等请进来和走出去相结合的方式激励企业参与到高校人才培养工作中来，从而提高人才培养质量。

5.调动施工员：广泛动员师生积极参与

传统教育模式下师生角色地位界限分明，教师灌输知识，学生被动接受知识，教师是学习活动的监督者，学生是受监督者，师生关系处于二元对立的状态，教师利用制度纪律约束学生，学生想方设法逃避约束，双方的关系表现出紧张对立和矛盾冲突状态。实践育人与传统理论教育不同，因为实践的本质是平等、独立的主体之间的一种交往过程，无论是起主导作用的教师，还是作为学习主体的学生，双方在相互尊重、相互欣赏中，平等而主动地交往。师生作为实践育人主要的参与方，是关系育人质量的关键因素。事实上，早已习惯了传统教育模式的教师仍然抱着因循守旧的理念，他们有的甚至把实践育人等同于理论教学的补充和延伸，导致实践育人收效甚微。因此，高校要立足师生的发展需求，要从根本上转变师生的理念，帮助他们尽快适应新角色，积极参与实践育人，促进育人目标的实现。

三、应用型本科高校实践育人协同机制研究

改革开放以来，高校实践育人工作取得了突飞猛进，理论和实践方面取得了骄人的成绩，增强了大学生服务祖国和人民的社会责任感、实践和创新能力大幅提升，进一步增强了实践育人的实效性，不断推动高等教育内涵式发展。尤其是党的十九大以来，面对新时代大背景，机遇与挑战并存，高校实践育人将迎来新一轮的发展契机。尽管实践育人工作取得了很多成绩，但是仍然暴露出许多不

足和问题，比如，重口号，轻实施；重形式，轻实效等。究其背后的原因，实践育人是一个复杂的系统工程，涉及的育人主体多、平台少；要素多、联通少；资源多，共享少等。总结归纳发现，高校实践育人机制方面仍然存在短板，尤其是协同机制欠缺，导致实践育人功能价值发挥不理想，达不到应有的育人效果。

（一）高校实践育人的协同立论依据

1.马克思主义认识论和实践观

实践观是马克思主义认识论首要的和基本的观点。马克思主义认识论认为，一方面，实践促成了人类认识的系统发生，实践对认识的发生起着决定性作用。另一方面，实践不仅是认识的来源和目的，又是认识发展的目的和归宿。人类认识的直接目的是为了获取真理，而最终目的是为了指导实践。马克思主义认识论表明，理论知识只有通过实践才能得到真正的检验，也才能体现理论知识的价值和意义。由此可见，马克思主义认识论指明了知与行是辨证统一和协同共进的共生关系。大学生正处于世界观、人生观和价值观形成的关键时期，更需要在科学理论的指导下，通过实践深化自己的思想认识，实现自己的价值，进而在实践中认识自己、提升自己、完善自己。总之，马克思主义认识论强调了理论与实践相结合的重要性和必要性，以及实践在人的发展过程中的重要作用，为高校实践育人提供了理论依据，完善和成熟了育人思想和观念。

2.一般系统论[1]

系统论的思想源于人类的社会和生产实践，是人类认识世界和改造世界的经验总结。在系统论思想的实际发展过程中最为重要的是奥地利理论生物学家I.V.贝塔朗菲于1937年提出的"一般系统论"思想。贝塔朗菲批判地继承前人的机体论思想，把协调、秩序、目的性等概念用于研究有机体，进而形成了自己的关于系统的一些基本观点：

（1）整体观点：认为一切有机体都是一个整体，一种在时空上有限的具有复杂结构的自然整体。他认为："复杂现象大于因果链的独立属性和简单总和。解释这些现象不仅要通过它们的组成部分，而且要估计它们之间联系的总和。有联系的事物的总和，可以看作具有特殊的整体水平的功能和属性的系统。"他已经把系统定义为"相互作用的诸要素的复合体"。

（2）动态观点：认为一切生命现象本身都处于积极的活动状态，活的东西

---

[1]　潘开灵，白烈湖.管理协同理论及其应用[M].北京：经济管理出版社，2006：18-20.

的基本特征是组织。他把生命的机体看作一个能保持动态稳定的系统，这种动态稳定的系统能够抵抗环境对机体的瓦解性的侵犯。他认为生命是一个开放系统，主要从生物体与环境的相互作用中说明生命的本质，指出开放系统可以实现异因同果律，从而回答了新活力论的挑战。

（3）等级观点：认为各种有机体都是按照严格的等级组织起来的，生物系统是分层次的，从活的分子到多细胞个体，再到超个体聚合物，形成了层次结构。他认为传统的方法只是将各部分和各过程进行研究，而没有包括协调各部分和过程，因而不能完整地描述活的现象。他提出，生物学的主要任务是发现在生物系统中（在组织的一切等级上）起作用的规律，从而建立起一种机体论来取代机械论和活力论。20世纪50年代，贝塔朗菲等人为发展和宣传一般系统论做了艰苦的努力，但其影响却远不如几乎同时诞生的控制论和信息论。一直到了20世纪六七十年代，一般系统论才真正受到人们的普遍重视。到现在为止，关于系统一般特征的描述，普遍被接受的观点为：（1）集合性是指系统由若干元素或子系统所组成的特性。在系统中各元素相对独立，具有可识别的界限。集合性是系统最基本的特征，识别系统必须分析系统的构成元素及其所在系统中所发挥的作用。（2）相关性是系统内各要素之间相互关联、相互作用的关系特性。系统不是若干元素机械地堆砌，而是它们的有机结合。在系统内各元素之间存在这样或那样的联系，这种联系也叫耦合。正是这些联系使各元素结合成一个整体，使之整体的功能不等于各要素功能的简单相加。（3）层次性是指任何一个系统都是较高一级系统的元素，而系统的要素，常常又是较低一级的系统，这就是系统的层次性。在一个大系统中，组成系统的要素，也称为子（分）系统，系统和子系统是相对的。（4）适应性指的是系统不是孤立存在的，它要与周围事物发生各种联系。这些与系统发生联系的周围事物的全体，就是系统的环境。（5）目的性表现在系统要素的选择、联系方式及系统的运动方向上，它反映人们的某种意志，服从于人们的某种目的。1972年，贝塔朗菲临终的那年，他还发表了《一般系统论的历史和现状》，试图将系统论思想推广应用到其他方面，并对"一般系统论"重新定义。他指出，在不同的科学领域里存在相似性或同构性，存在着走向一体化的总趋势，这种一体化看来都汇集在系统的理论中。

3.协同理论[1]

协同理论（Synergy Theory），是由德国著名理论物理学家赫尔曼·哈肯于20世纪70年代创立的一门系统科学的重要分支理论。哈肯认为，"协同学即'协调合作之学'，旨在发现结构赖以形成的普遍规律。"其基本思想主要包含协同效应、"伺服"原理和自组织原理，旨在研究系统从无序到有序，发掘系统组织的最佳状态和功能。其中，协同效应是指复杂开放系统中的各个子系统因相互协同而产生"1+1>2"的整体效果；"伺服"原理也称为支配原理，即"序参数（序参量）支配各个部分。序参数（序参量）好似一个木偶戏的牵线人，他让木偶们跳起舞来，而木偶们反过来也对他起影响，制约着他。支配原理在协同学中起着核心作用"。序参量是协同理论最重要的一个概念。所谓序参量是指在系统演化过程中通过变化引起新构形成的某个参量，它代表着系统的"序"或状态，起着支配各子系统、主宰系统整体演化发展的作用。自组织原理则指系统在没有外部指令的环境下，内部子系统之间按照某种既定的规则自动形成某种结构或功能，使自身得到不断优化的过程。协同理论尽管是一门新兴的科学，但已被广泛应用于自然科学和社会科学领域，它使复杂系统内部各个子系统和系统内各要素之间为实现共同的目标而形成时间、空间和功能上的有序结构，进而提高工作成效；其跨学科的研究范式和研究方法为我们认识和研究事物提供了一种新的路径和可能。协同理论与高校实践育人机制的研究具有高度的契合性。高校实践育人是一个开放的系统，也是一项复杂的系统工程，存在着大量的非线性活动和无序态，涉及的因素和变量较多，变量之间的关联性非常强，既需要协调高校内部之间的关素，也需要协调高校与政府、企事业单位、社会组织和家庭等之间的关系，需要紧紧围绕"立德树人"的根本任务和"人才培养"的目标，有效统筹高校内部相关教育资源，加强子系统之间的相互联动。任务和目标的实现就需要构建科学的协同机制，通过顶层设计、组织实施、评价反馈与优化提升来实现各方面资源力量的科学配置和有序运行，协同推进实践育人工作的深入开展。反之，如果高校没有有效的实践育人协同机制，各子系统就有可能演变为无序的耗散结构，将不利于育人目标的最终实现。因此，高校实践育人协同机制研究将以协同理论为依据，运用协同的方法和范式来指导构建科学机制，确保高校实践育人的有效实施，进而不断提升高校实践育人的质量和科学化水平。

---

[1] 卢爱疆. 基于协同理论的高校实践育人创新发展研究［J］. 中国轻工教育, 2019（1）: 5-9, 15.

（二）构建高校实践育人的协同机制的必要性及重要意义

高校实践育人协同机制是围绕人才培养目标，遵循思想政治工作规律，遵循教书育人规律，遵循学生成长规律，统筹协调校内校外资源，建构科学合理、相互作用的协同体制，是建立在马克思主义哲学思辨和系统联系的世界观和方法论基础之上，遵从集体与个体、系统与要素、整体与部分、内部与外部的辩证关系，从整体着眼，立足目标，寻求最大公约数，正确对待处理各方利益关系，不断挖掘整体功能得到最大发挥的最小公倍数。通过整合全员、全过程、全方位育人力量，以育人共同体和各类实践平台为抓手，充分发挥实践育人的独特优势和功能，以协同机制为保障，与其他育人手段配合，打通"一体化育人最后一公里"。

1.实践育人协同机制是破解多方育人主体各自为政、各不相谋、各行其是育人困境的金钥匙

长期以来，高校的育人工作始终摆脱不了形散神也散的尴尬局面，无论是专业教师还是思政理论课教师，也无论是辅导员、班主任还是各级党团教师，都在各自的岗位上兢兢业业，任劳任怨。但是，为何育人成效却始终经不住考量？其根源是在课程思政全面渗透下，实践育人已形成全员全过程全方位育人大格局，构建了由多方主体组成的育人共同体，但是硬件的完善只是一项工作具备开展的基本条件，因此，缺乏内容完善、标准健全、运行科学、保障有力、成效显著的内部协同机制才是制约育人工作取得成效的主要因素。基于协同理论阐释实践育人协同机制的构建问题，无论是从全球治理的宏观层面，还是从解决实际育人问题的微观层面意义都非常重大。宏观层面，面对复杂的全球治理和发展问题，构建人类命运共同体这一中国方案为破解世界难题提供了一个新思路和视野。经实践检验的人类命运共同体思想，为形成政治互信、和平稳定、共同发展、文明有序、清洁美丽的世界大格局，贡献了中国方案和中国智慧，多次被写入联合国文件，产生了日益广泛而深远的国际影响，成为变局中凝聚世界的重要思想引领。随着来势凶猛的新冠肺炎疫情，中国抗疫取得的巨大成绩再次彰显了人类命运共同体理念的科学性和先进性，协同理念深入人心、深得人心。微观层面，当前高校实践育人机制已经受到越来越多高校的重视，从软硬件设施、育人环境、资源、内容等方面进行了科学的规划设计，一定程度上保障了实践育人工作的稳定和可持续开展。但是，仍然有很多高校仅仅侧重于实践育人的某一个或某几个角度，没有打开实践育人的全员、全方位、全过程这样一个整体局面，

实践育人各方主体各自为政、各不相谋、各行其是的工作格局无力改变，导致实践育人纵向连接不顺畅、横向联结不紧密的问题始终存在，这都是缺乏科学合理的制度设计和协同机制的表现。实践育人是一项系统工程，它具有目标指向性、过程完整性、内容复杂性和效果的不确定性等特征，因此，要发挥实践育人的成效，需要构建与之相适应的协同机制，促进育人主体之间、各子系统之间能够互相协同，达成教育的基本目标。

2.实践育人协同机制是应用型本科高校一手抓思想政治工作一手抓应用型人才培养的方向盘

实践育人是以育人为中心，以实现人才培养的根本落脚点。对于应用型本科高校而言，实现其内涵式转型发展的核心在于培养满足地方经济发展需求的应用型人才，其根本在于培养出来的人一定能够主动服务于地方而不是远走高飞，换言之，就是要能够留得住人才。因此，对于应用型本科高校来说，如果说应用型人才培养是学校的生存之本，那么，大学生的思想政治工作就是学校的发展之魂。实践育人的"育"字，内涵是育人而外延是育才，两者直指高校思想政治工作和人才培养工作的价值旨归，立足高校立德树人的根本任务，育人与育才两者决不能分割，而要同向同行，这一总体目标的实现需要有协同机制作保障。另外，在高校实践育人的过程中，因实践育人的特殊性、稳定性和发展性，也必然带来协同机制构建的特殊性，既不会随意发生变化，又会根据形势变化与育人成效情况进行优化调整。因此，只有遵循相应的基本原则，构建与之相适应、相匹配的科学合理的协同机制，才能实现育人与育才的双重目标，促进应用型本科高校实现内涵式转型发展。

3.实践育人协同机制是应用型本科高校人才培养目标与地方经济社会发展需求相吻合的感应器

当前，我国正处于全面深化改革的关键时期，社会经济已由快速增长转变为高质量发展。成就的取得离不开源源不断的人才资源。古往今来，人才都是富国之本、兴邦大计。党的十九大报告指出，人才是实现民族振兴、赢得国际竞争主动的战略资源。习近平总书记多次强调人才的重要性，指出人才是第一资源。教育作为一种有目的地培养人的社会活动，承载着为国家培养人才的重任。高校是人才输出的重要渠道，也是连接社会的纽带，关系着人才培养的质量，提高人才培养质量是高校矢志不渝的目标和使命。实践育人作为高校人才培养的有效载体和基本手段具有显著的优势。对于应用型本科高校而言，构建实践育人协同机制，不仅是贯彻落实高校思想政治质量工作规划纲要工作中"十育人"要求的具体体现，也是打通育人工作最后一公里的需要，更是培养符合地方经济发展需求的应用型人才的根本保障。应用型人才对理论知识和实践技能要求的特殊性，决定了高校不能关起门来办教育，而是要敞开大门，主动走向社会，把企业请回来，不断加强与社会的联系，根据社会的需求及时准确地调整培养计划，真正培养出新时代所需求的服务地方经济社会发展的应用型人才。

（三）构建高校实践育人的协同机制的策略

《教育部等部门关于进一步加强高校实践育人工作的若干意见》中指出，高校实践育人工作虽然已经取得了很大成绩，积累了宝贵经验，但依然在人才培养中存在薄弱环节。实践育人是一项系统工程和复杂工程，除了需要人力、物力、财力、平台等资源条件外，还需要建构与之相适应的协同机制作保障，从而形成育人合力，真正发挥出育人成效。协同机制就是以系统理论、协同理论为理论依据出发点，实现和保障主体、客体、载体互动，共同达到全面协同育人目标的各类机制，主要包括动力协同机制、运行协同机制和保障协同机制。笔者在研究高校实践育人协同机制的运行原理基础上，寻求构建动力、运行和评价三大协同机制，推动高校实践育人工作向纵深发展，取得实实在在的育人成效。

1.动力协同机制

实践育人主体的多元性决定了构建动力协同机制的必要性。动力协同机制作为协同机制的根本与核心，需要关注和解决的是各主体发展的内在需求。从心理学的角度来看，动力的产生源于主体的内部动机和外部动机共同作用的结果，只有不断激发内部动机并辅以外部动机的激励作用，才能构建实践育人动力协同机制。另外，实践育人参与的主体多元决定了协同过程中各主体内在需求的差异性和复杂性，各主体自我需要无法一一得到满足，导致目前许多高校构建实践育人共同体无法发挥出各育人主体的优势和功能，只有满足和平衡的各主体的利益诉求才能真正激发实践育人各参与主体的主管能动性。[1]因此，要构建实践育人动力协同机制，首先，要满足需求，激发各育人主体的内生动力。只有当各主体的需求均得到满足时，他们才会无后顾之忧地投入到实践育人工作中，不断提高实践育人工作的效率。其次，要凝聚共识，勇挑育人重担。高校承担着立德树人根本使命，身为高校里的一员，要把自身融入到立德树人的根本任务中，不断出

[1] 蹇世琼，彭寿清，李祥．"双创"教育中协同育人的实践困境及路径突破[J]．江汉学术，2019，38（4）：122-128.

谋划策，尽己所能，以高度的责任感、使命感投身于育人的伟大事业中。最后，同频共振，源源不断贡献育人力量。各育人主体一方面要充分发挥育人优势，促进实践育人工作的持续有效开展，另一方面，也要兼顾自身的发展目标，努力实现育人与育己同频共振，才能在实现育人大目标中实现个人成长发展的小目标，从而不断鼓舞斗志，源源不断地贡献育人力量。

2.保障协同机制

良好的保障协同机制是实践育人保持正常运行的关键，作为一项长期的工作，构建保障协同机制要从三个方面下功夫，一要观念上下功夫，观念是行动的先导，尤其是高校，要认清实践育人工作的极端重要性，把实践育人工作与学校的长远规划统筹谋划，做好顶层设计，明确目标，探索构建行之有效的实践育人模式。二要在资源下功夫，人力、物力、财力和平台等作为实践育人工作开展的资源条件，对于实践育人过程的开展及成效的取得具有重要意义，为保障实践育人活动正常开展，首要的是解决人力问题，即组建一支包括专业教师、思政教师、辅导员、班主任、党政团学思政工作者在内的师资队伍，并制定完备的培训计划做好师资队伍的储备工作。在物力和财力方面，通过开辟专门的通道和专列计划做好资源保障工作。另外，通过加强产教融合，搭建育人平台，全方位营造实践育人的大环境。三要制度上下功夫。面对实践育人主体的多元性、环节的复杂性、影响的多样性等，在实践育人的过程中难免出现职责界限不明、任务交叉、推诿扯皮等不和谐现象的出现，因此，建立相互融通和协作的制度至关重要。比如，通过建立牵头负责制，着力解决在遇到界限不明、任务交叉等影响育人工作开展的问题，牵头的育人主体负责沟通和协调，全程参与，确保育人工作始终在线。通过建立沟通对话制度，解决在实际工作中遇到的各种突发问题和困难。

3.评价协同机制

实践育人作为一项既注重过程的体验性又注重结果的实效性的实践活动，其育人目标旨在为学生提供终身受教育和发展的机会。这一目标的实现除了需要科学的动力和保障协同机制外，还要求有与之相匹配的评价协同机制。所谓评价协同机制即是对育人过程和育人目标进行科学权威的评价。科学合理的考核评价协同机制能有效促进实践育人工作开展，提升人才培养质量。传统的考核评价机制只注重学生实践结果的评价，而忽视学生实践过程评价，从而忽略了学生综合素质的提升，没有达到实践育人的真正的效果。另外，在评价过程中只重一方主体的评价结果而忽视了多方主体在评价中的差异性，造成实践评价结果的片面性。因此，实践育人考核评价应坚持以学生为中心的评价理念，坚持过程考核和结果相结合、目标与成效相结合、学生与教师相结合的考核评价原则，防止以偏概全的片面评价，注重在实践过程中考察学生的思想品德、专业技能、职业素养和创新能力等综合素质。此外，要将考核评价结果与师生的发展关联起来，对于学生而言，与奖励助和评优评先相结合，激励学生主动参与实践活动，从而获得全面发展。对于教师而言，与职称和晋升相结合，鼓励教师在实践育人工作中投入更多的时间和精力，助力学校实现人才培养的目标，最终形成过程与结果协同、目标与成效协同的综合协同评价模式。

第二部分　实践风采

01　你若优秀，清风自来
——来自一次实践和一场聆听的思想较量

（2018级安全工程专业　田嘉琪）

记得曾经看过一篇《人民日报》刊登的文章《沉睡中的大学生：你不失业，天理难容》，乍一看标题很刺眼，"大学生究竟怎么啦？"这样的疑问充斥着我的脑海。看着周围那些对号入座的学生，我不禁慨叹，身处最好年纪拥有最好环境的我们，本该如饥似渴地汲取知识的养分，为未来的人生积蓄能量，却不成想已经被淹没或者正被淹没在浑浑噩噩的死水洼里，选择舒适安逸地度日，把大学当成了享受人生的安乐窝。

虽然现在的我还算侥幸，没有被这篇文章戳中，但是对于现实中存在的现象我也无法否认。反观自己一年多的大学生活经历，我竟有些惭愧。面对不太如意的学习成绩和忙得抽不开身的学生工作，我陷入深深的反思中。比混日子更可怕的不是身体的沉睡而是思想的沉睡，看似清醒着却始终走不出自己的舒适圈。

为了心中曾经的那个笃定，我毅然决然地走向社会这个大战场。大学的第一个暑假，我应聘成为一名英语助教。虽然以前的我从来都没有这方面的经验，但是我还是信心十足地承担了这个任务。主动改变、敢于接受挑战是我这次实践的第一个小目标。虽然天气异常干燥和炎热，但我没有被这点苦打败。凯顿儿童美语的学生普遍年龄5到10岁，父母起初都很担心我这个暴脾气会被家长投诉之类的。但是当我真正走进孩子们的时候，我发现他们真的很可爱、很单纯。看到孩子纯真的笑脸和对知识的好奇和欲望，我的暴脾气竟尴尬地躲起来了。与他们相处的日子里，我发现只要真心对孩子们好，他们就会加倍地还回来，越发地喜欢你。

培训过程中我边学习边工作，书到用时方恨少，从小到大学了十几年的英语，真的从学习者转变为培训者，才发现自己的差距。和小孩子们在一起的这些日子不但培养了我的耐心，而且让我重拾阔别已久的童心。当然在与管理者和家长们的沟通中，我也一点一点积累了说话的技巧，感受到了社会上复杂的人际关系远比学校里的关系难处理，与优秀的同事相处让我感受到了学无止境，纵使是北京外国语大学、上海外国语大学那些名牌大学科班出身的学生仍然在不断学习，我没有理由不努力。

在凯顿的这一个月，我真正走进了教育这个行业，也让我爱上了教师这份职业。和学生们在一起的日子每天都很充实，我也学到了许多知识，口语也有所提高。刚步入大学时，有关就业问题就始终不绝于耳，那时的我似乎觉得有些小题大做，距离毕业还有三四年时间，考虑就业问题为时还早。虽然这个问题总是围绕在我的身边，但是我已经变得熟视无睹。经历了这次实践，我才发现原来的我是那么幼稚。如今，无论是社会那些全球五百强名企，还是政府机关单位，招聘启示上无一例外都是打出"有相关经验者或者基层工作经历者优先"的条款，身处大学校园里面的我们，如果再仅仅满足于课堂上老师传授的那些知识，而不去社会上真正地历练一番，拿什么来积攒这些经验？

卢梭曾在《爱弥儿》中说过："千万不要干巴巴地同年轻人讲什么，如果你想让他们懂得你所讲的道理，你就要用一种东西去标示它。"实践就是标示道理的最佳方式。我国教育家陶行知知行合一教育理念认为"行是知之始，知是行之成"。实践，在我看来就是把我们在学校所学的理论知识，运用到客观实际中去，使自己所学的理论知识有用武之地。只学理论不实践，那么所学的就等于零。

为了拓展自身的知识面，扩大与社会的接触面，增加个人在社会竞争中的经验，锻炼和提高自己的综合能力，方便以后毕业后能真真正正走入社会，适应国内外的经济形势的变化，也为我今后的学习、生活和工作中找准重心和方向，带着进一步观察和了解社会的想法，结束了一个月的英语培训工作后，我又来到了一家超市，做了一名售货理货员，在兼职中尝试不同的社会角色，从不同的视角审视自己，体悟社会。

理论与实践相结合，才能达到相得益彰的效果。一方面，这次的暑期实践积累的经验可以为今后走上工作岗位奠定基础，另一方面，通过尝试不同的角色，发现了自己的优势和差距，为今后的学习找准方向和目标，这些都是在学校课堂里学不到的东西。因为环境的不同，接触的人与事不同，从中所学到的东西自然就不一样了。社会才是学习的真正课堂。

在实践的这段时间内，我接触了许多各种各样的人，也经历了大大小小的许多事，以前沉溺于学校的那份安静和美好却从来都没有满足过，还会因为偶尔的不如意去抱怨。但是经过这次实践以后，我清醒了很多，看淡了一些，也看重了一些。这些都是在学校里无法感受到的，社会不像学校里的处事原则分明，该与不该、能与不能、行与不行，只能依靠自己去分辨，不会有人告诉你哪些该做、能做，你必须要知道自己该做什么、能做什么、要做什么，而且把该做的、要做的和能做的尽自己的努力做到最好。无论是学习还是工作，在社会的各个角落里都充斥着竞争，竞争并不可怕，可怕的是没有竞争的意识，也没有把竞争转变为学习和进步的动力。所谓的智者就是不放过任何一个在竞争中学习的机会，只有不断学习别人先进的地方，弥补自己的缺陷和不足，才能不断取得进步。

记得曾经的一个中学老师说过大学是一个小社会，当时的我内心还是抱有一些期待的，总觉得校园里不应该少了那份纯真、那份善良。尽管是大学生，还终归要保持着学生的身份，那种静止的思维或者说内心的期盼是美好的。在实践中接触的那些刚刚毕业的学长学姐，他们总是一遍又一遍对我说要好好珍惜在学校的每一分每一秒。我想这是他们对曾经那份纯真的渴望和面对如今残酷现实的感叹。

成长不是简单的生理结构的改变，更应该是身体年龄的叠加与知识和阅历积攒的比肩同行。知识犹如人的血液，在生理的角度，人缺少了血液，就会贫血，导致身体衰弱；而人缺少了知识，身体就会空虚，大脑也要枯竭。以前没有接触教师这个角色时，觉得做个教师太简单了，尤其是大学老师，我也能对着PPT念，但是真正接触以后发现，原来的我对教师这个职业很陌生，不知道一堂课背后凝聚了多少辛苦和汗水，一个优秀的教师倾其一生才可能赢得别人的赞誉。哪怕是一个售货理货员也没有表面的那么清闲和容易。

作为煤矿学子，前两天在报告厅聆听了一场卜昌森局长的《路在脚下、事在人为——对煤炭产业发展的思考》的报告，卜局长那带有山东味的报告让我倍受鼓舞，对全国和山西的煤炭概况有了清晰的认识，对于自己的专业前景有了更多了解，卜局长最后的寄语"青春无限好，正是读书时；不怕自己不挣钱，就怕自己不值钱……"给我留下了深刻的印象。人生道路漫长，美好的学生时代稍纵即逝，为了将来那个"值钱的自己"，我们还有什么理由不去努力呢？

教师点评：作者没有把大学当成享受人生的安乐窝，深知比混日子更可怕的不是身体的沉睡而是思想的沉睡，看透了很多学生似乎清醒着却始终不肯走出自己的舒适圈这个怪现象。她利用暑期担任英语助教这个角色体验了一次社会，从以往单纯的学习者向培训者身份的转化让她意识到自己的知识储备还远远不够，而恰到好处的一场报告，让她对专业前景有了清晰的认识，在汲取知识的黄金时期，没有理由浪费一分一秒，与优秀的同事相处让她领悟到了学无止境的真谛，更为难能可贵的是她学会了与人相处的方法，培养了细心耐心的工作态度，进一步坚定了在实践中积累知识、增长见识的意志。

02　小我见大我——二青会志愿行

（2018级城市地下空间工程专业　韩传辉）

2019年8月6日，正处在暑假的我在家短暂停留后，坐上了返回学校的高铁，参加四年一度的二青会活动的志愿服务。想起曾经报名志愿者，经过层层选拔面试到最后有幸成为国家级赛事的志愿者，我难掩内心的欣喜与激动。来到学校遇见了那些无话不谈的好朋友，似乎忘记了刚刚远离家人的忧愁，有说有笑地谈论起假期生活中的点点滴滴。

第二天，二青会志愿者服务正式开始了。按照志愿服务的前期安排，我负责北冰洋车队接送运动员，车队是二号，接送和服务的运动员来自安徽、河南、河北三个省。为了确保接送事宜不出差错，第一天晚上我预先和司机对接好，把具体行程安排详细沟通了一遍，比如运动员几点离开酒店，几点乘车，几点到达赛场等，这些看似细微小的事情都关乎运动员在赛场上水平的发挥，容不得有半点差池。安排妥当这些，我就在北冰洋大酒店大厅等待着，到了规定的时间，运动员们开始陆续走出酒店，我指引着他们到二号车乘车，等人差不多都到齐后，我就开始清点人数，准备前往比赛场馆。20多分钟的路程让运动员对阳泉有了最初的印象，很快到了阳泉射击馆，车子停稳后我安排引导运动员们有序下车，将他们带到射击场地内，看到他们入馆我才敢稍微放松一下。

等到他们训练结束，我再安排车把运动员们接回酒店休息。有时候他们在训练过程中特别累，累到想喝水都不愿意去打水，我会亲自跑到场馆内帮他们打水。就这样一直从早上到晚上，为了给运动员提供最周到最贴心的服务，从清晨两眼惺忪中开始，顶着暴晒的太阳，到伴着星星回到学校，一整天下来，身疲力竭。这对从小在父母的庇护下长大、基本没有受过什么苦、过惯了舒服日子的我来说是个不小的挑战，但是看到和我一起做志愿服务的小伙伴没有一个叫苦喊累，更没有一个人抱怨，我也没有理由不信守承诺。虽说做志愿服务是我自己的选择，但是自从真正进入志愿者这个角色后，代表的不仅是我个人，更代表了学校、阳泉、山西的所有志愿者，如果我因个人原因半途退出了，不但有损学校的荣誉，还有损阳泉和山西的形象。想到这些，在志愿服务中的苦和累又算得了什么。

一周多的志愿活动很快就接近尾声，原本就"娇弱"的我们真的有些吃不消了，我们北冰洋车队成员一个个疲惫不堪，脸和脖子都被晒黑了，有的甚至都脱皮了，但我们大家却没有人叫苦、叫累。没有参加志愿服务前，本以为满腹经纶的我们可以在突发情况下大显身手，可事实上，每每遇到实际问题时，往往我们绞尽脑汁也找不到解决的方案，不得不寻求上级的帮助，好在整个志愿服务下来还算是比较顺利。尴尬之余，我才真真切切地意识到自己以前所学到的知识是那么的有限，实践与理论之间存在很大的距离。

一个团结、积极向上的团队不会向任何困难低头。尽管我们在服务过程中遇到了很多以前没有碰到过的问题，但无助与尴尬只是暂时的，正所谓人多力量大，人多好做事。我们北冰洋车队每个人都是强悍而又谦让的人，在一起的十几天时光里，难免会有些摩擦，偶尔也有些分歧，可我们大家好像很有默契似的，即使有不同的意见或见解，都会相互地体谅和比较，最终得到一致的答案。这背后的原因是舍小我顾大我，以一己之力服务好二青会，展现山工院大学生的良好社会形象。

如今，两周多的志愿服务经历早已消失在曾经的岁月里，然而服务活动中的每个场面却深深地印在我的脑海里。短短的十五天志愿服务，我奉献了自己的力量，虽然整个过程中有苦有累，有欢声笑语，也有紧张激动，但是当我们出色地完成任务的那一刻来的时候，我内心激动不已。十几天的历练不但增长了见识、开阔了眼界，更为难得的是我又结识了几位新的朋友，增加了自己的人生财富。更难得的是，我在实践中领悟了什么是志愿者，什么叫作志愿服务。志愿者是指志愿贡献个人的时间及精力，在不为任何物质报酬的情况下，为改善社会服务、促进社会进步而提供服务的人。虽然志愿服务时间很短，但是这个过程真的很令人回味，运动员们也积极配合我们的工作，才使我们的工作能够顺利进行；活动能够完满完成，同时也离不开志愿者的服务和功劳。

这次的社会实践给我的最大感触是，我懂得了人的一生中那些实体的学校并不是真正永远的学校，而真正永远的学校只有一个，那就是社会。社会实践是引导我们大学生走出校门、走向社会、接触社会、了解社会、投身社会的良好形式，是促使大学生投身社会建设、向群众学习、培养锻炼才干的好渠道，是提升思想、修身养性、树立服务社会思想的有效途径。参加社会实践活动，有助于我们在校大学生吸收新知识，树立新观念。

"在大学里学的不是知识，而是一种叫作自学的能力"。经过这次实践后，我才深刻体会这句话的含义。除了计算机操作外，课本上学的理论知识用到很少很少。刚开始去做志愿者的时候，还有点不习惯，很多东西都不懂，也有点害羞，不敢与他人沟通，幸好有大三大四学哥学姐的耐心帮助，让我在这次社会实践中掌握了很多东西，最重要的是使我在待人接物、如何处理好人际关系这方面有了很大的进步。同时在这次实践中使我深深体会到我们必须在工作中勤于动手，慢慢琢磨，不断学习，不断积累。遇到不懂的地方，自己先想方设法解决，实在不行可以虚心请教他人，而没有自学能力的人迟早要被企业和社会所淘汰。

社会实践不但加深了我们与社会各阶层人的感情，拉近了我们与社会的距离，也让我们在社会实践中开拓了视野，增长了才干，进一步明确了我们作为学生的成才之路与肩负的历史使命。社会才是学习和受教育的大课堂。在那片广阔的天地里，我们的人生价值得到了体现，为将来更好地应对激烈的竞争打下了更为坚实的基础。希望以后还有这样的机会，让我从实践中得到锻炼。

当我再次到达阳泉高铁站时，才发现两周多的时间已悄悄流逝，一路上太多的感动和不舍都留在心中，分别之际，大家都迟迟不肯说出那声"再见"。但我们都知晓，这段旅程注定会在我们今后的人生路上闪耀光芒，在我们迷茫时指引方向。

在今后的学习和生活中，我将摆正心态，正确定位，发奋学习，努力提高自身的综合素质，适应时代的需要，做一个对社会和国家有用的人，以小我之心见大我之行。

教师点评：习近平总书记在京津冀三省市考察并主持召开京津冀协同发展座谈会上指出："志愿服务是社会文明进步的重要标志，是广大志愿者奉献爱心的重要渠道。"

作者主动投身社会志愿服务，成为一名二青会志愿者，这不仅展现了新时代大学生的精神风貌，也为社会贡献了一分积极的力量。大学生积极参加实践活动，在志愿服务过程中发挥所长，能为国家和社会的进步尽一分力，反过来志愿服务也能助力大学生更好地全方位成长。他认认真真参与志愿服务，没有抱怨，没有退缩，十五个日夜披星戴月，在烦琐和重复的工作中体悟了志愿服务作为社会实践对大学生成长的重要意义。这一段意义非凡的经历注定将被他铭记在内心深处并不断指引着他继续在社会大课堂中历练成长，在专业学识、思想境界和家国情怀等方面收获新的突破与蜕变，在奉献中彰显自身价值，找到人生目标。

03 纸上得来终觉浅，绝知此事要躬行
——记"青春兴晋、贴心行动"暑期社会实践

（2017级安全工程专业 安佳慧）

习近平总书记在多次讲话中强调重视和关注青年的实践能力，在实践中锻炼成长。他指出，青年要成长为国家栋梁之才，既要读万卷书，又要行万里路，既多读有字之书，也多读无字之书，注重学习人生经验和社会知识。坚持知行合一，在实践中学真知、悟真谛，加强磨炼、增长本领。他指出，教育要重视实践育人这个新途径、新方法，坚持教育同生产劳动和社会实践相结合，广泛开展各类社会实践，让学生在亲身参与中认识国情、了解社会，受教育、长才干，不断拓展学生社会实践的平台和路径。已经顺利度过了大学适应期的我，意识到实践对于大学生个体成长成才的重要性，决定利用假期亲身实践历练。

我于2019年7月15日来到山西省阳泉市民政局开始了为期31天的暑期实践。实习以政务学习、协助完成民政人事工作及关于办公室和社区指导中心的临时性工作任务为主。其间以学习为基础，以工作为主线，基于负责的工作和学习的理论知识，持续不断地学习、剖析、充实，直至提高。参与此次实践主要有以下几个目的：一、加深对职业与行业的了解，在做的过程中，可以确定自己是否喜欢这类工作，自己能否胜任，为大三备战方向做"试水"试验。二、在角色的转化过程中，做好个人观念、行为方式、心理思维等方面的调整，为由学生向职业人士转变做充足的准备。三、学习基层工作人员和机关领导们勤劳刻苦的优秀品质和敬业奉献的良好作风，增强实践能力和创新能力，开拓视野，培养就业实际中研究、观察、分析、解决问题的能力。

通过一个月的学习充实和自我剖析，我对行政机关的工作程序及民政局的职能和运行原理有了一定的了解，并且掌握了一些民政工作的相关技能，对于一些基础的理论知识有了一定的感性认识，不仅提高了自己的工作能力、沟通能力、思维能力，还增强了理论联系实际的能力，这对我们以后的学习和工作有很

大的帮助。

我在一个月的学习后，才撇去"盖戳"的成见，对民政工作有了真正的了解。实践期间正值该局机关领导职位调动和部门调整，发现在未拟文正式任命前，这一阶段的人员岗位责任分工看似有条不紊，实际上是部分基层工作人员对业务熟悉、有岗位归属感和责任心而进行"业务自动处理"，并不是过渡性地有条理有依据的安排，业务有人处理的同时不免也仍存在着业务未有人接受前的停滞期。建议今后不论是什么组织，在过渡性阶段应当有明文规定。

责任担当是真担子。签一个字就代表一份责任，做一件事就会关系到很多"key"。确认干，要建立在"I'm cut out for this task"上；一着手，就必须打起十二分的精神和专注力；二回首，要反反复复不厌其烦地核对审查；三提交，责任就上担了。

规矩与人情就是社会。七旬退休老干部去美国探亲，需要逐级请示批准，因为协调期限问题跑了好几趟，在这里修改信息时颤巍的双手、年迈的身影、因为探亲费用太高想要早一点办理买票省些钱的拘谨，让人心疼。我开始觉得，国家对这些操劳一辈子的老人怎么还这么严格？未免太不近人情，可后来想想，规定就是规定，国家工作人员就是国家工作人员，国家利益永远摆在第一位。且替老干部感谢做事科员的热心和负责，除了耐心的讲解和帮助，还前后替老干部跑了好几趟，帮老人减轻了一些行动和理解上的麻烦。总之，规矩得守，人情也讲，这碗"原则汤"我干了。

业精于勤，行成于思。将一堆学习资料、书籍期刊束之高阁的人，我们很难看到TA一挥而就、下笔如有神的模样；而一个人手边的资料书刊，随便一翻就是勾画过阅读过的痕迹，TA写出来的东西，通常是会让人眼前一亮的。而让我有最大"刻板"印象、"腹有诗书气自华"的辛姐，就是一位完美诠释后者的人。一位有高业绩、优能力的社会工作者，高效率、多经验的好干部，依旧很注重学习，三省吾身，我们也应该把握好每一份值得自己学习的东西。

系统做事、事半功倍。"做事靠系统而非感觉。"基政科一位老乡科员的电脑背景桌面是自己做的，长这个样子：'个人区、工作区、已完成、今日待完成、本月待完成、正在完成'六个色块。繁忙的业务和工作任务能够被安排得井井有条，冗杂的资料信息能被一条条消化是有原因的。做事靠系统，不是靠感觉。当我们真正有属于自己的做事系统，并运转良好的时候，就会事半功倍。

展望自己的未来，我期望在毕业后能够在机关或事业单位工作，所以这次在市直机关学习是难能可贵的机会，有助于我切身了解行政工作的工作程序，体验行政工作环境，向社会工作者学习。通过一些所见所闻所触也更加坚定了我对这一职业目标的认同感和归属感，更加确定自己今后的奋斗方向。当然，在这次实践中，我也发现自己还有很多不足之处需要改进，很多观念也有待进一步端正。回望这个假期，虽然少了一些潇洒，但也多了一份沉甸甸的收获，满满的干货，希望自己不止于学习的某一站，继续砥砺前行，在不断摸索和实践中，成长自己，蜕变自己！

教师点评：作者利用暑假真真实实地体验了一把职业人的酸甜苦辣，为今后的职业生涯规划做了一次"试水"试验，切身体会到了许许多多宝贵的人生哲理："责任担当是真担子""规矩与人情就是社会""业精于勤，行成于思""系统做事、事半功倍"。回归大学生现实，这次实践让她增强了实践能力和创新能力，增加了社会责任感，开拓了视野，培养了研究、观察、分析、解决问题的能力，也帮助她发现了自身存在的不足及需要改进的地方，明确了职业目标，确定了自己今后的奋斗方向，这些满满的干货是课堂上学习的知识所无法匹敌的。

04　当小确幸来敲门

（2017级安全工程专业　马子如）

社会实践是引导大学生走出校门、走向社会、接触社会、了解社会、投身社会的一种形式，是培养锻炼才干的好渠道，是提升思想、修身养性，树立服务社会的思想的有效途径。记得在曾经的很多次座谈中，同学们对实践的呼声都是最高的，那时的我心里便埋下了一粒投身社会实践的种子，期待有朝一日让它生根发芽。为了实现这个愿望，我也一直在留意和收集这方面的信息。直到现在，想起当初暑期实践报名的瞬间，还是难掩内心的激动。从未有过后悔，笃定这个决定没有错，甚至感觉有些小确幸，在这里遇见了这么优秀的人，经历那么多有意思的事。近一个月的社会实践，一晃而过，我从中领悟到了很多的东西，也必将让我受益终生。

忐忑篇

我被分配到阳泉市民政局办公室，主要工作是辅助开展政务，整理办公文件和档案整理等。当我得知和同班同学安佳慧被分配在同一个单位时，我的内心非常激动，期待着这一天的到来。在等待的那段日子，还做了许多功课，在百度查阅了许多资料。可是，当听说被分配在其他单位的同期学员已经陆续接到上岗的电话的时候，我便开始担心，想着不会是实践被泡汤了吧，或者安排有什么临时变动之类的，就这样怀着忐忑的心情一直期待和等待着，直到接到7月15日到岗的通知，内心才得以稍许平静。

青涩篇

报道当天早上，我们和大部队一起早早地来到政府办公楼前，可能因为太过兴奋而忽略了还没有到通知的时间，因此只能在办公楼大门外等。傻乎乎的我们就在外面一直等着，等到终于拿到了临时通行证，才真正走进政府的大院里，那种感觉有点威严又有点严肃，让人有所期待又有所胆怯。一眼扫过去，这里的每一个办公人员或者办事的群众都急匆匆走过，或打电话，或查阅文件，或四处张望着什么。我心里想着在这样一个庄严而肃穆的地方，必须收敛起那些曾经在校园里很随意的言谈举止。

我和安安同学随着人流阴差阳错地来到办公室报道，却也因为这"阴差阳错"结识了一群"大孩子"。安安被留在了人事部，就像冥冥中自有天定一样，我来到了办公室。第一天见到大家时，相比我们的不知所措和青涩，他们每个人虽然工作状态各不相同却都活力四射。最先见到的是王豪哥，他正在分报纸，安顿我们坐下之后就去忙了，后来聊天时才发现我们不仅是老乡，他还是我的老学长，这奇怪的缘分呐；之后见到了李泓姐，在了解情况后超级热情地向我们介绍情况，还顺便把我们介绍给了刘蓉姐，这也算是我们认识民政局的第一"介绍人"了。最后见到的人当然就是刘蓉姐，她给我的第一感觉就是"前方大佬出行，请注意！"不出所料，在之后的相处中，刘蓉姐工作时的严谨细心深深地震撼了我。

从容篇

在了解了基本工作内容和程序后，开始了我的短暂的职业生涯。从简单的录入文件、打印批阅卡开始，我很庆幸自己在学校办公室服务过一年，基本的办公软件用得比较熟练，这一块儿确实不用太担心，但是我遇到了一个大难题——接打电话。刚来的时候王豪哥就告诉我们一般有群众打电话咨询一些关于退役军人、婚姻登记、老幼福利低保等事情，并且告诉了我们应该回复给他们什么电话可以帮助他们解决问题。可是当电话真正响起的时候，我却还是心里打鼓，不敢去接，甚至工作的第一个礼拜我听到电话响就头疼、耳朵疼。不过在王豪哥的示范之下，我也开始慢慢接听电话，电话是信息沟通的重要工具，许多会议、信息，正式的非正式的都会通过电话来传递信息，明白了它的重要性自然不会再躲避它，面对它才能战胜它，而且我做到了。在碰到许多我不知道或者不懂的事情时，大家有时间的话都会为我详细解答；当我犯一些小错误时也会包容我。在这一个月中自始至终激励我的便是刘蓉姐那句话"你所做的每一件分外事都是你能力的增长点"。我相信在之后的学习生活工作中，也会给我带来许多积极的影响。

体悟篇

时光匆匆任飞逝，它不因叹息而驻足，不因回忆而留恋。从刚刚走上工作岗位到离开这一个月，我经历了从"忐忑"到"从容"，从"一问三不知"到能够"娓娓道来"，这一切的改变都离不开各位前辈的悉心教导，这次经历让我对自己以后的生活、工作和学习有了一个全新的定位。学校与社会还是有很大差距的，坚持学习是能够保持自己时刻充满能量的必要条件；处理好人际关系，能够帮助我们有效地提高工作效率。在办公室处理日常事务的过程中，锻炼了我的语言沟通能力，使我明白了沟通的重要性，我们不仅要说得清楚，更要听得明白，正确理解对方想要表达的内容，抓住问题的重点，是解决问题的根本方法。细心和耐心是工作中最不可少的两大法宝，无论做哪一份工作，都需要有谨慎的细心和沉稳的耐心。只有不断坚守初心，才能够支持我们一直坚定走下去。当然在这一个月的工作中，我也曾因为一句暖心的话或者一个满意的眼神而幸福满满，深深地领悟到那些在学校课堂里根本学不到的知识。

首先，思想问题是解决一切工作的首要问题。我以一个旁观者的身份感受到最明显的就是两种人的工作态度不同。有的人严谨，有的人懒散；有的人想办法解决问题，而有的人想如何推给别人；有的人每天安排得满满当当，有的人却总嫌自己做得多，等等。说到底这是思想问题，思想达不到，行为更遥不可及。

其次，学校学习与单位做事方式和风格不同。在机关的工作方式就是按照程序走，在某些情况下可以提前告知提前准备，但是大部分的工作按领导批示执行，存在一定的滞后性，缺乏主动性和灵活性。但是身为大学生的我们，在学校里学习是主动的、自主的，根据自己的意愿选择先学习什么后学习什么。可能是单位与学校的性质不同，导致的工作方式和氛围不尽相同，当然也有个人因素的原因。我认为如果人人都主动，我们国家的社会制度会变得更加完善，人民生活幸福感提升，国家才会变得更加强大，国家强大才可以更好地发展教育培养国家的后备军。

再次，自我清晰的人生规划和定位更重要。在没有来民政局实践之前，我一直在犹豫是考研还是考公，但是当我真正处于这样一种环境当中时，我发现我的性格不适合在这种程序化、慢节奏的工作环境里，有些事情放在那里久了我就遗忘了或者不想再去处理它。回想两年前刚步入大学校园的我，怀着对大学的憧憬和期待，不管做什么事情都是那么有激情，但是似乎有很多都是虎头蛇尾的。虽说没有落下学习，活动也参加了不少，但是回过头来看感觉还是缺少点什么，如今我才恍然大悟。一个人只有自我清晰的人生规划和定位才能在实现目标和人生价值中不断克服困难，始终如一。如今，我的大学生活只剩下两年时间，我必须去明确自己的人生规划和定位，探寻适合自己长远发展的职业，目标就是找到自己真正喜欢的，然后一直喜欢下去。

最后，掌握沟通技巧容不得忽视。一件事情如果说不明白别人就不会知道你在说什么，如果听不明白那就不会办事情。学会抓重点才能更好地解决问题。同样重要的是不要按你以为的意思去猜领导的意思，如果你的理解和领导不一样那就会造成偏差，不但拖延了事情的进程，而且会降低别人对你的信赖度。投射到学习生活中来，就是不要对别人妄加猜测，不要把你以为的当作别人以为的，这样也可以减少一些不必要的烦恼。

通过这次的暑假实践，我深切体会到社会总是不同于学校，社会才是学习和教育的大课堂。不可否认的是学校中的那份纯真和愉悦的气氛在社会上是少有的。学校里我们所接触的人和事都是那么单纯、那么简单，我们的所有生活都围绕学习和生活，轻松且自在。但在工作单位，我们要做的事情繁杂而琐碎，没有人会告诉你，要做什么，该怎么做，只能凭自觉去做。要做好，做得认真漂亮，就要把最简单的事情以最认真的态度去做，也只有这样，我们才能得到别人的认可，在工作岗位上才可能站稳脚跟。同样，我也体会到工作的艰辛和生活的不容易。在今后的大学生活中我一定会努力抓住这段专属的学习时光，以优秀的成绩来报答父母、回报社会。当然，这段经历也让我成长了许多，没有经历过风雨的人生是无趣的抑或是无意义的。我开始敢于面对困难、接受现实、做出努力、改变自己。实践不是口头上的事情，是需要付诸行动的。没有行动，雄心壮志的我们最终会成为别人的笑柄和谈资，更重要的是自信、真诚、激情、胆量，这些美好品质的培养也是在实践中才能实现。如今，暑期社会实践已经圆满结束，在接下来的人生旅程里我会带着初心和勇敢再出发。

教师点评：作者心里早早便埋下了一粒投身社会实践的种子，期待有朝一日让它生根发芽。为了实现这个愿望，她也一直在留意和收集这方面的信息。终于，在一次暑期实践报名后，机会不期而遇。从等通知的忐忑到初入职时的青涩再到顺利上手后的从容，这一系列的心理变化再现了作者的实践心路。这次的暑假实践，让她深切体会到社会学习与学校学习的不同之处，社会能够培养主动学习的意识，是受教育的大课堂，在接下来的人生旅程里她会带着初心和勇敢再出发，迎接下一个小确幸的到来。

05 扬拼搏斗志，展青春风采
——忆二青会志愿服务

（2018级城市地下空间工程专业 崔 航）

2019年8月8日，"青春的约会，拼搏的舞台"第二届全国青年运动会开幕式在太原山西体育中心的举行，为大赛的正式举办拉开了序幕。成为一名志愿者是我期待已久的梦想，从今年4月份校团委下发通知在我校选拔志愿者事宜后，经过报名、初选、笔试、面试等层层选拔，我终于有幸成为一名二青会志愿者。在志愿实践活动中，我作为二青会志愿者参与了6月中旬的第二届全国青年运动会射箭测试赛以及8月5日到8月15日的第二届全国青年运动会射箭比赛。志愿服务是服务他人、奉献社会的一种特殊方式，也是一个传递爱心、弘扬正能量的过程。我想，于我而言参与此次二青会志愿服务的目的主要是以一技之长为社会贡献自己的一分力量，同时完善自己的人格、提升自己各方面的能力。

在前期的培训和学习中进一步了解到，青年志愿者精神是对中华民族团结友爱、助人为乐、见义勇为、尊老爱幼、尊师重教等传统美德的继承和光大，是社会主义时代精神的弘扬和体现。开展青年志愿者行动，既是大学生倡导社会新风、奉献自我、回报社会的一种方式，也是在实践中锻炼自我、自学成才的一种途径。对进一步塑造大学生勇于实践、无私奉献的精神，在增强大学生的服务意识和劳动素质，以及促进大学生思想政治教育工作等方面都有着重要的意义，这更加坚定了我舍弃假期休息时间、毅然决然投入志愿服务的决心。

虽然我是外省生源的学生，但是我以山西承办此次二青会、阳泉承办射箭比赛为光荣。通过近距离接触和体验志愿服务，奉献自己，锻炼自己，让我真正体会到了志愿者的乐趣和意义。

二青会志愿者分为：办公室、后勤处、器材处、安保处、新闻处、网络处、兴奋剂检测处，在这七个处室中，每个处室都有着各自非常重要的工作职责，我进入的是二青会志愿者的办公室部门，在开始报名的时候我并没有选择办公室，由于工作需要我被调到了办公室这个部门，办公室的工作主要是负责礼宾接待、观众的引导，以及颁奖工作。女生们负责颁奖，以及贵宾室、仲裁室等房间的值班工作，而我们男生负责其他的辅助颁奖工作。

阳泉在二青会开始之前，开展了第二届青年运动会测试赛。部分二青会志愿者参与到了其中，我就是测试赛的志愿者之一，此次测试赛中我学习了很多关于射箭的知识、射箭比赛的赛制，以及志愿者的服务范畴。在测试赛中我亲身投入到服务工作中去，因为在二青会开始前我们进行了培训，学会了如何与人交谈，如何保持仪态得体等服务要领，我在实践中也不断地摸索、总结，不断寻求提高服务能力的方式方法。对于办公室而言最重要的就是仪态，对女孩子的要求比我们男孩更严格，每天都要穿着高跟鞋站上几个小时。我们也会一下午不停地排练颁奖的流程，保证每一个环节没有一点差错、没有一个环节的疏忽。礼仪们走的每一步都有着严格的规定。因此，对于从小就没怎么吃苦的我来说，测试赛中的志愿服务让我吃了不少苦头，有时候完成了一天的工作后，累得疲惫不堪，但是我仍旧痛并快乐着，坚持着。此次测试赛的服务经历让我得到了很好的锻炼和磨炼，为二青会正式比赛积攒了宝贵的志愿服务经验。

参与二青会不仅让我无聊的假期生活变得有意义，还让我的生活作息都得到了规范。每天七点半坐车去吃饭，八点之前达到射箭场馆，然后开始工作，女生去值班，男生去接待观众。中午休息一会儿，就开始了下午的工作，下午主要的任务就是颁奖，颁奖的环节只有十分钟，时间特别紧张，我们要在比赛结束之前将各个环节准备好衔接好。在这个过程中女生们因为穿高跟鞋磨得脚疼，我们男生有时也需要一会儿跑到这儿，一会儿跑到那儿。虽然整个过程很累，但是我们依然坚持着，当我们看到运动员拿着奖牌、证书脸上洋溢着微笑，我们也会被他们的坚持和韧劲所感染，开心抑或是兴奋，顿时所有的劳累和痛苦都没有了。在这之中还有一些小插曲，戒烟部门让我们去做戒烟宣传，我就是其中的一员，每天都要举着戒烟的牌子在场地中巡跑，过程中我会时刻在意自己的仪态，让我的自律意识得到了提高。虽然巡跑的过程很漫长而且顶着炎炎烈日，但是我面对观众以及运动员露出的笑容是真心的！

运动员接站服务也是此次志愿的一项重要内容。我们志愿者的后勤处每天在阳泉、太原的火车站、高铁站来回奔波，接到运动员并将他们送到休息的地方。还记得运动员和裁判们第一次来射箭场馆的时候，一个个运动员们是那么地意气风发，看得我特别羡慕。和他们聊天才知道，他们的年龄有的与我相仿、有的比我小很多。我也了解了他们的日常生活，他们最多的时间就是训练，还有就是战斗在各个国家、地区的比赛现场。令人不可思议的是，其中一个运动员告诉我一年他们只休息了四天。看到他们长满茧子的手和被太阳晒得黝黑的皮肤，我对他们的羡慕变成了深深的敬佩。所有光鲜亮丽的背后都有不为人知辛苦的付出和努力。他们的毅力和努力很值得我学习，我在学校的学习要比他们轻松很多，我下定决心一定要更加努力地学习，更要学会坚持。他们就是我的动力，更是我的风向标。

运动员们让我记住的不仅仅是他们的坚强、努力，而且让我感受到了他们的热情和友善。香港代表队给我留下的印象特别深刻，他们获得了特别参赛奖，我去到他们队伍所在的地方与他们交谈颁奖的流程与时间，他们都非常礼貌与友善。由于颁完奖之后，他们要立即坐车返回，所以他们的行李就放在了赛场上。在他们上台颁奖的时候我替他们照看着行李，他们回来之后一个个过来找我握手表示感谢还送给了我纪念品，一件小小的事情让我感受到了赠人玫瑰手留余香的温暖和热情。

还记得之前从电视里看到的志愿者满头大汗接受采访的时候，没有一句抱怨，开心地接受采访，我很是不解。我自下定决心参加二青会志愿服务的时候思想已经有了翻天覆地的变化，不再觉得我这是去干活，不再去想我会不会累，会不会计较得失。在二青会志愿服务的过程中，在志愿者闲暇的时候就有媒体对我们进行了采访。当他们问我们累不累的时候，我们回答的都是参与志愿服务的乐趣，以及对自己的帮助和意义。从他们的表情中我能看出他们和我的最真实的想法是一样的，我们都非常喜欢这次志愿服务，不负此行，不辱使命。

二青会阳泉赛区的志愿者总共有一百多人，我校学生就有七十九个人，我们都是住在学校临时集中安排的宿舍里，在这之前我们大部分人都互不相识，但是同为二青会的志愿者，我们或分到了一个宿舍或一个部门，让我们彼此之间由认识到逐渐加深了解，并结下了深厚的友谊，我们的共同目标就是做好二青会志愿服务。在二十多天中我感觉志愿者团队像是一个大家庭一样，不仅仅是志愿者兄弟姐妹之间互帮互助、团结友爱，我们学校的老师以及为二青会工作的老师们像是我们的家长一样，对我们的安全、保障等方面都照顾得非常到位，让我感受到了温暖。比如我们带队的老师会经常在比赛现场看我们，还会为我们服务，让我们能够更好地全身心投入到二青会志愿服务中去。还有为二青会工作的老师们，非常体谅我们，每一项工作都是他们冲在第一个。在安排靶子、帐篷时候都是他们挑起最重的活。有了他们我们都充满了干劲，所以才更好的、更快地完成了任务。

二青会圆满地结束了，我的志愿服务也完美落幕。但是我始终难以忘记志愿服务过程中的点点滴滴，这段回忆将会伴随我的一生，成为我生命中精彩的片段。回想自己之前的大学生活，大一时候的我有时存在着懒惰的心理，生活作息习惯不规律，自律能力较差等。经历二青会志愿服务后，我真正地开始成长起来，规范自己，改掉陋习，提高自律意识和能力等，把在运动场地上挥汗如雨的运动员作为终身学习的榜样。当然我对志愿服务也有了自己的一些思考。首先，对于我们大学生来说，志愿服务等各种社会实践在培养综合素质能力和塑造品格方面至关重要。大学生是国家和民族的希望，在校大学生不仅要学好科学文化知识，练就健康的体魄，更要加强思想道德培养，成为德智体美劳全面发展的人。高尚的品德才是大学生最基本的素养，参与志愿服务能使学生了解社会，了解国情，增加才干，奉献社会，锻炼毅力，培养品格，增强大学生的责任感和使命感，可以让大学生在实践中感悟，真正把社会的道德要求转化为自己的行为，实现行知统一，道德素质会逐渐地提升。志愿服务会使学生们的观念发生很大的变化，在思想上会更加积极向上，能培养学生树立正确的世界观、人生观、价值观，这在学校课堂上是不可能实现的。其次，志愿服务本就是一份份爱心传递的社会盛宴。有人说志愿服务是渺小的，因为做的都是很小很琐碎的事；也有人说志愿服务是伟大的，因为它将有限的精力奉献到了无私的社会服务中去，这是一种大爱。而我认为志愿服务既伟大又渺小，因为志愿服务虽然做的都是小事和琐碎之事，但是对举办一次活动来说却意义重大，没有强有力的志愿支持，这样大规模的活动会很难顺利进行，另外志愿服务效果的好坏直接彰显了当地人们的人文素质和精神风貌。我深刻地认识到快乐的真谛在于奉献，奉献的真谛在于真诚。在未来，我会努力去帮助更多的人，将投身志愿服务作为自己的一种追求一直持续下去，不断探寻自我的意义和价值。

教师点评： 作者以大学生的身份成为一名运动会的志愿者，服务时间虽短但其亲身经历可谓是丰富无比。从报名伊始到投身工作中，再到服务圆满结束，仿佛能真切地体会到一名志愿者的心理成长历程。有焦急等待的激动与忐忑，有亲历精彩过程的兴奋与光荣，也有结束服务后的回味与感动。在志愿服务的过程中，作者不仅收获了独特的人生经历、友谊和激励，更重要的是他明白了成为志愿者的真正意义。在他的身上，我们仿佛看到了所有志愿者们认真、努力、勤劳、无私奉献的身影。

06 抓住能改变命运的指南针
——拒绝做命运的奴隶

（2018级城市地下空间工程专业　张牛牛）

时光飞逝，转眼间，来不及回味的大一已经过去。回想自己走过的这十几年求学岁月中的点点滴滴，有无数个美好的回忆，但也有很多的遗憾。我记得曾经看到过一句这样的话："如果一个人在大学四年始终没有什么想法，也从未执着地追求过什么，那么他的一辈子可能也就这样了。"当时我对这句话没有什么特殊的感悟，像这种鸡汤式的文字怎么也激发不了自己的兴趣。但是，当我意识到曾经期盼的大学在我还未来得及遵从自己的意愿施展拳脚却已经度过了四分之一岁月的时候，我突然想起了这句话，觉得它就像一个小小的侦查员，在我不曾看到的地方远远地观望着我，向我招手，向我微笑……难道我还甘愿再这样碌碌无为吗？也许我无能为力改变自己的出身，但是仍不能放弃能够改变自己命运的任何机会。我相信每个大学生都曾有自己的理想，可有多少人始终为之付诸努力，一直在坚持着？正处于新时代的我强烈地感受到我们这个时代是注重素质教育的时代，是青年充分施展才华的时代。大学生作为国家和社会未来的建设者和接班人，应当义不容辞地承担起时代赋予的使命和责任。社会实践作为开展大学生素质教育的有效途径，一直以来深受高校的重视。假期开展社会实践活动是学校教育向课堂外的一种延伸，也是推进素质教育进程的重要手段，有助于大学生接触社会、了解社会。同时，实践也是大学生学习知识、锻炼才干的有效途径，更是大学生服务社会、回报社会的一种良好形式。我和多数大学生一样，高中及以前的学习生活都是在父母和老师的安排之下度过的，从未想过出去历练历练。记得在一本书中这样写道："一个不能靠自己的能力改变命运的人，是不幸的，也是可怜的，因为这些人没有把命运掌握在自己的手中，反而成为命运的奴隶。"真正上了大学以后，沉浸在一天天消磨时光的日子里，我越来越觉得恐慌，每个人的大学只有一次，我虽然不能让自己的大学生活多么轰轰烈烈，但是至少不想留太多遗憾，经过了一年的思想挣扎，终于下定决心走出去磨炼磨炼，近距离地感受下真正的社会。2019年6月26日，我和我的舍友一起奔赴富士康太原厂区，开始了为期两个月的实践生涯。

富士康科技集团是专业从事计算机、通信、消费性电子等3C产品研发制造，广泛涉足数位内容、汽车零组件、通路、云运算服务及新能源、新材料开发应用的高新科技企业。1974年在台湾肇基创立。自1988年投资中国大陆以来，凭借前瞻决策、扎根科技和专业制造，富士康迅速发展壮大，拥有百余万员工及全球顶尖客户群，是全球最大的电子产业科技制造服务商。2002年起位居中国内地企业出口200强榜首（2018年进出口总额占大陆进出口总额的4.1%），2005年起跻身《财富》全球企业500强（2019年跃居第23位）。

正式进入富士康之前，首先要进行体检，体检合格者才能被录用。体检之前先进入招募大厅进行初步面试。在经过一系列的检查、注射完疫苗后，整个体检就结束了，紧接着就是入职前的培训，我们被带入培训场地进行培训前的准备，在这期间我们等待体检结果。体检合格者后分发厂牌领取临时出入证。入职第一天就这样在懵懂中过去了。第二天进行为期一天的培训，培训内容分为企业文化介绍、企业生产的产品、员工的薪资待遇以及遵守规则，等等。

在本次工作中我被安排到测试5线第三段的600工站，我们主要是对生产出的手机进行摄像头的检测。我们共有四个人一起完成本次任务。在本次工作中我们需要知道什么是不良品，和一些处理不良品的技能，我所在工位的工作步骤如下：①从流水线拿起手机检查是否有保护膜遮挡摄像头，确保无遮挡；②放入治具中进行测试，等待测试结果（一台手机测试44秒）；③若出现不良品及时进行处理，若10分钟之内不处理完就会超时（超时后果很严重，手机直接报废，直接影响老板的成本）。工作很简单，只需练好手速就行，就这样一个多月过去了，渐渐地，我们对富士康不再感到陌生，上班、吃饭、休息三点一线成了我们每天生活的全部，初到这里那些陌生的面孔慢慢地熟悉起来，工作也似乎变得轻松了许多，从一个小时几十台做到二百台，产量从三百多增加到了一千七，不知不觉间我变成了一名熟练工……

有些事只有自己亲身经历过之后才会真正地有所了解，以前听说富士康的工资挺高的，真正步入这个企业才知道，那都是工人加班累计出来的，我们刚进厂的那个时间段是它的淡季，我们一个月连基本工资都拿不全。两个月的工作虽说对这么大的企业算不上了解，但是至少感觉到了我们所在的厂区存在的一些弊端，比如基层管理人员素质普遍都不高，他们很轻易地就会对员工进行人身攻击，对不服从领导的员工进行刁难和报复。

短短的两个月富士康实践历练，我收获了很多，懂得了劳动的艰辛，那是在学校课堂永远学不到的东西，更加理解了父母的苦衷和不容易，对父母的唠叨多了几分理解，我也更加珍惜现在的学习机会。在工作方面，我意识到团队合作的重要性，锻炼谦虚、谨慎学习的态度，等等。总之，两个月的富士康生活拉近了我与社会的距离，在社会实践中开拓了视野，增长了才干，进一步明确了我今后努力和奋斗的方向。总结具体的收获，除了基本的工资待遇主要体现在从以下几个方面：

（一）身心素质有所提高

经过两个月的实践，我的身体和心理发生了巨大的变化。适中并有强度的工作，使我的身体更加强健，胃口更好；提高了心理素质，特别是关键时刻能够保持淡定和清醒的头脑。领悟到做任何事情之前都要有个合理的规划，稳步实施；不仅如此，还提高了应对和解决突发问题的能力。生产线虽然只是生产，但也是一个小团队，团队整体的气质体现生产线的综合素养，要想"火车跑得快，全靠车头带"，生产线代理或者负责人要对生产线做合理的规划和布置，分工明确，责任到人，有异常要积极想办法解决，保证生产线的流畅。要积极做好员工的工作，提高大家的士气，让大家兴高采烈地做事情。另外，在生产类企业中一定要有足够的安全意识，确保自身的安全。当然，在这里无论是谁，执行力是首要的，要积极地配合达成目标，并出色地完成上级主管交代的任务。在这里上班就犹如"打仗"，从早会开始就一直忙。上班时间紧，排配多，不能有堆料和待料现象，没有料的时候要积极去催料，堆料的时候要适当、放快速度，保证品质。这里"时间就是金钱"，需要有强烈的时间观念。在生产的时候要有很强的品质意识，改善品质，永无止境。我们要积极学习生产线管理的知识，补充自己的不足，为自己的工作开辟新的思路，添加新的活力。

（二）学习态度有所改善

没有实践之前，我们一直接受的都是纯理论的学习，从没有真正地动手实践过，有些学生在学习过程中认为学习高数、英语等基础课程没有什么大的用处，真正工作之后根本用不上。但是经历这次工作实践后，我意识到没有知识是白学的，知识需要靠日积月累不断地丰富。天天手机不离手的我们根本不了解隐藏在手机背后的事情。科技的力量是无穷的，限制我们的不是思想，而是见识。比如实际的流水作业让我了解到了N84产品从生产到测试再到包装，手机是如何生产的，我也了解到一些专业术语，比如：E75是手机充电口的保护膜，8S各项工作规章制度在我们工站主要是指地面卫生等行业知识。

（三）意识到人际与能力都至关重要

实习期间，主要是人际的交往。和谐的人际关系和良好的说服力是社交中的利器，每个人都应该练就此内功，并在实践中提高功力。"静则思，思则虑，虑则行"。在安静的环境下独立思考，分析判断，制定行动方案，也是作为人生道理上的必修课，只有长期坚持才能大放光彩。"信息就是财富"，这是信息时代流行的一句话，团队负责人要及时准确地获取信息并加以利用，为团队注入新的活力，补充新的养分。"学历代表过去，能力代表现在，学习力代表将来"，树立终生学习的观念，积极历练，抓紧时间充电，为自己做一个长期的规划。

步入富士康，就进入了一个团队。在团队中合理定位是首要的。作为团队的代理负责人，要知人善用，用人不疑，要有强烈的集体荣誉感，合理处理好队友与队友之间的关系，及队友与上级之间的关系，要共荣、齐奋进、向前走，处理问题要懂得换位思考，有批评和自我批评意识，既要有良好的口才，也要有优秀的文采。

如今两个月工作结束了，我的思想发生了深刻的变化。面对学校的这种轻松安静的学习生活，倍感珍惜。希望学校今后更加重视实践的重要作用，"理论结合实际""实践出真知"这些耳熟能详的语言文字就像良师益友一样，不断启迪着我要在平日的学习中与实际相联系，学以致用才是学习的根本目的；另一方面我们一定要珍惜现在的学习机会，争取将学到的理论知识系统化、熟练化，以便将来在实际生产中能够应用自如。建议学校加强与社会的沟通并注重培养学生的综合素质，特别是人际关系。

社会才是学习和受教育的大课堂，畅游在这片广阔的天地里，我们的人生价值才能不断地得以体现和升值，为将来更加激烈的竞争打下了坚实的基础。

教师点评：作者开篇以命运与理想为引，详细讲述了自己利用假期参加社会实践的点点滴滴。全篇对于自己的艰辛经历未着一字，但是通过对社会本质深刻的认识以及对自身命运的深刻感悟，作者已经向读者道尽了社会生活的不易。文中讲述的社会经历和心理历程，令人久久难忘并深受感动。作者是一个坚强、积极、有理想、有抱负的大学生，不仅能从自身经历中总结出深刻认识，又能将对社会的认识融于学习中，做到了真正的"理论与实践相结合"，他已经走在了改变自己命运的道路上。

07　最幸运的遇见
——记我的三维数字化创新设计大赛参赛历程

（2018级城市地下空间工程专业　张贵方）

2018年9月15日，那是我不能忘却的日子，从那一天起，我带着父母和亲人的期盼和嘱托，开始了我的大学生涯。刚来大学的那几天，我一直处于亢奋中，或许是刚到大学，还没有适应大学里的一切；或许是被之前的学习生活束缚太久，渴望获得自由。但面对突如其来的自由，我似乎没有精心准备一番，慢慢地我厌倦了这种肆意释放，开始寻找自己的目标。

幸运的是在学校社团纳新中我加入了三维学社，在每天与社员的一起学习一起讨论中学会了CAD等绘图软件，最终在年终社团绘图考核时我取得了优异的成绩，这不但增加了我的自信心，还激发了我深入学习和探究的兴趣。由于我对建模方面的兴趣和家人的支持，在大一放寒假前我便买了一台家用型3D打印机，利用假期的自由时间，做了一些模型。我和家人沟通了自己的想法和目标后，决定开学后找这方面的老师再深入学习一番。

不知是幸运使然还是巧合，机会总是那么眷顾我。我的同班同学赵辉在思辨楼值班期间跟董作锋老师经常碰面，在一次闲聊中了解到董老师在做盾构机刀盘设计与优化的课题（盾构机是用来隧道掘进的），课题组正好缺人，想招几个具有一定专业背景、能吃苦、责任心强的学生加入，他多方面打听和推荐也没有几个人愿意去，于是他推荐了我，随后我又推荐了几个有想法的同学，就这样和一群志同道合的队友参与到这项课题中来了。

在刚加入团队之初，以前从没有接触过盾构的我，有些吃力，没有实物的参照，缺乏数据资料，单纯地借助影视图像资料建构空间想象，难度特别大。但这并没有让我退缩，反而激起了我想继续了解的欲望。于是我在中国知网等收集了近三百篇有关盾构机的论文资料，通过翻阅文献资料，收集整理相关的数据资料。然而，真正有用的资料却少得可怜。没有获得可参考的资料，我们只能边学边做，从基础入门知识学习到相关软件的熟练使用，这过程难度很大，因此课题组的整体进展有些缓慢。

2019年5月的一天，对我们课题组来说是一个转折的日子，我们获得了全国三维数字化创新设计大赛参赛的资格。我们课题组从得知赛事开始，便调整了工作的重心和方向，着手于学习和设计参赛作品。课题组成员一边学习三维软件一边搞设计，没人喊累，没人说苦，团队所有成员就像是被拧紧发条的机械表，一刻也不敢怠慢，没有一个队友拖后腿。为了把握这个机会，我们挤出所有的休息时间，历时两周，终于设计出心目中的刀盘模型，最后完成的那一刻，内心的成就感不言而喻，看着自己的作品既欣慰，又备受鼓舞。付出总会有回报的，参赛是促进学习的最佳手段，即使不一定获奖，也会在这过程中学到很多新的知识。

为了保证课题整体进度，董老师建议我们在假期留校继续学习研究，我们都欣然答应了。夏天的实习工厂十分炎热，坐在板凳上不出十分钟，背上已经湿透了。由于假期学校餐厅全部关闭只留下清真餐厅，校外的饭店也因放假的缘故关闭了，吃饭问题一直困扰着我们，面对这样的环境，我不禁想起了那句"天将降大任于斯人也，必先苦其心志，劳其筋骨，饿其体肤，空乏其身"。不经历风雨，怎能体会到彩虹带来的视觉兴奋？

在整个假期中，我们克服了生活上和研究中的一切问题，为的是按照进度完成任务。我们团队在学习运用有限元分析软件对设计的刀盘进行静力学分析时，因为软件为全英文版，软件使用操作复杂，再加上学习资料的缺乏，我们团队在这个过程中遇到很多阻力。但是没有任何人退缩，四人分工明确，每个人负责一个模块，攻坚克难。英文专业名词看不懂，就挨个查，操作步骤报错，就从头再试。单施加扭矩这个步骤，我们连续四天地尝试，才解决了这一难题，应力分析云图出现的那一刻，每个人都很激动和喜悦。

世上无难事，只怕有心人。在艰难迈出了第一步后，接下来的研究就顺利多了，我们尝试五十种不同的材料，最后选了一种应力最小的材料，重复五十次的步骤操作费时费力，于是我们自学一些编程，运用代码简化烦琐的手工劳动。在留校一个半月的时间里，我们共设计出四种不同的刀盘、五种不同类型的切削刀具以及三种支撑结构。同时，我们针对各自的刀盘写了相关论文和专利，吃点苦不算什么，只要保持积极向上、永不言败的拼搏和奋斗精神，成功一定会在哪个角落里偷偷地看着我们。

2019年9月28日，期待已久的全国三维数字化创新设计大赛山西省决赛在太原理工大拉开帷幕，我很荣幸作为答辩选手参赛。赛前我们对提交的作品进行新的改进，同时使用有限元分析制作相对完整的数据，我们以为做了最充足的准备，可是在准备室时，看到其他团队制作的PPT、动画后，从中发现了自己的差距，自愧不如，第一次参赛、第一次答辩，过于专业的讲解让评委老师有很多困惑，我个人在其中暴露出很多问题，紧张感使之前很多的准备没有用上。最终，在这次比赛中我们团队有幸获得三等奖的成绩，能取得这样的成绩是我们团队共同努力的结果。成绩已成为过去，这次参赛经历让我们收获了很多，并且发现了我们存在的问题和短板，不管是我个人还是团队都有很大的上升空间。因此，赛后我们做了总结反思，直面和解决问题，才能在下次比赛中避免犯同样的错误。

这个世界上，一个人的力量都是渺小的，只有融入团队，与团队一起奋斗，才能在实现共同目标中实现个人价值。通过参赛，不但增强了我的团队合作意识，也磨炼了我的意志，同时看到了与其他优秀团队的差距，并在与其他队伍的交流中找到了自我发展和上升的空间，我意识到比赛和赛中的观摩交流是一种非常有效的学习途径。

回想在课题组的这段时间，很多时候也曾有过迷茫，不知道自己应该去做什么，坚持什么，要怎么做才是正确的。但是这段路程最终顺利走下来了，除了个人意志和坚持，离不开指导老师和成员的指导和相互鼓励。我想大学最幸运的事儿应该是遇到并结识了一群志同道合的队友，为着共同的目标执着地坚持着，相互扶持着，不管结果怎么样，永远享受着在比赛场上厮杀的激动。当然这次比赛也更加坚定了我的内心，只要前进的方向正确，稳扎稳打，终会等到实现目标的那一天。

令人可喜的是，在刚刚结束的华北五省机器人大赛中，我们团队分为两支两人队伍，在逆向建模3D打印赛项中荣获一等奖、三等奖。比赛获得的荣誉和奖励是对团队共同努力的认可。就像谚语"人心齐，泰山移"讲的那样，一个好的团队就像是一个凸透镜，把分散的力量集中到一点；也是一个扩音器，把微吟变成呐喊，影响到更远的地方。当然，团队每一个成员都要有责任意识，不能因个人原因拖延团队的进度，个人能力的强弱同样影响团队的力量。一个徒有梦想而不去实践的人永远不知道实现梦想是一个什么样的体验，而那些畅游在梦想中并为之奋斗的人儿会乘着梦想的航帆一步一步走向胜利的彼岸。

不论是现在求学期，还是将来在职场中，我都会将自己一直融入团队中，找到自己在团队中那个最合适的位置，发挥自己的力量，让团队因我而闪亮，我因团队而翱翔!

教师点评：没有目标支撑的大学生活很容易使学生变得散懒，作者在经历了短暂的"放肆"后，成功地发现了自己的兴趣并将其发展为目标。独特的参赛经历也是他成长的过程，在此过程中他懂得了"机会在于寻找"，而这正是一切成功的开始。困难来源于各处，时常会发生，但凭着性格里的坚韧和团队的共同努力，他们突破了一重又一重的困难，最终的胜利便是实至名归。校园不只是学习理论知识的场所，同样是科学研究与科技创新的产地，愿所有学子都能在大学校园里找到自己的理想目标。

08　缘来山工院——忆那段与参赛有关的日子

（2018级城市地下空间工程专业　赵　辉）

结束了12年的寒窗苦读，2018年的9月，我终于步入了自己憧憬已久的大学。从小生活在省会城市太原的我，对于大学之初的学习生活并没有感到太多不适。想起自己刚刚高考完那会儿，不停地翻看着高考志愿书，在人生的第一次抉择前竟然那么茫然和不知所措。估摸着自己的高考分数，第一次感觉到之前被动的学习对于现在选择焦虑的我是多么的无奈。在和家人沟通后，我选择了山西工程技术学院的城市地下空间工程专业。最终，我顺利地被录取了。

记得在高中学习的那几年，不断听到亲戚朋友的劝慰，再辛苦几年，等到考上大学就好了，这番说辞对当时的我并没有带来多少慰藉，或者是激发更大的学习兴趣，只是当作一种莫名的安慰。但是，哪怕是善意谎言也经受不了时间的考验。很快，我便发现大学根本不是一个可以享受安逸生活的地方。相反，大学才是一个人真正被赋予思想的学习和生活的舞台。

从拿到录取通知书到真正步入美丽、充满朝气的山工院，内心曾幻想过无数次的大学的样子。从踏入校门的那一刻，我心里就暗暗发誓，在这里绝不虚度我这大学四年的青春年华，要闯出自己的一条路来，实现人生的价值。经历了家庭一些变故的我，内心期望自己做些力所能及的事情解决父母的忧虑。在听说学校给大学生提供勤工助学岗后，我便积极地报名，在勤工助学期间，一波一波咨询的学生引起了我的好奇，我鼓起勇气询问负责的董老师，就这样我和董老师之间建立了交集，从那时起正式加入董老师的团队。今年暑假期间，我毅然决然地选择留校，只为自己心中那个燃起的梦想。

万事开头难。从最开始的一无所知，不会搜索资料，读不懂文献，到主动寻找解决问题的方法，经历了最艰难的困顿期。一路走来跌跌撞撞，很多时候快要撑不下去甚至想放弃的时候，就在心里慢慢暗示，不要太怂，迈过了这道坎，离成功就越来越近了。否则自己都会瞧不起自己，怎么能让别人对自己刮目相看呢？在这样的心理暗示和坚持下，历经多次尝试之后，我终于找到了自己感兴趣的方向，并开始奋力前行。

如果说，考试是检验理论学习的一个重要尺度，那么，参加竞赛就是提升理论学习高度和实践能力的最佳手段。2019年5月的一天，我们获得了全国三维数字化创新设计大赛参赛的资格。我们团队在董老师的指导下，为参赛调整了学习和工作的重心，着手学习和设计参赛作品。最终，我们团队在这次比赛中获得三等奖的成绩，虽然这个成绩没有达到我们理想的目标，但是能取得这样的成绩也是对我们团队努力的肯定。

通过参加全国三维数字化创新设计大赛这种创新性试验项目的比赛，我学到了许多在平时的学习中根本接触不到的东西。尤其是以前从没有接触过的三维数字化设计以及3D建模打印。与团队中擅长这方面的队员一起学习，我发现了自身的差距。同时，我也意识到参加比赛是考验整个团队的综合实力，这离不开每一个队员的努力，建立了"团队因我而优，我因团队而荣"的团队理念。这次的参赛经历成为全面锻炼自我、提升自我的良好开端。

当然，在参赛过程中我们收获的不仅仅是理论知识和技术，还拓宽了视野，见识到了优秀团队背后凝聚的付出和努力。懂得了只有真心付出，才会有丰硕的果实，只有经历磨难，才能体会其中的辛苦，才会真正体验被寄予团队期望的喜悦。与比赛的结果相比，我们团队在这次比赛最大的收获是意识到自己存在的不足，找到了自己改进的方向，也了解了这类比赛的各项流程，积累了丰富的经验教训。专业知识的匮乏性和视野的局限性将促使我们投入更大的热情和激情继续学习、运用和检验新知识，为以后的竞赛积累更扎实的理论基础。团队成员也因比赛建立了更加深厚的友谊，为了共同的兴趣爱好和目标追求相互鼓舞和扶持。我们的友谊经受住了现实的考验。

总结过去、直面未来。任何一个成功绝不是来自偶然和幸运，而是在不断地尝试和摸索中必然沉淀下来的结果。为了团队实现更大的目标，在这次比赛后我静下心来思考团队和自己的未来：首先，优秀的团队需要一个优秀的领导者。对一个团队来说，一个优秀的领导者不但需要拥有必要的基本知识技能，还需要具备统筹全局的能力和视野，能够充分调动整个团队积极性，将每个团队成员的长处发挥到极致，不断挖掘每个成员的潜能，为整个团队蓄积能量。很庆幸的是自己加入了这么优秀的团队，董老师不但能够准确把握团队的宏观方向，也能够察觉到很多细微的环节问题。其次，明确的目标和坚定的信念是团队的生存法则，更是自己实现人生价值的内在动力。坚持到最后就是胜利者，说得容易但做起来却不是那么容易的。在最需要坚持的很多时候，我们往往忘记了这句话。其实生活也一样，最怕没有目标，做人做事都是如此，参加比赛亦如此。没有一个明确的目标和坚定的信念支撑，这个团队可能很容易就自己夭折了，也就很难在比赛中取得更大的成功。最后，自律是一个人能够长期拥有个人魅力的不二法宝。自律说起来简单，行动起来则需要钢铁般的毅力。没有意志力的支撑，自律只是一纸空文；没有意志力的支撑，自律便是无根的花，无法生存；没有意志力的支撑，自律只是海中浮木，随波逐流，找不到成功的彼岸。所以意志力是尤为重要的，尤其是身处团队中。锻炼毅力并不是什么千难万险的苦差事，它需要的只是你的一点行动力的累加。就比如在考试前你挑灯苦读，在万籁俱静中自认为坚持不下去想放弃的时候，想想自己的目标仍旧能够咬牙坚持。或者是在长跑太累快要坚持不下了时，心中暗暗鼓励自己，为自己加油喝彩而最终坚持到终点。正是在这样的看似一桩桩的小事中不断地积累和千锤百炼而来的意志力，便形成了个人的自律。有了自律保驾护航，才能在实现人生价值中提升个人魅力。

可能无数的仁人志士都曾探索过上大学的意义，我虽不敢说已经掌握了大学的真谛，但是却在大学里发现了最真实的自我。与一帮志同道合的伙伴，共谋大事，学习他人的长处，弥补自己的短板。廖一梅曾在《像我这样笨拙地生活》中如是说道："学校教不了你人生观，也教不了表达方式，这些东西教不了，但是大学非常重要，大学是人生最重要的时期，因为你很多东西都是在大学这段时间形成的，但是不能指望谁能教育你，或者从谁那儿得到启发，最本质的是自我教育。"了解自我并完善自我正是我们每个人在大学里的共同追求。大学不是一个可以躲过升学考试的安逸区，而是一个拉开距离的跳跳板。它会带你到一个更宽广的地方，见识更大的天地，让你认识到自己的不足，然后去探索那些你的认知盲区。在这个叫大学的地方不是为了遇到哪个贵人，而是为了遇到更好的自己，让自己始终保持着独立和清醒，独善其身。有的人可能质疑读大学不是实现人生价值唯一的一条路，这当然不可否认，但是读大学却是实现人生价值路上一段弯路最少的路。既然我们有机会读大学，我们就要使出浑身力量牢牢地抓住，别轻易说放弃，也别肆意去堕落。一年的大学历练足以让我认清，"上大学"这几个单薄的字眼，并不仅仅局限于读书，更是一种人生态度。我们是怎样的人，将成为怎样的人，都在这放弃与抓紧之间渐渐浮于表面。大学的真谛就在于在我们这四年当中的每分每秒，我们抓住了什么，错过了什么，后悔了什么，遗憾了什么，感悟了什么。

有时候，我总在想，大学四年过去之后，我将在那片热爱的土地留下点什么？我又将带走什么？熟悉的校园、图书馆、实习车间将不再重现，唯有那割舍不掉的师生情和舍友情。在来来回回穿梭的脚印中，我能带走的只不过是一个自己亲手打造、由社会检验和评判的、承担社会责任的全新的自己。

虽说比赛已经过去了一段时间，回想这段学习和参赛的经历，我想最能表达此刻心情的就是感谢，感谢指导老师和学校的大力支持，尤其是在我们遇到困难的时候，董老师总是耐心地为我们解决。感谢有爱的队友们，正是有了我们互相的支持，即使感觉很累的时候，我们仍然没有半途而废，一路走来我们每个人都曾经收到过来自队友的支持和鼓励，成长于这样一个有温度的大家庭里，是我们每个人最大的幸运。最后，感谢山工院，我们因你而结缘，因你而出彩，相信在不久的将来，您会因我们而自豪。

教师点评：真情的投入，必然有令人感动的收获。作者怀着一颗赤子之心踏入了大学的校门，"绝不荒废自己四年的大学时光"是对自己郑重的承诺。"言必信，行必果"是作者独特的品质，他用自己的行动践行着自己当初的诺言，用自己的成绩证明了自己的努力。大学的本质是自我教育，在四年的时光里，学到的、做到的、抓住的、错过的以及感悟到的共同构成了大学生活，所有的经历都成为塑造自身的过程。作者是一位有着"真性情"的学子，在学习中能将目标贯彻始终，在生活中也能懂得感恩一切。

09 马房里的趣事

（2018级安全工程专业　王振泽）

这不是我第一次走进马苑，却是我第一次进马房。若是没有这次二青会志愿者的经历，我也许永远没有机会踏入马房一步，更没有机会了解马房背后鲜为人知的故事。为了保证马匹的安全和健康，马主会为他的心头宝贝付出太多太多，掩盖在人力、物力背后的是那些无尽的精力。每当夏日太阳高照时，为了给马匹消暑，马主每隔半小时就为马冲洗一次。参加国际竞赛的马匹一般具有多国签证，专门陪同的医务人员、豪华住地，粮草也是进口的精品，这一切的一切就是为了保障马匹在比赛时能够发挥得更出色。刚开始培训时，我满心期待却又有些担心，害怕自己无法胜任信息中心组长一职，仅凭着一腔的热情和激情很难担负起这样的重任。经过一番心理挣扎后，我决心试一试，给自己一个交代。终于，十天的坚持在出色地完成任务的那一刻，我释怀了，没有做不了的事情，只有不想做的思想，梦想与现实之间的距离有时也就只隔着一个"行"字的距离。

回想当时的点点滴滴，记忆犹新，还记得教练介绍他自己的时候让我十分震撼，他瞬间成为我的偶像和榜样。聊到做志愿者的经历，他告诉我们他从七岁开始就跟着父母为亚运会做志愿服务，八岁时他在一次比赛志愿服务中发现了马术的魅力，从此便开始系统练习马术，参加比赛。一路走来他获得了大大小小近四十项国内外马术比赛奖项。

为了更好地照顾自己的马匹，他还亲自学习兽医知识，备考了兽医证。他说今年是他第一次不是作为赛手，而是作为裁判组成员出现在马术比赛的现场，即使是再熟悉的地方，不同的身份总会给人以新的体验，所以我们每个人都要珍惜每次机会，不断增加自己的阅历锻炼自己。分组的时候我曾特别害怕自己被分到马房组，但往往事与愿违，我与自己最向往的看台组失之交臂。内心失落难受之时，教练的一句话点醒了我，我们不是被请来做观众的，每一件事情完美落幕之前，总会有无数人在背后默默付出，而今天你们就要做那些"在背后"的人。任何一个组都有自己存在的意义，没有高低贵贱之分，只是有的组工作量比较少，有的则需要付出的比较多。但既然决定加入二青会做志愿者，想必就已经做好吃苦受累的准备了吧！

在内心经历了一番挣扎之后，我踏入了想象中可能脏乱差臭的马房，出乎我意料的是，马房非常干净整洁。当我为三百多匹马匹分别重新确定好住房顺序，打算歇一歇的时候，一位裁判告诉我，马房的其他工作辛苦费力，这些要让男生来，女生心细，让我到信息中心帮忙。

于是我又阴差阳错地来到了信息中心，缘分让我和这里的九个姑娘相遇相识，最后成为无话不谈的朋友。负责人阿英小姐姐为我们起了美少女战士组的组名，激励我们以饱满的热情开展工作。虽然只有十天，但最后结束时，看着那个临时搭建的基地，我们每个人内心都充满不舍和怀念！那里留有我们整理马匹护照，分马牌，打印赛程安排，记录赛马成绩，写稿子，做登记记录等干了无数琐碎但不可或缺的工作的身影，那里有我们一起大笑、一起嬉闹的记忆，有我们抱怨盒饭难吃但又因善良的裁判发给我们水果后激动的声音，那里有太多太多美好的瞬间，而这些都被永远镌刻在我们的脑海中。

每次裁判到裁判台计算盛装舞步比赛成绩，都是我最害怕的时刻。记得那天太阳超级毒辣，但因为工作人员的失误，裁判台前面没有幕布遮拦，太阳可以直射到裁判台，十分影响观察。即使在这样的情况下，我们也需要和计算机同步计算每个赛手的成绩，确保成绩的准确公平，每次计算机和我报出的数据不同时，是我最羞愧和内疚的时候。那天九十七组数据中我算错了三组，也是那天让我真的更加深刻地明白：不仅在学习中要培养认真细心的品质，工作时更需要严谨仔细的态度。学习时的一次粗心，或许结果只是成绩的下降；而工作中一旦因粗心而导致负责的部分出现问题，需要承担的后果可能严重到根本想象不到。或许一次失误毁掉的是别人不知多少个日日夜夜的辛苦和努力。所以无论何时何地我们都要认真负责仔细，切不可慌张大意。并且一旦出现问题，必须从自身内心深处反省自己，客观条件也许会有影响，但最关键的还是自身的努力。

学会如何维修打印机是我在二青会工作中又一大收获。到信息中心报道的第一天，负责人就告诉我们基地的每一件物品最后要交回组委会，我们必须保证基地每件物品不丢失，不损坏。但一天上万份的打印，还是使那台昂贵的打印机不堪重负，在连续工作了三个工作日后彻底罢工。在联系责任修复人员两小时后仍然无果，却急需使用打印机的情况下，我决定对照说明书，和大家维修打印机。最后经过大家的努力，我们发现了问题，成功修复了打印机。这次经验让我懂得了打印机的基本原理构造，高兴激动还未平复时，负责人回来提出的问题，如给我当头一棒，他问我一万八千元的机子若是修复不好，你害怕吗？这份责任你需要承担，你想过这些问题吗？当一个个问题抛给我时，我无言回答。虽然解决了棘手问题却又意识到我们需要为我自己的每个决定、每个行为负责，在你不了解一件事情的时候，最好不要擅自轻易做决定，很多时候多问多请教比自己摸索会更便捷，结果会更好。

心怀感恩的人容易受到人们的欢迎，每次香港体校队负责人来信息中心拿资料时总会给我们带香港特产的小零食，他说志愿者不容易，没有回报，一天十几个小时坐在这里整理打印资料很枯燥无味。这番话让我们觉得一切的辛苦都是值得的，因为有人理解体谅我们。最后看到组委会为香港队特别制作了参与奖的奖牌时，我为祖国的强大而感到骄傲，为香港人民不远千里来参加比赛而感激和感动！我相信在祖国的带领下，香港的明天会更好！

当一切结束，合影拍照后，教练问下次还会来吗，大家异口同声说会的时候，真的很震撼和感动，我们永远会有一颗年轻的心，永远会保持激情和热心。

一次次志愿，收获的不仅仅是眼界的开阔，更重要的是认清自己，找到今后自己的发力点。曾经，每年秋季开展西口风情生态文化旅游招商引资系列活动是我家乡的惯例，我负责信息核实工作，今年我则有机会近距离接触各位商界大佬。早上八点出发，七点五十人全部到齐这让我很吃惊，又觉得一切都是意料之外却又在合理之中——时间观念很重要。在早到的十分钟里，大家相互介绍攀谈，或许上千万的合同就会在这短短几分钟里敲定。参观中国葱都图远集团时，我见识到了现代机器人的先进和其广泛应用。家乡因地处高寒之地，适合沙棘生长，故将其发展成了当地特色产品。沙棘汁现在非常普遍，但把沙棘用到化妆品中的创新却让我耳目一新，切实感受到技术日新月异的发展让人们很多大胆的想法都实现了。这次陪同让我感受最深的是，一个项目从有想法到能成功上市有很长的路要走，放假前我参加了互联网比赛，和团队曾做了个关于麻麻花的项目，但没能晋级。我们失望之余也曾反思过，这次参观中大科技公司却让我们真正明白了原因，原来已经有人比我们想得全面，并且经过调研，已实现了产出和销售。身处校园中的我们，学习知识毕竟有限，走出去才能发现在高速发展的今天，时代在快速变化，我们需要多走出去了解感受时代的变化，用新眼光、新思想去创新创造生产。有幸和一位大佬交流，我问一个项目成功最关键的因素是什么，他说是技术，现在不缺有想法的人，却缺会技术的人才，在科技愈来愈重要的时代，掌握核心技术很关键。当询问了我专业之后，他说工科生在大学必须扎实学习知识，掌握技术。山西作为煤炭大省，应该到了转型升级的关键时刻，而这需要你们这批年轻人，所以在学校学习是第一位，在其位谋其职是一大收获。

一位投资人问我马场比赛是只有每周六比赛吗，这里有没有体验骑马的环节呢，我回答暂时还没有。这个问题给我了灵感，现在亲自体验似乎成了商业商机中极为重要的部分，于是我在和同车的书记闲聊的时候说出了这个想法，他说现在我的想法马苑正在投资，不久之后就可以实现了。我为家乡发展的迅速而自豪，也愿家乡明天更美更富饶。

志愿者的本质就是服务和奉献，在服务中接受思想的洗礼是我最宝贵的收获。无论今后在何时何地工作，既然身上背着志愿者的标签，就要以最饱满的热情投入到每次的工作之中，为每一位到场的人员服务好，把责任扛在肩上，将使命在肩、奋斗有我的精神永远传承发扬下去。

教师点评：一次"意料之外"的经历点燃了作者热衷志愿者服务的内心，事与愿违地走进了马房，阴差阳错地调进了信息中心，作者的志愿者服务经历可谓是充满了"戏剧性"。无论从事什么工作，摆正姿态是首要条件。作者虽然不愿从事马房的工作，但上任之后仍能尽心竭力地工作，认真负责的品格令人感动。读完她的故事，我们仿佛能看到志愿者们一同欢欣、艰苦、付出、收获的容颜，仿佛能看到那些青春洋溢的身影在运动场各个角落闪动。人生的开启或许只差一场"意外"，当投入其中后，可能就是愿意为之付出一切的未来，趁着年轻的时光尽管去尝试和经历吧。

10　职场小白蜕变记
——记我大学的第一个暑期兼职

（2018级安全工程专业　张　丽）

2019年六月的一天，随着最后一门课程考试的结束，在即将迎来大学的第一个暑假之际，我萌生了去社会实践的想法。以前从未有过打工经历的我，听着周围同学侃侃而谈，诉说着打工时遇到的趣事，更加坚定了我有朝一日走上职场体验一番的决心。

透过朋友圈，看到认识的学长有的晒自己的工作环境，有的晒美食，我满怀好奇与期待。在和家人商量沟通后，我抱着积累经验和增加体验的想法迈出第一步寻找工作。因为前期没有做过相关的了解和调查，对于暑假短期实践工作去向毫无方向感，偶然的一个机会在街上看到有家服饰专卖店招聘销售导购，本以为这是一个低门槛、零经验的工作机会，哪知在预约应聘时竟然被要求面试。虽然对于这份兼职我没有抱太大希望，但是也不想在面试中被否定。于是我在忐忑和期待中搜集了一些关于服饰品牌、风格、理念，营销等方面的知识，但是真正面试时才发现我准备的这些知识根本没有任何用处。当老板抛出真正可能遇到的销售问题"顾客要求退货怎么办"时，我有些措手不及，词不达意的简单回答让我有些尴尬。虽然这份工作最后因为工作时间的原因被我拒绝了，但是我意识到在职场上只有拥有解决实际问题的能力才有可能受到老板的青睐。以前的自己对于哪怕像饭店服务员这样的工作都要优先招聘有经验者总是嗤之以鼻，有了这次应聘经历，那颗曾经在校园里高高在上、浮躁不安的心终于接地气了，恍然间醒悟，学历与能力不能直接画等号。当然这次面试让我增加了自信，这么多年的求学生涯所积攒的自我学习能力，虽然弥补不了经验带来的直接效益，但是只要有平台，未来还是大有可为的。

后来，我又应聘了一家公司的文员。面试时，老板随和的语气让我轻松许多，过程中一切顺利，在我还近乎恍惚的状态下被通知应聘成功了，心里有些窃喜。窃喜的是，一方面这份工作虽然是个文员，但是与我大学所学的专业有关，另一方面，面试成功让自己多了一份安慰和肯定。听着老板利落地交待我一些工作中的细节，我心中狂喜还得故作镇定，心里盘算着一定要好好把握这个机会，通过近距离接触行业，增加对所学专业的认知，为将来的职业做好规划。

面试结束，紧接着是三天的试用期。看着陌生的环境，对文员还懵懂无知的我，不知道试用期里需要干什么具体的工作，有时看到周围人忙碌的身影，尴尬得手脚都不知道放在哪里才好。好在我周围的前辈同事都特别温和善良，他们都很有耐心地点拨我指导我，还不厌其烦地安慰着我要慢慢学。试用期第一天，在前辈的教导下，我了解了部门的负责项目和打印机的使用方法。一天下来回到家，虽然没有干具体的工作，但是我已经累瘫了。躺在床上感慨工作真的不容易，虽然以前父母耳提面命地告诉我要打理好自己的学业，否则走上工作岗位会更辛苦，但是当时从未真正用父母的教诲来鞭策自己，甚至有些时候在学习中遇到不顺心的事情还责怪父母，现在想想那时的自己竟然那么无知。

这次工作前父母还不停地叮嘱我在工作中要有眼力，眼里要看得见活，要敢于和善于沟通，遇到不懂的事情虚心请教身边的同事等等。从上学开始就拼命地想逃离父母的掌心，希望按照自己的意愿和想法去做事，真的等到这一天到来的时候，才发现有人告诉自己该做些什么不该做什么是多么幸福的一件事情，慢慢地理解了父母对自己的那份牵挂和不舍，儿行千里母担忧，道出了多少父母的心酸。因为这份牵挂，在找工作中我尽量避免寻找那些需要试用期的工作，虽然口头上向家人辩解着试用期不给工资之类的，但是只有自己才晓得藏在内心深处的那份自卑和胆怯，我不停地暗示自己，工作中物质的收获不重要，重要的是经历，即便试用期没通过，也可以多一份经历，知道自己哪里存在短板，在今后的学习中尽量去弥补。

试用期与正式工作并没有大的区别，工作时间和正式员工相同，只是没有具体的工作安排，过了第一天的兴奋和疲惫，慢慢地我开始融入这个集体。经过三天的试用期，我大概了解了部门的工作流程和一些注意事项。幸运的是还结识了一个好朋友，同为兼职的大学生身份，让我们很快就熟络起来。由于她入职比较早，所以老板决定让我跟着她一起学习，学习过程中她很温柔也很有耐心，看到我做得不对，就及时帮我改正，因为我理解能力不是太高，她不厌其烦地一次又一次帮我纠正。从小胆小的我不敢询问其他同事，怕多次打扰人家会被拒绝，所以每次遇到困难我总是去找她帮忙。三天试用期后，我终于获得老板认可，拥有了自己专属的工作牌，我正式成为这个煤电铝公司的文员。因为工作时间的原因我偶尔与好友不能在同一个时间段工作。后面我们见面的机会少了很多，但是我在心里一直默默地感激着她。

按照公司的安排，我又重新被安排来了年龄比我略大几岁的姐姐带着我工作，她的出现为我第一次职业经历带来了一束白月光，至今回想起她对我的帮助，我都感慨万分。之后三天的午饭时间我都会刻意去找好友，虽然工作时段不尽相同，碰面的机会少了，总是想利用不多的午饭时间跟好友聊聊，不仅是感谢，更多的是在与好友的相处中忘记了工作中的烦恼，成为解压的一种好方式。公司新安排了一个前辈过来带我，她虽然看起来是那种不苟言笑的，话少，但关键时刻却肯出手帮你，我瞬间被她的个人魅力所吸引。可能看出我中午没有人一起吃饭，前辈主动约我一起吃饭，心中窃喜又紧张。以前经常听说合约是在饭局上谈成的，关系是在酒会上亲密的，在我和前辈第一次的搭伙饭局，我们彼此的熟悉度直线飙升。从外表根本看不出她也是追星女孩，经历丰富而且懂得特别多。在工作上，前辈对我是信任的，虽然我是暑期工，按照规定我只需要帮助打印文档，收拾整理过期的文件，但前辈安排了我编辑修改文档的工作。起初我怯怯地告诉前辈可能没有经验不一定能够做好，但是我会努力。前辈听完我的话，投来信任和期待的眼光，依旧把工作安排给我，特别感谢她给我学习的机会和平台。在工作中我认真查阅资料，询问其他工作人员，费劲地编辑完前辈安排的任务后，前辈看到我的成果，直接地点出我的问题所在，并提出修改建议。在一次又一次的更改下，我的文档被采用了。这件事情大大提高了我的自信心，也对身边的每一个前辈更加钦佩，从他们身上学到了课堂上根本接触不到的东西。

最近几年书店很流行励志著作，像《如何在职场立足》《职场甄嬛传》《升职的秘诀》等，我虽然没看过具体内容，但这些直白的字眼告诉我这个职场小白，任何工作都不是表面的那么轻松。还记得我在试用期的时候，公司招聘了一名再就业的阿姨，她已经40多岁了，私下里我们曾一起聊一些轻松日常的话题，可能因为年纪代沟，我们总是聊不到一起。阿姨和与她年纪相仿的同事聊天时谈论的那些关于彩礼、教育方面的话题我都不曾关注。由于阿姨自身的原因，工作方面老是出差错，经常发错文件，造成不必要的麻烦，而且即使被指出也不改正。长此以往，她与同事的矛盾就积累起来了，但其中有一个40多岁的同事与阿姨关系看似不错，在阿姨发生工作失误后，总是帮忙化解问题，一副和谐的样子。一天，还在试用期的阿姨又迟到了，还与一位员工在办公室发生争吵，结果是阿姨被辞退了。对于这件事情我唏嘘不止，果然工作的地方是这样的不留情面，没有规矩在职场上根本无法立足。工作上失误，迟到，不顾场合与同事争吵都是阿姨的错，我要因此警醒自己。让我感到意外的是，原来那位与阿姨关系不错的同事，一改往日的和气，在阿姨被炒鱿鱼后，仿佛打开了一个不知名的按钮，大肆吐槽阿姨种种不是，语气里透着嫌弃，仿佛前一天与她侃侃而谈、相见恨晚的那位不是一个人，我站在一旁静静地听着，惊讶于职场人里不乏这样冷酷无情和落井下石者的事实。我继续工作着，不敢与同事多说，安安静静地做着自己分内的事。

这次的职场经历虽说只有短短一个多月，但是对于职场小白的我来说是一次从头到尾的蜕变过程。不仅让我体验到工作的艰辛，也让我学到待人接物的大智慧。大学的一头连着幸福的象牙塔，另一边已经开始与社会接轨，这次短暂体验社会的经历，让我收获了面对和解决棘手问题的态度和能力，找到了职场上与同事竞争、相处的门道。身处大学的我们缺少的不是学习理论知识的能力，而是在实践中历练的机会。实践是检验真理的唯一标准，只有亲自实践过，才会对自己有一个清醒的认知，明白自己有很多不足，找到自己前进的方向。我也很感激现在是一名大二学生的我，已经有这样的机会认识社会、认识职场、认识自己。希望我接下来的大学生活过成自己想要的模样，为将来再入职场的我积攒一切能量。

教师点评：作者利用暑假充分体验了一把职场的风云变幻，在经历了重重困难和见识了种种辛酸后，终于完成了"职场小白"的彻底蜕变。社会能教会我们在大学里学不到的东西，能让我们得到极大的锻炼与提升。"具有解决实际问题的能力才是社会所需"，作者用亲身经历向我们阐释了实践的重要性。在职场中，每一个人都是复杂的集合体，既要有实际工作能力，又要有足够的学习能力，还要对工作环境有清楚的认识。大学的一头连着象牙塔，另一头连着社会，将从象牙塔里学到的知识应用到社会实践工作中，是当代大学生从"小白"到"大能"的蜕变历程。

后 记

在研究生期间，我便与辅导员结下了不解之缘，如今从事大学生思想政治教育工作已经十年有余，美好的时光也在不经意间溜走了。回首往昔，曾经与学生朝夕相处的一幕幕仍然依稀可见，但是，此时的我已经不再年少，对于辅导员这份职业的认知也不再肤浅。初入职时，第一次参加学生德育答辩时的场景依然历历在目，原本属于大学最后时光的留恋和回忆却被那些苦笑中夹杂的遗憾和后悔所取代，当时的我除了震惊和无措却也无能为力，只能在内心里默默地祝福这些即将踏入社会的学生在以后的成长道路上勇敢些、再勇敢些。

高校"培养什么样的人，如何培养人以及为谁培养人"这个问题，一直徘徊在我的内心深处，也曾在自己担任辅导员的过程中试图努力去做些什么。但是每当送走一届学生时，我的内心深处总是不自觉地刺痛，为什么我不能让学生少一点点悔悟，似乎只有到毕业那会儿学生才能如梦方醒一般，这一刻我才真正意识到思想工作最重要也最难见效。2017年，我校制定实施的德育2+X综合改革实施方案，也是在那一年，我真正开始大学生思想政治教育工作，不再把全部的精力放到日常管理中，而是结合辅导员九项职责和自己的喜好，有针对性地开展思想政治教育工作。虽然对于没有思想政治教育背景的我来说不是一件易事，但是一步一步去做一切似乎都还不太晚。慢慢地我发现，传统的说教式的教育方法在学生身上奏效甚微，甚至让学生特别反感。这种形势下做再多的工作恐怕都是徒劳，于是我转换思维，结合方案中关于实践的考核要求，引导学生参加各种各样的实践，让他们在实践体悟中自我教育、自我完善、自我发展。

2019年，我有幸成功申报了山西省教育厅人文社科思政项目辅导员专项课题，确定了实践育人研究方面的课题。课题的压力和求知欲促使着我把这些年的工作经验提炼总结一番，曾经那些焦头烂额的工作和烦琐的家务让我有些许的焦虑，但是回想自己这些年的付出却又不甘心就此止步。回想整个书写的过程，虽然困难重重，但是在这个过程中我也阅读了不少理论方面的书籍和文献，理论储备有了较大提升。最后，感谢一直以来帮助我的领导和同事，你们的严谨治学、学识渊博、为人师表、率先垂范让我非常受益，这份沉甸甸的教诲我将铭记终生。

附件　山西工程技术学院德育"2+X"综合改革实施方案

山西工程技术学院德育"2+X"综合改革实施方案

为深入学习贯彻全国高校思想政治工作会议精神，按照习总书记提出的"强化基础、抓住重点、建立规范、落实责任"的方针，全面落实中共中央、国务院《关于进一步加强和改进新形势下高校宣传思想工作的意见》，山西省委、省政府《关于加强和改进新形势下高校思想政治工作的实施意见》规定和要求，根据学校《关于加强和改进新形势下学校思想政治工作的实施办法》部署和安排，结合我校德育特色工作，决定实施学校思想政治理论课教学和学生德育答辩工作为"2"加X项德育实践项目的改革（以下简称德育"2+X"综合改革），着力加强顶层设计优化，强化体制机制与平台载体建设，整合课堂理论教学、课外德育实践资源，使师生成为思政学术共同体，团学成为思政实践共同体，党政成为思政教育共同体，切实推动德育"2+X"综合改革向纵深发展。

一、指导思想

高举中国特色社会主义伟大旗帜，深入学习贯彻习近平总书记系列重要讲话精神和治国理政新理念新思想新战略，全面贯彻党的教育方针，坚持社会主义办学方向，以立德树人为根本，以理想信念教育为核心，以社会主义核心价值观为引领，遵循思想政治工作规律、教书育人规律、学生成长规律，把握学生思想特点和发展需求，注重理论教育和实践活动相结合，普遍需求和分类指导相结合，坚持改革创新，着力构建"四课堂一答辩"特色载体平台，建立科学规范的德育评价体系，增强思政工作时代性和实效性，积极推进"大思政"格局建设，全面提升我校思政工作质量和水平，努力培养又红又专、德才兼备、全面发展的社会主义事业合格建设者和接班人。

二、主要改革任务

德育"2+X"综合改革的主要任务是以提升思政教育质量，培养学生认知能力、合作能力、创新能力、职业能力，增强学生获得感为目标，以增强德育的亲和力和影响力、针对性和实效性为指向，将德育各方面各环节教育全面纳入学分制管理，将"软指标"变成"硬约束"；坚持问题导向、需求导向，按照供给侧结构性改革的思路，推动思政课教学由教材体系向教学体系转变，思政课程向课程思政转变，着力加强专业课德育功能、七个直属教研室德育功能、党政群团组织德育功能、网络思政功能建设，将学生德育工作从思政课一个点，连成一条线，组成一个面，凝成一个体，努力构建全员、全过程、全学科、全方位育人的立体思政体系，实现学生德育工作的特色创新发展。

（一）深化思想政治理论课改革，提高思想政治理论课质量和效果

按照《中共中央宣传部 教育部关于进一步加强和改进高等学校思想政治理论课的意见》和《〈中共中央宣传部 教育部关于进一步加强和改进高等学校思想政治理论课的意见〉实施方案》精神，严格执行教育部《思想政治理论课建设标准》，认真实施《思想政治理论课建设体系创新计划》，全面落实"三化"要求，"五集"举措，重点在思路、师资、教材、教法、机制上打好攻坚战，发挥好思想政治理论课主渠道主阵地的作用，着力提高思政课质量和水平，努力构建起具有我校特色的思政课的立体空间教学模式。

1.思政课教学改革基本原则

客观形势有变，办学方向不能变。面对政治多极化、经济全球化、科技现代化和文化思潮多元化的社会发展趋势，必须始终坚持党对高校的领导，巩固马克思主义在意识形态领域的指导地位，始终坚持中国特色社会主义办学方向。既要"因事而化、因时而进、因势而新"，更要立足我国独特的历史、独特的文化、独特的国情，走具有中国特色的发展道路，扎实办好中国特色社会主义高校。

教学方式有变，根本任务不能变。社会的发展改变着人们的学习工作和生活方式，教育的改革同样要求教学方式的变革，但教育的本质和目的永恒不变。必须将"立德树人"作为根本，这是学校的立身之本。改变教学方式方法要坚持将"成人"与"成才"相统一，形成以德统领学生的学习，生活和工作，使德成为学生人生的指路明灯，使学生成为社会主义事业合格建设者和可靠接班人。

阶段内容有变，核心价值不能变。人的成长发展是分阶段的，同时要与社会发展阶段相适应，因此，在不同的阶段，其发展需求与要素是不同的，教育教学内容要因时而变，才能促进人的发展。但培养什么样的人是教育价值的核心要求。必须把培育和践行社会主义核心价值观融入教育教学各个环节，贯穿于教育教学的全过程，把社会主义核心价值观植根于学生心中，要善始善终、久久为功。

群体特质有变，主体地位不能变。不同时代的人有不同的时代特征，80后、90后、00后等时代标签，说明了学生群体特质的不断变化。但在教与学的规律上，学生是主体、教师主导的地位定位是不变的。要坚持和尊重学生的主体地位，才能真正发挥学生的主动性、自觉性和创造性，才能更好地发挥教师的主导作用，统一协调其共性与个性，在教与学的互动中，实现教育的目的。

2.思政课教学改革基本思路

（1）以问题链提高教学的含金量。要以问题为导向，在问题中探寻教学改革思路，主动发现问题，深入分析问题，系统解决问题，提高教学解惑答疑的含金量。

（2）以有意思丰富教学的有意义。要把握学生的趣向和兴趣、要求和追求，用学生感觉有意思的方式，激发学生内在的积极性，促进学生的学思践悟，使思政课教学变得更有意义。

（3）以互动性促进教学的上水平。要以交流指导作为教学的主要方法，提升教师沟通、指导学生的能力，创新互动方式，拓展互动空间，在互动中提升教学的质量和水平。

（4）以获得感彰显教学的实效性。要以满足学生发展需求作为检验教学成效的重要指标，让学生有获得感作为教学改革的目的之一，从而提升教学的实效性。

3.思政课教学改革基本举措

（1）学生配合集合问题，利用现代媒体和大数据，分期分类整理学生思想问题。

定期召集学生代表、辅导员和班主任召开座谈会、班会等，现场收集学生关注的热点、难点和学习、生活中遇到的问题，为思政教研活动提供参考；思政教研室在每学期初要根据本学期开设的课程内容、当前备受人们关注的社会热点难点问题以及学生成长发展过程中有可能遇到的问题，制作山西工程技术学院学生热点关注情况调查问卷；结合山西省大学生思想政治状况调查问卷进行连续、滚动地调研，由任课教师在开学半个月内利用课堂或教师任课班级为单位建立的QQ群或微信群等多种渠道组织学生完成调查问卷。思政教研室组织思政教师根据调查结果，综合分析不同年级，不同专业，不同类型学生的思想状况，根据学生对各类问题的关注度，整理出授课过程应着重解决的核心问题，并撰写我校学生思想状况调查报告，为思政教育工作提供参考。

（2）领导参与集中研究，领导搭台专家攻关，学用系列讲话寻找根源破解难题。

按照教育部关于高校思政课建设标准的要求，校党委会每学期不少于三次（学期初、中、末）召开思政教育专题研究会议，并形成党委会会议纪要。根据调研存在的实际问题和教学过程中发现的难点问题的性质不同，要求有关校领导与思政教师代表，认真学用系列讲话，在系列讲话的引领下进行探讨交流，确定出攻克难点问题的有效途径和具体实施方案。

（3）骨干指导集体备课，打造"中央厨房"教研室，保证教学政治性学术性教育性。

思政部要起到思想政治教育"中央厨房"的功能。要贯彻中央的思政教育文件精神，依照教育部统编教材在全体思政教师中开展集体备课，每学期分管思政工作的校领导参加集体备课不少于2次。承担思政课的校领导应参加相关集体备课。通过集体备课确定理论教学专题内容、形成实践教学项目主题。每次集体备课要有一名主备人，要写出自己对教学目标的把握、教学重难点的确定及其突破分析的方法，写出自己对教学内容的理解、精彩片段的教学设计及自己的教学思路，拟写备课中发现的值得探讨的问题、内容，或者是自己的疑问、需要请教的问题等。其余参与人员要对主备人的设计、观点进行客观的、中肯的评价，并发表自己不同的见解或解决主备人的疑问。同时，要指导把关七个直属教研室德育教学内容。

（4）教师专研集成授课，浓缩思政课课堂教学内容，增大思政实践教育教学内容。

把四门思政必修课程按照4比1的比例分成专题化理论教学和实践教学两部分；实践教学分校内与校外实践；其中校内实践要实现全覆盖，校外实践由任课教师选出优秀学生代表参加，覆盖率30%以上。采取载体化模式，设计丰富多彩的符合大学生成长规律的并具有德育教育功能的实践教学，把课堂静态的思政课变成课外行走的思政课。

（5）团队合作集聚成果，抓社会热点难点结合教学研制大作业，自愿分组选题。

　　根据思政课程、学科专业重点研究方向，组建若干教改团队、科研团队，联合攻关，多出成果，出高水平成果，提升思政部科研实力，力争建成省级思想政治理论课教学改革示范点。思政课教师在学期初以班为单位，由学生自愿结成小组，每组在10人以内并确定组长。在课堂教学中按组就座，在课堂讨论、师生互动等方面发挥团队的力量，同时也能及时掌握学生的出勤情况。在完成作业时，要结合每个学期的社会热点、难点，由思政课教师确定题目，学生自主选择，合力完成。在这种教学模式下，需要学生各人展现所长，进行团队分工和合作。代课教师加强与各组组长的沟通，掌握学生在完成过程中的表现。每组学生就某一话题进行调研，设计，得出结论。最后以组为单位，进行演说和报告本组的研究成果。由代课教师审核、点评，按等次赋分。

　　（6）强化教师课外指导，强化课外思政教育，延伸实践课堂网络课堂理论引导。

　　思政课教师要发挥课外指导作用，至少每学期参加一次联系班级学生的主题班会；党员思政课教师负责指导一个学生党支部开展理论学习，承担"青年马克思主义者"指导教师，引导学生进行马克思主义经典原著导读。思政课教师要主动抢占网络育人新阵地，充分利用好"互联网＋思政教育"这个工具，采取网上对接、线下联系的值班制度。

　　（7）坚持领导带头讲课，按照思政课教学计划的要求排课，完成专题教学任务。

　　根据中央的有关规定，按照思政课教学大纲和计划安排校领导每人每学期不少于一次授课，所授课程基本涵盖教育部要求开设的全部思政课程。具体教学内容结合教研室集体备课所确定的专题内容，并根据各位领导的专长领域进行确定。在授课过程中，可以安排思政课教师进行助课，以确保授课计划的完成和授课效果的实现。为了提高思政课教师的思想素质和业务水平，要求校系两级党务领导每学期对思政课不少于两次听课。通过与思政课教师进行交流，提出教学中存在的问题和改进方向，以确保教学质量。

　　（8）注重校外专家讲座，建立思政教学校外专家库，征集授课专题后点将教学。

　　由省委、市委党校，市委宣传部、各级讲师团以及相关领域专家组建形成专家库；通过了解专家相关专业背景和研究方向，结合学术、教学需求以及学生关注的难点、热点，每学期不少于两次邀请相关专家做现场报告或学术交流，具体计划由思政部于每学期初做出并提交科研处和教务处备案，并由三方协同落实。以申报创建思想政治教育协同育人中心为契机，坚持评建结合、以评促建、以建为主的原则，推动课内外、校内外、部内外各方面资源和力量、形成合力，在规范、特色、实效上下功夫，力争成为山西省思想政治教育协同育人中心。

（9）强化学生评教制度，应用学生评教结果，优秀奖励，末位淘汰，提升整体水平。

学生评教以课堂教学和实践课为主。内容主要涉及教学态度、教学内容、教学方法和教学效果四个项目。采用线上线下两种方式：一是由教务处利用教务系统中学生评教方式完成。网上评教结果由教务处在教务管理系统中汇总，发至系部；二是评教者为班级的学习委员及学生代表，主要是在课程结束后，由教学科研办公室牵头，以座谈会形式调查、反映授课教师的教学态度、教学内容、教学方法和教学效果。会前，各班学习委员需在辅导员的指导下，进行班级调查，代表绝大多数学生对任课教师做出客观公正的评价，并形成由辅导员签字确认的评教报告。线下评教结果由教学科研办公室负责整理计算并反馈至教师本人；评教结果作为教师教学质量评价的重要组成部分，并作为评优评先、晋升职务职称的重要依据。如果连续三年评教处于末位，可考虑调离教学岗位。

（10）加强教师培养培训，提升师德素质标准，提高师资业务水平，立德立学立教。

贯彻落实《高等学校思想政治理论课建设标准（暂行）》（教社科〔2011〕1号）和中央59号文件精神，落实专职教师任职资格制度，建立健全思政课教师任职准入制度，严把思政课教师聘用政治素质关和专业素质关。目前学校思政课教师50%是中共党员，比例较低，要在近1～2年间把政治上合格的入党积极分子发展成党员，把不合格的调离思政课教学工作岗位。在党政干部、辅导员中选聘思政课教师，实施"双肩挑"制度，充实思政课教师队伍。

提升思政课教师教学能力，开展教学沙龙、集体备课、说课、教学观摩、专题研讨等活动，解决教学热点难点问题；组织老教师与青年教师的"教学结对指导活动"；组织青年教师参加山西省教学基本功比赛，以赛促教，培养中青年教学骨干，培育优秀教学团队。

提高思政课教师科研能力，支持思政课教师加强学术合作和交流，积极参加国际、国内学术会议。今后每年安排20%的专任教师参加国家级、省级学术会议。鼓励支持思政课教师申报国家级、省级、校级教科研课题。

加强思政课教师专业培训，完善教师培训培养体系。积极组织教师参加新教师入职培训、新教材培训、骨干教师专题培训和访学研修等各级各类培训活动。积极支持思政课教师参加学校海外研修项目。学校每年安排2～3名思政课教师参加网络课程培训。

支持和组织思政课教师开展社会实践和挂职锻炼，了解国情、认识社会，提升实践能力。落实《高等学校思想政治理论课建设标准》要求，每学年至少安排1/4的思政课教师开展社会实践活动。

在全体思政课教师中开展"立德立学立教"主题教育活动。通过组织学习教师职业道德政策法规，提高思政课教师的政治思想素质和职业道德水平；通过组织学习教育先进典型人物的师德风范，学习本校师德标兵的先进事迹，增强思政课教师的事业心、责任感，做到廉洁从教，为人师表；建立和落实师德教育与教师个人年度工作考核、职称职务评聘等相挂钩的长效激励机制，学校对在师德师风教育活动中表现突出的教师进行表彰，对经查实违反职业道德、令其改过而仍未及时改正的教师，情节轻微者给予通报批评，对情节严重者，可依据有关法规解聘相应的教师职务或取消教师资格。

通过实施青年马克思主义者培养工程，提升思政课教师马克思主义理论水平。组建一支马克思主义理论功底过硬的理论导师队伍，成员由校内外专家组成，明确导师的岗位职责。在大学生骨干、团干中开展马克思主义经典著作导读活动，用马克思主义理论武装大学生。

加强专业课教师和思政课教师的双向融合，思政课教师要对专业课教师进行思政辅导，思政课教师要尽可能多地掌握专业导论知识，使专业课教师成为促进课程思政的骨干力量。

（二）健全德育答辩体系，提升德育答辩的针对性和引导力

德育答辩是我校已坚持12年的特色德育品牌，是我校特色德育体系的重要组成部分。德育答辩符合认知、实践、评价的道德内化规律，具有很强的德育引导力，是增强思想政治教育的针对性和实效性的有效载体。在具体实践中，还存在着德育答辩的内容体系和实施体系有待进一步科学化、体系化，其积极作用尚未充分发挥出来的问题。为此，如何健全德育答辩体系成为德育"2+X"综合改革的重点任务之一。

1.德育答辩的改革目标

（1）健全德育答辩内容体系。要以学生参与的方式，以问题、需求为导向，建立分层次分类型的答辩题库，以学生自主选择和研究答辩论题的方式，增强其思想道德内化力度。

（2）健全德育答辩实施体系。要发挥学生主体和教师主导作用，明确学生在德育答辩中学习、实践、总结等任务要求，明确教师的交流、指导、评价等职责要求，明确思政部、党团组织等实施主体的任务、程序、规范等机制要求，发挥有关各方面的作用，提升德育答辩的育人效果。

2.德育答辩的改革思路

（1）德育答辩阶段化

针对不同年级的学生特点，实行阶段性德育答辩，使学生提高兴趣，主动参与。具体方法是对各年级学生进行专题分类德育答辩。本专科一年级侧重对学生的思想道德养成，大学学业生涯规划，实现自我认知；本专科二三年级通过参加课程、实践项目等，侧重完善"三观"，实现自我教育。专科三年级、本科四年级属于总结阶段，结合前两阶段成果，撰写总结性德育论文，实现自我提高。

（2）德育答辩过程化

遵循学生成长成才规律，重视学生的学思践悟的自我发展过程，根据不同层次不同类型学生发展需求，设置不同答辩论题专题、评判标准，让学生在学习中完成自我认知、自我教育、自我提高的目标过程和递进状态，保证绝大部分学生能够达到基本层次要求，少部分学生继续努力有突出成绩。

（3）德育答辩计量化

改变毕业一次性论文答辩的形式，实行多阶段、多论题、多形式的答辩方式，放宽论文字数要求，拓展答辩形式，增加图片、音视频、网络作品等能体现答辩论题思想的形式，以量保质；实行学分制，按阶段总结考查，按阶段赋予学分，用刚性制度保证德育答辩的连贯实施和提质增效；教师指导、点评、审核等工作计量化，按照不同阶段、不同任务，以辅导学生数量质量计量计酬，充分调动教师参与的积极性。

（4）德育答辩全员化

所有学生都要参加德育答辩，德育答辩不合格不予毕业。要突破以往德育答辩仅限学工系统教师参加指导工作的局限性，实行"三支专职队伍加兼职队伍"的全员化师资动员。三支专职队伍是思政教师队伍、党政工作队伍、学生工作队伍；"兼职队伍"是指专业教师队伍，经过系部审核，吸纳他们参与德育答辩工作。

3.德育答辩改革各阶段目标、任务、要求

（1）第一阶段

①实施年级：本专科一年级。

②教育目标：以答促学，养成自主学习，实现自我认知。本阶段以适应性教育为目的，以树立三观为核心，帮助学生适应大学生活，引导学生积极思考，主动认识世界、体味人生、明确价值，使学生养成主动思考人生追求、积极探索人生价值的习惯。

③具体任务

Ⅰ 本阶段以适应性教育为主，包括校史校情认知、学科专业认知、学业生涯规划，道德行为养成，价值观形成等内容。

Ⅱ 学生以"谈自己的心"为主题，撰写大学日记、生活体会、读书心得，社会实践思想汇报等，每生每学期至少提交2篇以上300字左右文章作为学习成果，并在第8个教学周和第16个教学周结束前各提交一篇；

Ⅲ 考核方式：系部聘请思政课老师作为指导教师，依据学生的具体表现和撰写文章的情况按等级赋分。指导教师对学生撰写的文章进行审核、指导、点评，选取优秀文章在班级内组织开展优秀作品朗读交流；

Ⅳ 优秀学生选定：学年末，各系评选30%的优秀学生作为系级年度道德优秀学生，并颁发荣誉证书；评选5%的学生作为校级年度道德优秀学生候选人，由学生工作部考核，确定为校级年度道德优秀学生的，由学校颁发荣誉证书。

④标志成果

Ⅰ 媒体发表文章。指导教师选择学生的优秀作品在校刊、校报、学校微信公众平台发表，并负责组织学生浏览、阅读相关文章。鼓励指导教师择优推荐学生的优秀作品发表到校外媒体。

Ⅱ 系部展览。相关系部要择优选定学生优秀作品和指导教师点评作品，并采用多种方式进行展览。系部组织学生网评最佳思政指导教师，每年评选出3名最佳指导教师，由校党委发放荣誉证书，并作为年度考核加分项在年度考核中予以考虑。

Ⅲ 确定分组讨论题目。指导教师和学生共同提炼出至少8个各专业班级分组讨论的建议题目作为下一阶段的学习内容。分组讨论的题目于学年末提交各系党总支。

学生完成本阶段任务，赋予学分，合格计0.5学分。

（2）第二阶段

①实施年级：专科二年级，本科二三年级。

②教育目标：以论促思、完善三观、达到自我教育。本阶段以分组讨论为主要形式，以社会主义核心价值观为引领，引导学生在学习讨论中进一步思考世界观、人生观、价值观问题，逐步形成正确的三观，从而达到自我教育、自我成长的目的。

③具体任务

Ⅰ 讨论内容选定：讨论题目应根据思政教学目标，以第一阶段确定的讨论题目、X实践项目、大学生思政热点为主要选题范围，由学生工作部组织思政课教师、辅导员、班主任共同选定。

Ⅱ 由班主任组织，以10人左右为一组，每学期至少组织2次班级分组讨论，讨论主题以"说身边的事"为主题，最后进行成果总结，或剪辑微视频。每个学生每学期撰写1篇500字左右分组讨论感想或评论文章，或提交另外组讨论8分钟剪辑微视频。提交另外组讨微视频的需提前申请，班主任负责组织安排。学生在第16个教学周结束前提交作品。

Ⅲ 考核方式：本阶段以辅导员、班主任为实施主体，对于学生提交的文章和作品由班主任、辅导员等进行审核、指导、点评，按等次赋分，小组表现优秀者可酌情加分。要选取优秀作品在班级内进行交流学习。

Ⅳ 优秀学生选定：学年末，各系评选30%的优秀学生作为系级年度道德优秀学生，并颁发荣誉证书；评选5%的学生作为校级年度道德优秀学生候选人，由学生工作部考核，确定为校级年度道德优秀学生的，由学校颁发荣誉证书。

④标志成果

Ⅰ 媒体发表文章。从分组讨论感想和评论文章中选择学生的优秀作品在校刊、校报、学校微信公众平台发表，并组织学生浏览、阅读相关文章。鼓励择优推荐学生的优秀作品发表到校外媒体。

Ⅱ 系部展览。各系要组织分组讨论微视频巡展，并将其中的优秀作品推荐到校园网或学校官方微信公众号。

Ⅲ 推荐入党积极分子和选拔助理辅导员。助理辅导员由各系负责选定，报学生工作部同意后上任。助理辅导员每班一名，任期一个学期，可以连任，纳入学校勤工助学岗位计酬。

Ⅳ 系部组织学生评选最受欢迎班主任评选活动，每年评选出5名最受欢迎班主任，由学校颁发荣誉证书，并作为年度考核加分项在年度考核中予以考虑。

学生完成本阶段任务，赋予学分，合格计0.5学分。

（3）第三阶段

①实施年级：专科三年级，本科四年级。

②教育目标：以辩促悟、塑造人格，实现自我提高。本阶段以德育论文撰写为主要内容，以德育答辩和辩论比赛为主要载体，促进学生进一步领悟和巩固前一阶段树立的世界观、人生观、价值观，塑造健全的人格，实现学生的自我提高，为走上社会奠定坚实的基础。

③具体任务

Ⅰ 德育论文撰写：辅导员组织指导学生应用第一、二阶段成果，撰写1篇3000字以上的有关大学生自己德育感悟方面的总结性论文，论文以"见真实的我"为主题。德育论文由班主任、辅导员等教师负责审核、指导、点评、按等次赋分。

Ⅱ 德育答辩：辅导员结合学生一二阶段的表现和德育论文撰写情况，按照毕业生人数10%的比例推选优秀德育论文进行系部答辩，人数较少的系应组织至少10名学生参加系部答辩。系级答辩工作由各系答辩委员会负责组织，需吸纳思政课教师组建。

Ⅲ 德育辩论：各系从参加德育答辩的学生中选取优秀的学生参加学校德育辩论比赛，德育辩论由学生工作部负责组织，并要求各个年级的学生参加，学生可以现场投票。

Ⅳ 考核方式：本阶段以辅导员、班主任为实施主体，对于学生提交的文章和作品进行审核、指导、点评，按等次赋分，小组表现优秀者可酌情加分。要选取优秀作品在班级内进行交流学习。

④标志成果

Ⅰ 媒体发表文章。从德育论文中选择优秀作品在校刊、校报、学校微信公众平台发表，并组织学生浏览、阅读相关文章。鼓励择优推荐学生的优秀作品发表到校外媒体。

Ⅱ 科研论文撰写。辅导员撰写学生论文点评或观后感等文章在校外期刊、媒体发表，可以认定为科研成果，予以科研奖励。

Ⅲ 微视频评选。辅导员应保留该阶段的工作资料，剪辑并创作微视频，经思政教研室评选，获奖者可作为校内科研成果，优秀微视频作品按提交作品的

30%选定。

Ⅳ 评选优秀毕业生和学生道德标兵。按照毕业生人数的10%评选优秀毕业生，按照毕业生人数的3%评选学生道德标兵，具体数量以学生工作部当年下发的文件为准。

Ⅴ 完善德育档案。德育论文、点评报告、答辩评委名单等内容需装入学生个人德育档案。

学生完成本阶段任务，赋予学分，合格计1学分。

4.德育答辩分阶段的责任主体

（1）各系部负责进一步细化各阶段方案具体组织实施。要妥善保存各阶段记录，实现痕迹管理。非思政专业教师、辅导员、班主任也可以同时参与指导学生三个阶段的德育答辩工作，资格审核工作由各系负责。

（2）学生工作部负责，思想政治教育部配合做好德育答辩各阶段题目库的建设。德育答辩的标志性资料、电子文档和优秀作品复印件存档；特别优秀作品作为校本教材资料存档（学校学术委员会负责审核采用）。

（3）学生工作部负责德育答辩工作督导验收。协调有关部门保证各系部在德育答辩各阶段工作的顺利实施，在推进过程中要及时给予督导，促进各系部收集整理有突出成绩和学生反映良好的德育教育案例，打造具有本系特点的德育答辩品牌，力争做到"一系一品牌"。

5.德育答辩分阶段的经费保障

（1）计酬方式：第一阶段指导教师以思政课专任老师为主，完成任务后按每生2元计酬。第二阶段的指导教师以班主任为主，完成任务后按每生3元计酬。第三阶段的指导教师以辅导员为主，完成任务后按每生4元计酬。

（2）经费管理：年初学生工作部负责编制系部经费总额计划，由各系部确定并公示，报学生工作部审核备案，由人事处随工资发放。校系两级成果展览等费用分别由学生工作部、各系部党总支负责申报，纳入年度预算程序管理。

（三）开展X项德育实践项目，提升德育实践的系统性、教育性和实效性

开展X项德育实践项目是深化实践育人，提高人才培养质量的重要举措，是大学生思想政治教育创新发展的重要路径。X项德育实践项目包括具有德育功能的通识课程教学实践项目、团学活动和团学社会实践项目等。遵循思想政治工作规律、教书育人规律、学生成长规律，考虑学生全面发展和个性培养，将德育实践项目划分为必选项目、引领性选择项目和志趣性实践项目，按照实践教学要求将所有德育实践项目纳入学分制管理，要求学生必选项目、引领性选择项目和志趣性实践项目积分之和达到学校德育实践项目最低学分标准，同时，根据学生个人兴趣、爱好、特点、优势多选德育实践项目且表现突出的学生给予相应更高的成绩评价，作为学生评优选先和入党积极分子培养等工作的重要依据。

通过对X项德育实践项目的集中柔性约束管理，特别是将具有德育功能的团学社会实践活动等载体项目化、体系化、制度化，将切实提升学校立体式实践育人供给能力，增强X项德育实践项目的系统性、教育性和实效性。

1. X项德育实践项目的遴选

德育实践项目的选择围绕社会主义核心价值观设计，以"过程有学生参与，形式要学生接受，成效让学生认可"为基本思路，综合考虑培养要求，学生经验、社会实际和社会需要等实际情况，突出学生在德育实践过程中的主体作用，共精选重大活动、行为养成、学风建设活动、文体竞技活动、党团建设活动、班团集体活动、军事训练、心理健康建设、文明宿舍创建、诚信品质养成、科研实践活动、民主参与实践、社会实践情况、创业职业规划实践、安全防范活动、社团活动实践、志愿者活动、社会效能实践、学雷锋活动、读书活动等20个项目作为德育实践的载体。通过学生参与德育实践活动，调动学生内在的积极性，培养学生的纪律意识和品格，爱国爱党爱校的内化外形，创新意识和工作精神，学生学业经济诚信，内心修为和友善的知行合一，担当起合格建设者和可靠接班人的责任。

2. X项德育实践项目的责任主体

（1）学生工作部负责X项德育实践项目的总体组织实施。如，X项德育实践项目确认、制定考评体系、指导积分录入系统、定期组织研讨、及时检查督导等工作。

（2）七个直属教研室（包括公共艺术教育教研室、心理健康教育教研室、国防教育教研室、安全教育教研室、创新创业教育教研室、就业指导教研室、中华传统文化教育教研室等）参照思想政治教育部的教学目标和考评要求，对纳入德育实践项目的教学实践进行考评管理。

（3）党委工作部门、行政职能部门、系部总支、团委、工会、学生会等负责组织举办的校系两级各种学生参与的社会实践活动和团学活动，对照德育实践项目实施评价；对载体外的德育实践项目要提前做好申报工作，由学生工作部统一确认，并制定统一的考评标准，明确考核主体，纳入考核管理。

3. X项德育实践项目的具体实施

X项德育实践项目实行学分制管理，共计8个学分，学生通过参加德育实践载体的必选项目、引领性选择项目和志趣性实践项目，获得相应的积分。积分设计坚持人才培养和个性发展相统一的原则、德育实践必选项目体现对人才培养总体要求，引领性选择项目和志趣性实践项目体现学生个性培养和特长发挥。学生可以根据自己的兴趣爱好、个人特长等进行选择项目积分。

实践评价以正向激励和负性评价相结合方式进行，德育实践项目总积分为500分（专科为400分），其中，必选德育实践项目为200分，德育实践引领性选择项目和志趣性实践项目积分为本科1～300分，专科1～200分。详见表2：《X项德育实践积分测评表》。

本科学生总积分必须达到400分、专科学生总积分必须达到300分即可转换为8个学分，同时，本科400分以上、专科300分以上的总积分还可换算为成绩和绩点，换算公式详见表3《德育实践项目积分与成绩（绩点）换算表》。

按照X项德育实践项目要求，所有德育实践项目的考评结果，由相应评价实施部门录入《X项德育实践项目管理系统》，实现数据共享。学生工作部根据职能和需要分别授权相关部门实施登录查询、数据更新、分析统计、预警研判等管理。学生个人通过查询本人在校期间参与德育实践项目的积分情况，正向引导学生适时积极参与德育实践自选项目，确保达到相应的学分要求。

4. X项德育实践项目的经费保障

（1）思想政治教育部教师和七个直属教研室教师组织实施的德育实践项目按照实践教学课时标准执行，学生工作部审核后报教务处。

（2）党委工作部门、行政职能部门、系部党总支、团委、工会、学生会等组织举办的校系两级德育实践项目或者配合思想政治教育部、七个直属教研室开展的德育实践项目要提前由实践活动项目的组织牵头部门申报，学生工作部审核后，按照活动经费标准纳入学校预算程序管理。

三、其他保障措施

（一）建立健全领导体制

德育"2+X"综合改革是我校加强和改进大学生思想政治工作的重大举措。学校成立思想政治教育工作领导委员会，由校党委书记任主任，分管工作的党委副书记为副主任，组织部、宣传部、学生工作部（处）、教务处、教师工作处、人事处、团委等部门的负责人为成员，发挥宏观指导协调、队伍管理培养和指导措施落实的职能作用。各项改革方案的实施统一由思想政治教育工作领导委员会领导。各系党总支在德育"2+X"综合改革中负主责，党政主要负责人是本系思想政治工作第一责任人，要通过党政联席会议的形式，制定本系实施德育改革的具体方案，要管好导向，管好阵地，管好队伍，勇于负责，狠抓落实。

（二）加强规划和培训，提升队伍能力

教学系、相关职能部门、各直属教研室要制定队伍建设规划，对党团干部、思想政治理论课教师和哲学社会科学课教师、辅导员和班主任、心理健康教育教师和学生骨干等进行定期培训，不断提高他们的思想理论水平和工作能力。相关部门要注重选派思想素质好、责任心强、业务水平高的优秀教师从事德育理论教育和实践策划组织工作，为他们创造良好的工作环境，形成思政工作团队，合力攻坚。

（三）加强改革研究，健全改革实施督导和效果评估机制

组织和开展德育研究。成立研究室负责德育"2+X"综合改革的应用性研究，协同专业课、基础课等课程教师，合力挖掘德育教育资源，赋予思政内涵、发挥思政功能、形成思政合力。健全和完善德育"2+X"综合改革体系任务的监督和评估体系，广泛听取学校领导、相关管理部门和广大师生对德育综合改革工作的意见，及时发现解决问题。条件成熟时，设立相应专项课题，完善课题立项、申报、评审和管理办法，加强研究成果的推广运用。

（四）加大宣传力度，营造良好的改革氛围

加强与社会媒体的联系合作，加大德育综合改革报道力度，积极回应师生关注。学校校报、校刊、广播、校园网要开辟专栏、专版，拿出专门时段和栏目，及时反映德育综合改革的经验做法，营造良好的舆论氛围。

（五）完善各项配套制度，确保改革落地

完善各项配套政策。建立健全各项规章制度，克服具体政策措施与德育理念、目标相背离的现象。建立思政教育工作联席会议制度；制定思想政治教育实习实践管理考核办法及德育实践活动指导教师工作量计算计酬办法；进一步完善学生工作考核制度、学生综合测评制度，将德育综合改革情况列为各系考核的重要指标，纳入学校党建和思想政治工作考评体系。

表1 X项德育实践测评表

载体		正向激励	负性评价	评价主体
德育实践必选项目	1.重大活动（20分） 范围：由校方组织的全校性质的庆典，典礼和表彰大会等。例如开学典礼，毕业典礼、校庆活动等	组织者：负责活动组织、实施，视在该活动中的表现记8～10分； 参与者：参与该活动中项目或承担部分任务，视其表现记5～8分； 观摩者：现场全程观摩了该活动，记5分	无故不按要求参加重大典礼活动扣减5分	相应组织部门
	2.行为养成活动（40分） 范围：由各级团学部门组织的校内外义务劳动、早操、升旗等活动。例如迎新义务劳动、义务清雪等	组织者：负责活动组织、实施，视在该活动中的表现记分，校级记8～10分；系级记4～6分；参与者：参与该活动中项目或承担部分任务，视其表现记分，校级记5～8分，系级记2～4分；观摩者：按要求出席升旗仪式，一次记5分；奖励分：每学期早操出勤率平均值高于70%者记15分、高于50%低于70%者记10分	无故未能参加义务劳动、出席升旗仪式的扣减10分 每学期早操出勤率平均值低于50%的扣减10分	各级团学组织
	3.学风建设活动（20分） 范围：围绕提高教学质量和学习效果而开展的系列活动	组织者：负责活动组织、实施，视在该活动中的表现记8～10分；校级记8～10分，系级记4～6分；参与者：参与该活动中项目或承担部分任务，视其表现记分，校级记5～8分，系级记2～4分；基础分：每学期一次性通过全部课程加5分；奖励分：如在该活动中受到表彰或奖励，视奖励等级加分。国家级加11～13分，省级荣誉加8～10分；市级荣誉加5～7分，校级荣誉加5～7分	在各类学风建设检查中，发现有旷课行为的扣减8分	各级团学组织
	4.文体竞技活动（20分） 范围：围绕体育、艺术表演开展的竞技性活动，如校运会、各级别大学生运动会、大学生锦标赛等	组织者：负责活动组织、实施，视在该活动中的表现记分，校级记8～10分，系级记4～6分；参与者：参与该活动中项目或承担部分任务，视其表现记分，校级记5～8分，系级记2～4分；观摩者：按要求全程观摩了该活动，校级记5分，系级记2分；奖励分：如在该活动中受到表彰或奖励，视奖励等级加分。国家级加11～13分，省级荣誉加8～10分；市级荣誉加5～7分，校级荣誉加5～7分，系级加3～5分	在比赛中存在舞弊、弄虚作假行为的扣减10分；扰乱或破坏会场秩序，不服从会场管理的扣减5分	教务处体育部公共艺术教育教研室

	载体	正向激励	负性评价	评价主体
德育实践必选项目	5.党团建设活动（20分） 范围：围绕党建、团建，由各级党团组织开展的提高政治修养、增强党团组织建设的活动等。例如党团活动室，各类党课、团课宣讲等	组织者：负责活动组织、实施，视在该活动中的表现记分，校级记8~10分，系级记4~6分；参与者：参与该活动中项目或承担部分任务，视其表现记分，校级记5~8分，系级记2~4分；观摩者：现场全程观摩了该活动，校级记5分，系级记2分； 奖励分：递交入党申请书的加5分，列为发展对象的加8分，加入中国共产党的加10分（不累计计分）。如在该活动中受到表彰或奖励，视奖励等级加分。国家级加11~13分，省级荣誉加8~10分，市级荣誉加5~7分，校级荣誉加5~7分，系级荣誉加3~5分	在校期间有违纪行为的扣减10分	各级党团组织
	6.班团、集体活动（20分） 范围：由班、团支部等基层组织的集体活动等，例如班级主题活动	组织者：负责活动组织、实施，视在该活动中的表现记分，校级记8~10分，系级记4~6分；参与者：参与该活动中项目或承担部分任务，视其表现记分，校级记5~8分，系级记2~4分；观摩者：现场全程观摩了该活动，校级记5分，系级记2分； 奖励分：如在该活动中受到表彰或奖励，视奖励等级加分。国家级加11~13分，省级荣誉加8~10分；市级荣誉加5~7分，校级荣誉加5~7分，系级荣誉加3~5分。	班级、团支部违规操作，破坏公平公正原则的扣减班委成员10分	各系各班级
	7.军事训练（18分） 范围：学生在就学期间所接受的基本军事训练、汇报表演等活动	组织者：负责活动组织、实施，视在该活动中的表现记8~10分； 参与者：参与该活动中项目或承担部分任务，视其表现记5~8分； 基础分：军训合格记18分 奖励分：军训优秀学员记20分	无故不参加军事训练的扣减12分	国防教育教研室、
	8.心理健康建设（10分） 范围：了解和监测自身心理健康状况，主动参与团体、个体辅导，心理讲座、心理危机干预处置等活动	组织者：负责活动组织、实施，视在该活动中的表现记分；校级记8~10分，系级记4~6分； 参与者：参与该活动中项目，视其表现记分，校级记5~8分，系级记2~4分； 基础分：完成心理测评记5分	未按规定要求参加心理测评筛查的扣减10分	心理健康教研室

	载体	正向激励	负性评价	评价主体
德育实践必选项目	9.文明宿舍创建（20分） 范围：围绕学生宿舍文化建设、卫生环境等开展的系列活动，例如文明宿舍创建活动、宿舍文化月评比活动	组织者：负责活动组织、实施，视在该活动中的表现记8~10分； 参与者：参与承担部分组织任务，视其表现记5~8分； 奖励分：每学期获得校级文明宿舍，其成员加4分，获得年度优秀宿舍，其成员加10分	违反宿舍管理规定的扣减10分	学生处
	10.诚信品质养成（12分） 范围：学生在各类经济行为和活动中表现出的诚实守信、真实不伪的品质。例如诚信宣传教育、诚信主题征文、讲座等活动。	组织者：负责活动组织、实施，视在该活动中的表现记分，校级记8~10分，系级记4~6分； 参与者：参与该活动中项目或承担部分任务，视其表现记分，校级记5~8分，系级记2~4分； 观摩者：现场全程观摩了该活动，校级记5分，系级记2分； 奖励分：如在同类活动中受到表彰或奖励，视奖励等级加分。国家级加11~13分，省级荣誉加8~10分，市级荣誉加5~7分，校级荣誉加5~7分	在校期间有违诚信行为的扣减10分，考试作弊行为、抄袭、剽窃他人学术成果的扣减20分	学生处教务处
德育实践引领性实践项目	1.科研实践活动 范围：学生参加各类科技学术、专业等科研创新活动，包括参加科技作品大赛、发表论文、参加培训讲座等	组织者：负责活动组织、实施，视在该活动中的表现记8~10分； 参与者：参与该活动中项目或承担部分任务，视其表现记5~8分； 观摩者：现场全程观摩了该活动，校级记5分； 奖励分：以第一作者发表论文在中文核心期刊及以上记50分、在省级普通期刊上发表记20分、在校级期刊上发表记10分，非第一作者记分减半。 其他奖励分为国家级加11~13分，省级荣誉加8~10分；市级荣誉加5~7分，校级荣誉加5~7分		创新创业教育教研室、

	载体	正向激励	负性评价	评价主体
德育实践引领性实践项目	2.民主参与实践 范围：学生通过正规经校方认可的渠道在学生事务管理方面提供建设性意见。例如通过团代会、学代会以提案形式提供意见和建议的	组织者：负责活动组织、实施，视在该活动中的表现记8~10分； 参与者：参与该活动中项目或承担部分任务，视其表现记5~8分； 代表（观摩者）：全程出席或参加了会议，记5分； 奖励分：校级优秀提案奖励3~5分，系级优秀提案奖励5~7分		各级团学组织
	3.社会实践情况 范围：学生依靠学校和社会力量，根据培养目标的要求，有计划、有组织、有目的开展认知和了解社会、提升素质的活动	组织者：负责活动组织、实施，视在该活动中的表现记分，校级记8~10分，系级记4~6分；参与者：参与该活动中项目或承担部分任务，视其表现记分，校级记5~8分，系级记2~4分； 奖励分：如在该活动中受到表彰或奖励，视奖励等级加分。国家级加11~13分，省级荣誉加8~10分；市级荣誉加5~7分，校级荣誉加5~7分		各级团学组织
	4.创业职业规划实践 范围：学生参加在校内外开展的关于专业、职业、就业和创业规划相关的活动等，例如创业计划大赛、创业就业讲座、职业规划等活动	组织者：负责活动组织、实施，视在该活动中的表现记8~10分； 参与者：参与该活动中项目或承担部分任务，视其表现记5~8分； 观摩者：现场全程观摩了同类活动，校级记5分； 奖励分：如在该活动中受到表彰或奖励，视奖励等级加分。国家级加11~13分，省级荣誉加8~10分；市级荣誉加5~7分，校级荣誉加5~7分		创新创业教育教研室、就业指导教研室、
	5.安全防范活动 范围：学生参加各类关于安全防范活动的执行情况，例如安全隐患排查、安全知识宣讲、安全应急演练	组织者：负责活动组织、实施，视在该活动中的表现记8~10分； 参与者：参与该活动中项目或承担部分任务，视其表现记5~8分； 奖励分：如在该活动中受到表彰或奖励，视奖励等级加分。国家级加11~13分，省级荣誉加8~10分；市级荣誉加5~7分，校级荣誉加5~7分	故意制造安全隐患的扣减德育实践全部成绩，过失造成安全隐患的扣减20分	安全教育教研室

	载体	正向激励	负性评价	评价主体
德育实践志趣性实践项目	1.社团活动实践 范围：学生在校内经参加各类社团组织的活动情况，例如社团、学生会举办的各类活动等	组织者：负责活动组织、实施，视在该活动中的表现记分，校级记8～10分，系级记4～6分； 参与者：参与该活动中项目或承担部分任务的组织和设施，视其表现记分，校级记5～8分，系级记2～4分； 一般成员：仅在活动现场全程参与了该活动，记2分；		各级团学组织
	2.志愿者活动 范围：学生参加校内外志愿服务活动情况。例如敬老爱老服务等	组织者：负责活动组织、实施，视在该活动中的表现记分，校级记8～10分，系级记4～6分；参与者：参与该活动中项目或承担部分任务，视其表现记分，校级记5～8分，系级记2～4分；基础分：一次性志愿服务满2小时，校级记5分，系级记2分。 奖励分：如在该活动中受到表彰或奖励，视奖励等级加分。国家级加11～13分，省级荣誉加8～10分；市级荣誉加5～7分，校级荣誉加5～7分		各级团学组织
	3.社会效能实践 范围：学生为社会提供智力、技术等服务的能力，例如发表社会国情调研报告，研发发明专利，技术转让等活动	组织者：负责活动组织、实施，视在该活动中的表现记8～10分； 参与者：参与该活动中项目或承担部分任务，视其表现记5～8分； 奖励分：如在该活动中受到表彰或奖励，视奖励等级加分。拥有发明专利的记12分，国家级荣誉加11～13分，省级荣誉加8～10分；市级荣誉加5～7分，校级荣誉加5～7分		思政部创新创业教育教研室
	4.学雷锋活动 范围：学生在校内外参与"学雷锋"性质的好人好事、见义勇为、义务献血、捐赠服务等活动情况	组织者：负责活动组织、实施，视在该活动中的表现记分，校级记8～10分，系级记2～4分； 参与者：参与该活动中项目或承担部分任务，视其表现记分，校级记5～8分，系级记2～4分； 奖励分：如在该活动中受到表彰或奖励，视奖励等级加分。国家级荣誉加11～13分，省级荣誉加8～10分；市级荣誉加5～7分，校级荣誉加5～7分		各级团学组织

	载体	正向激励	负性评价	评价主体
德育实践引领性实践项目	5.读书活动 范围：学生参与校内外相关部门主办的读书类活动情况。例如"423读书日"活动	组织者：负责活动组织、实施，视在该活动中的表现记8~10分； 参与者：参与该活动中项目或承担部分任务，视其表现记5~8分； 奖励分：如在该活动中受到表彰或奖励，视奖励等级加分。国家级荣誉加11~13分，省级荣誉加8~10分；市级荣誉加5~7分，校级荣誉加5~7分		中华传统文化教研室

注：未列实践活动或项目，参照同类标准计分。

表2 德育实践项目积分与成绩（绩点）换算表

本科积分	专科积分	成绩换算	绩点换算
400~409	300~309	60~64	1
410~419	310~319	65~69	1.5
420~429	320~329	70~74	2
430~439	330~339	75~79	2.5
440~449	340~349	80~84	3
450~459	350~359	85~89	3.5
460~469	360~369	90~94	4
470~500	370~400	95~99	4.5

参考文献

[1] 马克思恩格斯. 马克思恩格斯全集 [M].北京: 人民出版社, 第1、2、4、16、23、42、46卷, 1979.

[2] 中共中央马克思恩格斯列宁斯大林著作编译局. 马克思恩格斯选集 [M]. 北京: 人民出版社, 1995.

[3] 马克思恩格斯. 共产党宣言纪念马克思诞辰200周年多语种珍藏版 [M]. 北京: 中央编译出版社, 2018.

[4] 马克思恩格斯. 马克思恩格斯文集 (第1卷) [M]. 北京: 人民出版社, 2009.

[5] 袁贵仁.马克思主义人学理论研究 [M]. 北京: 北京师范大学出版社, 2017.

[6] 王双桥.人学概论 [M].长沙: 湖南大学出版社, 2004.

[7] 甘霖.高校实践育人研究 [M].北京: 人民出版社, 2015.

[8] 张建.高校思想政治教育工作中实践育人机制构建研究 [M].沈阳: 沈阳出版社, 2018.

[9] 黄蓉生等.构建高校实践育人长效机制的思考 [J].中国高等教育, 2012.

[10] 李敏.思想政治教育理论探索与实践育人体系建设研究 [M]. 北京: 中国水利水电出版社, 2016.

[11] 杨贤金.高校实践育人的探索与创新 [M]. 北京: 中国书籍出版社, 2015.

[12] 江泽民.论"三个代表" [M]. 北京: 中央文献出版社, 2001.

[13] 骆郁廷.精神动力论 [M]. 武汉: 武汉大学出版社, 2003.

[14] [法]爱弥尔·涂尔干. 教育思想的演进 [M]. 李康, 译.上海: 上海人民出版社, 2003.

[15] [苏]苏霍姆林斯基.和青年校长的谈话 [M]. 赵玮等, 译. 北京: 教育科学出版社, 2009.

[16] 陶行知.陶行知全集 (第2卷) [M]. 长沙: 湖南教育出版社, 1955.

[17] 胡锦涛.在纪念中国共产主义青年团成立90周年大会上的讲话 [M].北京: 人民出版社, 2012.

[18]佘双好.志愿服务概论[M].武汉:武汉大学出版社,2013.

[19]丁元竹.志愿活动研究:类型、评价与管理[M].天津:天津人民出版社,2001.

[20]陆士桢等.北京志愿服务模式研究研究[M].北京:北京出版社,2009.

[21]潘开灵等.管理协同理论及其应用[M].北京:经济管理出版社,2006.

[22][法]卢梭.社会契约论[M].何兆武,译.北京:商务印书馆,2005.

[23]黄济.教育哲学通论[M],太原:山西教育出版社,1998.

[24]邵发军.马克思的共同体思想研究[M].北京:知识产权出版社,2014.

[25]刘继南.高等教育概论[M],北京:北京广播学院出版社,1992.

[26]上海市志愿者协会等.志愿服务与社会治理[M].上海:上海书店出版社,2015.

[27](美)罗伯特·帕特南.使民主运转起来现代意大利的公民传统[M].王列等译.北京:中国人民大学出版社,2014.

[28]骆郁廷等."立德树人"的实现路径及有效机制[J].思想教育研究,2013(07).

[29]扈中平.人是教育的出发点[J].教育研究,1989(3).

[30]陶伟华等."三层七类"思想政治教育实践育人模式的构建与实践[J].思想研究,2014(07).

[31]申纪云.高校实践育人的深度思考[J].中国高等教育,2012,(Z2).

[32]郭元祥等.论综合实践活动的育人功能及条件[J].教育发展研究,2019,38(10).

[33]胡和平.深化实践育人培养全面发展拔尖创新人才[J].中国高等教育,2010(Z2).

[34]田传信.大思政视野下高校思政教育实践育人模式及其价值[J]浙江树人大学学报,2013,13(02).

[35]骆郁廷等大学生思想认识活动的特殊性及其引导[J].思想理论教育导刊,2015(07).

[36]张思军.大学生思想政治教育实践教育模式的 构建与实施[J].西华师范大学学报(哲学社会科学版),2007(06).

[37]左海青等."一核心、二融合、三平台、四结合" 思政育人实践与探索[J].中国冶金教育,2019(04).

[38]滕利荣等.构建高校与社会协同实践育人新模式[J].中国大学教学,2012(07).

[39]董雅致等.新时期高等农业院校实践育人模式探析——以吉林农业大学为例[J].职业技术教育,2020,41(05).

[40]吴刚.高校实践育人的整体把握[J].教育评论,2013,(02).

[41]王忠.当代大学生思想政治教育实践育人运行机制研究[J].思想教育研究,2015,(01).

[32]申纪云.高校实践育人的深度思考[J].中国高等教育,2012,(Z2).

[43]王正明等.在对实践教育内涵的认识与思考[J].中国大学教学,2014(02).

[44]张楚廷.关于实践观的种种问题[J].湖南文理学院学报(社科科学版),2009,34(01).

[45]梅元媛.高校思想政治教育实践育人的途径探索[J].学校党建与思想教育,2013(03).

[46]罗亮.改革开放依赖高校实践育人的发展历程与基本经验探析[J].思想理论教育,2019(05).

[47]王忠.当代大学生思想政治教育实践育人运行机制研究[J].思想教育研究,2015(01).

[48]陆妙燕等.高校专业实践育人体系构建研究[J].齐齐哈尔大学学报(哲学社会科学版),2015,(11).

[49]杨秋波等.工程管理专业实践育人体系的探索与实践[J].天津大学学报(社会科学版),2013,15(06).

[50]徐迎寿等.高校二级学院构建协同推进专业育人与思想育人长效机制的实践探索[J].北京教育(高教版),2019,(05).

[51]骆郁廷等.论马克思主义实践育人的德育思想及其实现价值[J].马克思主义研究,2013,(10).

[52]习近平.同各界优秀青年代表座谈时的讲话[N].人民日报,2015-05-05.

[53]习近平同志在中央党校2008年春季学期第二批进修班暨师资班开学典礼上的讲话[N].学习时报,2008-05-26.

[54]吴旭.促进大学生德智体美劳全面发展的内涵与路径——基于马克思人学的视角[J].高校辅导员,2018(06).

[55]刘允正.落实"三个代表"重要思想促进高等教育改革与发展[J].河北理工学院学报(社会科学版),2002(02).

[56]刘理.引导文化软实力提升:当代大学的社会责任[J].云梦学刊,2010,31(02).

[57]刘理.被动服务到主动引领:大学社会服务职能新发展[N].中国社会科学报,2010-11-25.

[58]习近平.致2013年全球创业周中国站活动组委会的贺信[N].人民日报,2013-11-09.

［59］习近平.致在中国科学院第十七次院士大会、中国科学院第十二次院士大会开幕式上的讲话［N］.人民日报,2014-6-10.

［60］教育部思想政治工作司.加强和改进大学生思想政治教育重要文献选编（1978—2014）［Z］.北京:知识产权出版社,2015.

［61］梁丹丹.马克思主义实践观及其在当代中国的发展［D］.重庆:重庆大学,2016.

［62］刘宁宁.马克思主义实践观及其时代诉求［J］.辽宁大学学报（哲学社会科学版）,2012,40（04）.

［63］毛磊.论马克思主义实践观的意义［J］.长江丛刊,2018,（15）.

［64］景中强.论马克思"人的全面而自由的发展"理论及其实现途径［J］.兰州学刊2006（10）.

［65］王刚等.人的全面发展视域下高校思想政治教育的研究［J］.佳木斯大学社会科学学报,2018,36（4）.

［66］周兵.人的全面发展视域下的思想政治教育［J］.知识经济,2011,（18）.

［67］朱永兵,田维亮.论思想政治教育对人的全面发展的有效性作用［J］.传承,2012（08）.

［68］康雅倩.新时代大学生全面发展新需求研究［D］.桂林,广西师范大学,2019.

［69］柯勤飞.应用型本科改革发展的根本路径［N］.光明日报,2019-04-02.

［70］张艳丽.从大众化向普及化过渡:我国高等教育发展模式研究［D］,厦门:厦门大学,2018.

［71］潘懋元等.应用型人才培养的历史探源［J］.江苏高教,2009,（01）.

［72］曹晔.地方普通本科高校转型发展需多视角加深理解［J］.教育与职业,2016,（16）.

［73］高明.应用型本科教育的内涵、发展依据与实现模式［J］.教育与职业,2016（14）.

［74］陈小虎等.应用型本科高校发展需面对的11个实际问题［J］.金陵科技学院学报（社会科学版）,2019,33（02）.

［75］孔祥年.新时代高校社会实践协同育人机制研究［J］.学校党建与思想教育,2019;（04）.

［76］熊玮等.大学生创新创业实践中的主体角色关系转换研究［J］.人力资源管理,2015,（02）.

［77］韩京昌等.大学生创新创业平台［J］.中国市场,2015,（14）.

［78］雷园园.地方高校创新创业教育课程体系的构建［J］.科技创业月刊,2015,

（08）.

[79]欧可平.大学创新创业的关键在转变观念,大胆实践,营造氛围[J].中国高等教育,2015（13/14）.

[80]严建华.营造"学优"而创文化氛围[J].中国高等教育,2015（Z2）.

[81]贺嘉贝.高校创新创业教育的绩效影响因素分析[J].当代经济,2015,（10）.

[82]范红琼等.立德树人的内涵和实现路径[J].高教学刊,2019（09）.

[83]习近平.在北京大学师生座谈会上的讲话[N].人民日报,2018-05-03.

[84]陶伟华《"实践育人"确立为我国教育战略》[J].辽宁教育,2012,（20）:20-21.

[85]张思军.大学生思想政治教育实践教育模式的构建与实施[J].西华师范大学学报(哲学社会科学版),2007,（06）.

[86]陆士桢等.论新时代中国特色志愿服务的新格局[J].中国青年社会科学,2019,38（05）.

[87]陈少君.志愿服务:和谐社会的集体意识——试析志愿服务意识及其成长模型[J]社会工作,2010（01）.

[88]陈志远.志愿者服务视域下高校思想政治教育实效性探析[J].学校党建与思想教育,2015（02）.

[89]董雅华等.思想政治教育过程的主体间性及其"大数据"技术依托[J].河海大学学报(哲学社会科学版),2019,21（04）.

[90]孙小媛《新形势下提升高校教育社会实践育人成效模式研究》[J].课程教育研究,2017,（04）.

[91]张金辉等.基于CIPP模型的社会实践育人成效评价体系研究[J].学校党建与思想研究,2017,（16）.

[92]王正明,范玉芳.对实践教育内涵的认识与思考[J].中国大学教学,2014,（2）.

[93]潘懋元.略论应用型本科院校的定位[J].高等教育研究,2009,（05）.

[94]张富文.试析马克思人的自由全面发展理论[J].北华大学学报(社会科学版),2012,13（04）.

[95]蹇世琼等."双创"教育中协同育人的实践困境及路径突破[J].江汉学术,2019,38（04）.

[96]卢爱疆.基于协同理论的高校实践育人创新发展研究[J].中国轻工教育,2019（04）.